高等学校创新性数智化应用型经济管理规划教材（智能会计系列）

总主编 / 李雪　　主审 / 徐国君

财务机器人

韩真真 ◎ 主编

图书在版编目(CIP)数据

财务机器人/韩真真主编.--上海：立信会计出版社,2025.5.--("十四五"高等学校创新性数智化应用型经济管理规划教材).--ISBN 978-7-5429-7852-3

Ⅰ.F275;TP242.3

中国国家版本馆CIP数据核字第2025DF4894号

策划编辑　　方士华
责任编辑　　孙　勇
美术编辑　　吴博闻

财务机器人
CAIWU JIQIREN

出版发行	立信会计出版社		
地　　址	上海市中山西路2230号	邮政编码	200235
电　　话	(021)64411389	传　　真	(021)64411325
网　　址	www.lixinaph.com	电子邮箱	lixinaph2019@126.com
网上书店	http://lixin.jd.com		http://lxkjcbs.tmall.com
经　　销	各地新华书店		
印　　刷	浙江天地海印刷有限公司		
开　　本	787毫米×1092毫米　1/16		
印　　张	14.25		
字　　数	338千字		
版　　次	2025年5月第1版		
印　　次	2025年5月第1次		
书　　号	ISBN 978-7-5429-7852-3/F		
定　　价	45.00元		

如有印订差错,请与本社联系调换

总 序

教材是高校实现人才培养目标的重要载体,教材及教材建设对高校发展具有举足轻重的作用。与培养模式相对应的教材是培养合格人才的基本保证,是实现培养目标的重要工具。由于历史的原因,在财经类教材的出版方面,相关出版社出版研究型本科或者高职高专、中等职业等层次的教材较多,应用型本科教材较少。虽然近年来一些应用型本科教材也陆续出版,但总体而言,这些教材还是缺乏权威性、普适性、实用性、创新性。造成这种状况的原因主要在于:出版社对财经类应用型本科教材的出版还不够重视,没有进行有效的组织;财经类应用型本科院校多为新建院校,教材建设相对滞后,主观上也较愿意使用研究型本科教材;在教材使用中存在比较严重的混用现象,教材目标读者群不明确,如不少教材既适用于研究型本科院校又适用于应用型本科院校,或者既适用于本科院校又适用于高职高专院校。

由于目前财经类应用型本科教材种类和数量匮乏或质量欠佳,财经类应用型本科院校不得不沿用传统研究型教材。这些教材本身的质量很好、级别很高,但是并不适用于应用型本科院校的教学,教师和学生普遍反映不好用。即使在全国范围看,也还没有相对成套、成熟的适合财经类应用型本科院校的教材。现有教材存在的主要问题包括:①教材的定位和要求过高;②教材的内容偏多、难度偏大;③教材着重于理论解释,相关案例、实训等内容较少,缺乏普适性、实用性。

与此同时,信息技术的快速发展使学生的学习习惯和阅读习惯发生了改变,不断朝个性化、自主学习的方向发展,传统的单一纸质教材已经无法适应这种变化。翻转课堂、慕课、微课等网络课程的兴起,混合式教学的不断推进,也对立体化教材建设提出了新的要求。教材作为一种课堂上的教学工具、一种传播媒介,理应顺势而为,随课堂形式、学生学习方式的改变而改变,朝着数字化、立体化、可视化的方向发展。因此,需要编写适应学生水平、便于学生接受的立体化财经类应用型本科教材。

我们组织具有多年应用型人才培养经验的优秀教师和实务界专家编写了这套"十四五"高等学校创新性数智化应用型经济管理规划教材(以下简称"本系列教材")。本系列教材有《会计基本技能》《出纳实务》《基础会计》《中级财务会计》《成本会计》《管理会计》《会计信息系统》《财务管理》《审计学》《高级财务会计》《商业分析》《税法》《经济法》《金融学》《财务机器人》等品种。为了保证教材的质量,本系列教材聘请了知名高校的专家教授进行专门指导和审核。每本教材至少有一名本学科的知名专家或学科带头人提出审核指导意见,至少有一名高等院校教学一线的高级职称教师组织编写,至少有一名行业协会、实务界专家或教学研究机构人员提出编写建议。

本系列教材的特色如下。

1. 应用性

应用型本科的教材建设应坚持培养应用型本科人才的定位,充分吸收和借鉴传统的普通本科教材与高职高专类教材建设的优点和经验,以就业为导向,做到理论上高于高职高专类教材、动手能力的培养上高于传统的本科院校教材。本系列教材体现了应用型本科的定位,体现了素质教育和"以学生发展为本"的教育理念,遵循了高等教育教学基本规律,重视知识、能力和素质的协调发展,根据应用型人才培养模式对学生的创新精神、实践能力和适应能力的要求,在内容选材、教学方法、学习方法、实验和实训配套等方面突出了应用性特征。

  2. 针对性

本系列教材的编写符合会计学、财务管理和审计学等专业的培养目标、培养需求、业务规格和教学大纲的基本要求,与各专业的课程结构和课程设置相对应,与课程平台和课程模块相对应。教材在结构纵横的布局、内容重点的选取、示例习题的设计等方面符合教改目标和教学大纲的要求,把教师的备课、试讲、授课、辅导答疑等教学环节有机地结合起来。

  3. 立体化

本系列教材为立体化教材,实现了由传统纸质教材向"纸质教材+数字资源"的转变,通过技术手段将晦涩难懂的理论知识转变为直观的具体知识,以立体化、数字化的方式呈现,包括图文、动画、音频、视频等多种形式,生动、有趣且易懂,不仅可以激发学生的学习兴趣,还有利于教学效果的提升。

  4. 趣味性

本系列教材注重趣味性,使用了大量的例题和案例,每章都加入了"思政育人""延伸阅读"等内容,使读者能够加深理解,便于掌握相关内容。在案例、例题等的设计选用上重点突出趣味性,易于引发读者的共鸣。

  5. 先进性

本系列教材反映了应用型会计人才教育教学改革的内容,能够反映学科领域的新发展。教材的整体规划、每一种教材的内容构建等均体现了创新性。教材还强调了系列配套,包括了教材、学习参考书、教学课件等。立体化教材在内容修订上更具有明显优势,线上资源可以随时根据政策法规、理论知识或工作实务等的变化进行调整,更有利于保持教材内容的先进性。

  6. 基础性

本系列教材将打破传统教材自身知识框架的封闭性,尝试多方面知识的融会贯通,注重知识层次的递进,体现每一门科目的基本内容,同时在具体内容上突出实际运用能力,做到"教师易教,学生乐学,技能实用"。

  7. 易于自学

自学能力是大学生的一项基本能力。学生只有具备了自主学习的能力,才能最终建立起终身学习的保障体系,这也是应用型本科人才培养的客观要求。应用技术型高校的生源素质与普通高校相比存在一定的差距,除了一部分是高考发挥失误的学生,还有一部分学生在学习习惯、基础知识等方面存在一定的欠缺,这就要求教材能够调动这部分学生的学习积极性,在理论方面尽量通俗易懂,在实践方面尽量采用案例式教学。为了有利于学生课后自主学习,本系列教材配套了学习指导书和教学课件。

  因此,本系列教材的定位准确,特色明显,适用于应用技术型高校教学,容易得到学生和市场的认可,便于学生的自学和教师的教学。

本系列教材凝聚了众多领导、教授和专家多年来的经验和心血。当然,由于编者的经验和人力有限,本系列教材难免存在不足,我们期待着各位同行、专家和读者的批评指正。编者将伴随着经济发展和会计环境的变迁不断修订教材,以便及时反映学科的最新发展和人才培养的最新变化。

本系列教材自2014年出版后,得到市场的认可,深受广大高校师生的欢迎。为了更好地回馈读者,本系列教材从2017年起启动第二版的修订工作,2019年启动第三版的修订工作,2021年启动第四版的修订工作。各种教材的修订版将陆续出版。我们会一如既往地做好教材修订和相关服务工作,希望广大读者对本套系列教材继续给予支持。

李 雪

2024 年 1 月

前言

本书为高等学校创新性数智化应用型经济管理规划教材（智能会计系列）之一，具有应用性、针对性、先进性、基础性、立体化的特点。本书在充分吸收和借鉴传统的普通本科教材与高职高专类教材优点基础上，以就业为导向，力求做到在理论介绍方面优于高职高专类教材，在动手能力的培养上高于传统的本科院校教材。

一、本书写作思路及内容安排

本书旨在为高等院校经济管理类专业的学生提供一套系统、实用的机器人流程自动化（robotic process automation，RPA）学习资源，帮助他们掌握财务机器人开发与应用的核心技能，也为在职财务人员提供快速上手的参考指南。本书每章都结合大量案例及详细操作步骤对重点内容进行阐述，并适当加入"思政育人""延伸阅读""本章小结""本章重要概念""本章练习"等内容，以培养学生的动手能力和创新能力。本书案例丰富、针对性强，并与实务工作紧密结合，以增强学生将理论与实务相结合的能力；同时借助详细的图、表及操作步骤进行介绍，便于学生理解掌握。本书共分为8章，主要内容包括RPA财务机器人概述、RPA工具介绍、RPA基本应用、Excel自动化、Email自动化、Web自动化、OCR智能识别自动化、RPA财务机器人综合实战。本书主要作为普通高等教育经济管理类专业教材，也可供相关专业人员参考。

二、本书的特点

本书围绕财务机器人核心知识，通过理论结合案例、设置多元学习模块、融入思政元素等方式，帮助读者理解并应用财务机器人技术。

本书的特色如下：

（1）校企合作，双元开发，产教融合。本书依托教育部高等教育司产学合作协同育人项目"基于新道智能财务平台的财务机器人（RPA）示范课程建设"，由高校教师与用友集团专家合作编写，注重理论与实践相结合，上机实验内容丰富，实操性强，体现了"理论教学构筑学生的知识结构，实践教学构筑学生的职业技能结构"的教学原则。

（2）应用导向，学以致用。本书紧密围绕应用型人才培养目标，将RPA技术与财务实际工作紧密结合，通过大量真实案例，帮助读者快速掌握用友智多星RPA在财务自动化中的应用。本书内容不仅涵盖RPA基础理论，还重点突出实际操作，确保读者能够将所学知识直接应用于实际工作中，提升工作效率和质量。

（3）案例丰富，实战性强。本书每章都配有大量实际案例，涉及费用报销、发票查验、银企对账、发票开具等多个财务场景。本书通过详细的操作步骤和图解，帮助读者直观理解财务机器人的开发流程，增强实战能力。实战案例的设计不仅帮助读者巩固理论知识，还培养他们解决实际问题的能力。

（4）由浅入深，循序渐进。本书在内容编排上遵循由浅入深、循序渐进的原则，从RPA的基础知识入手，逐步深入复杂的数据处理。本书通过系统讲解变量、数据类型、运算符、RPA核心技术等基础知识，为初学者筑牢理论根基。在此基础上，本书结合丰富的财务场景，逐步引导读者掌握用友智多星RPA在银企对账、发票处理等复杂任务中的实战应用，实现从理论到实践的完美过渡，帮助读者全面提升财务机器人开发与应用能力。

（5）配套资料丰富并具有立体化特色。本书专门针对教学内容配备了丰富的立体化资料，提供主要知识技能点的系列微课。针对各项目工作场景中的思政映射点设置"思政育人"板块，通过典型工作领域的思政育人案例，融入积极向上、遵纪守法、精益求精、爱国主义教育等思政育人元素，实现"润物细无声"。

本书由韩真真担任主编，由陈晓冬、赵珍珍担任副主编，多位优秀教师和实务界专家参与了编写。具体分工如下：赵珍珍编写第一章RPA财务机器人概述，王雨洁、韩真真编写第二章RPA工具介绍，韩真真编写第三章RPA基本应用，陈晓冬编写第四章Excel自动化，范亚萍编写第五章Email自动化，陈晓冬编写第六章Web自动化，韩真真编写第七章OCR智能识别自动化，黄圆圆编写第八章RPA财务机器人综合实战。

在本书编写的过程中，编者参考了大量相关教材和论著，在此向有关作者致以深深的谢意！编者进行过多次讨论研究，力求内容编排合理、避免错误，本书若有疏漏或不足之处，敬请读者批评指正。

编　者

2025年6月

目 录

第一章　RPA 财务机器人概述 1
　第一节　RPA 概述 2
　第二节　RPA 财务机器人的应用 7
　本章小结 15
　本章重要概念 15
　本章练习 15

第二章　RPA 工具介绍 17
　第一节　智多星 RPA 概述 18
　第二节　智多星 RPA 安装 22
　第三节　智多星 RPA 界面简介 24
　本章小结 32
　本章重要概念 32
　本章练习 32

第三章　RPA 基本应用 34
　第一节　变量与常量 36
　第二节　数据运算 40
　第三节　程序结构 62
　第四节　函数 81
　本章小结 91
　本章重要概念 91
　本章练习 92

第四章　Excel 自动化 95
　第一节　智多星 RPA 中的【Excel】组件 96
　第二节　费用汇总机器人 108
　第三节　付款单汇总机器人 113
　本章小结 118
　本章重要概念 119
　本章练习 119

第五章　Email 自动化 121
 第一节　智多星 RPA 中的【Email】组件 122
 第二节　发送邮件机器人 127
 第三节　接收邮件机器人 131
 本章小结 134
 本章重要概念 134
 本章练习 134

第六章　Web 自动化 137
 第一节　智多星 RPA 中的【Web】组件 138
 第二节　股票分析机器人 150
 本章小结 157
 本章重要概念 157
 本章练习 157

第七章　OCR 智能识别自动化 160
 第一节　OCR 概述 161
 第二节　发票查验机器人 176
 本章小结 186
 本章重要概念 186
 本章练习 187

第八章　RPA 财务机器人综合实战 191
 第一节　银企对账机器人 192
 第二节　发票开具机器人 209
 本章小结 217
 本章重要概念 217
 本章练习 217

第一章　RPA 财务机器人概述

> 内容提要
> 重点难点
> 学习目标
> 知识框架
> 思政育人
> 第一节　RPA 概述
> 第二节　RPA 财务机器人的应用
> 本章小结
> 本章重要概念
> 本章练习

 内容提要

本章主要介绍了 RPA 的含义、功能、特点；常见的 RPA 工具；RPA 的实施过程及 RPA 的应用价值；财务机器人的含义、适用标准；财务机器人的应用场景，包括资金管理、费用报销、税务管理、薪酬业务、采购到付款、订单到收款、固定资产管理、存货到成本、总账到报表等。

 重点难点

本章重点为 RPA 的含义、功能、特点，财务机器人的含义、适用标准和应用场景。难点为财务机器人的应用场景。

 学习目标

通过本章的学习，学生应了解 RPA 的实施过程和应用价值；理解财务机器人的含义、适用标准和应用场景；掌握 RPA 的含义、功能和特点。

 知识框架

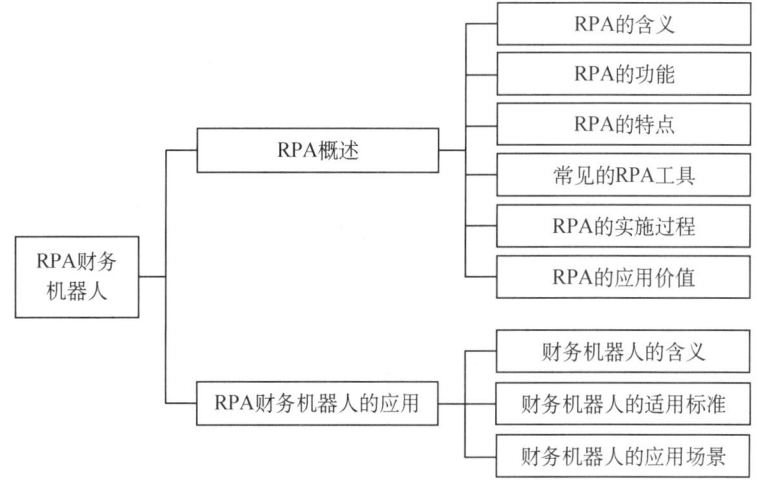

思政育人　人工智能引领会计行业变革：财务机器人时代正式开启

1950年，图灵发表了一篇论文《计算机器与智能》(Computing Machinery and Intelligence)，提出了"图灵测试"，预言了创造出具有真正智能机器的可能性。1956年，著名的达特茅斯会议召开，会议提出了"人工智能"这一术语，1956被普遍认为是人工智能元年。1997年，在国际象棋比赛中，超级计算机"深蓝"以强大的计算能力和精湛的下棋技巧战胜了当时的人类国际象棋冠军卡斯帕罗夫。2016年3月，AlphaGo在与李世石的对弈中，以4：1的总比分取得了胜利，成为第一个在不受让子的情况下打败人类职业围棋选手的AI机器人，也是第一个打败世界围棋冠军的AI机器人。在2年时间里，AlphaGo先后击败了包括李世石、柯洁等数十名中、日、韩顶级棋手，在世界上引起了轰动。今天，人工智能应用已经渗透人类生活的方方面面，在智能家居、扫码点菜、人脸识别、工业机器人、自动驾驶、自动结账、人机游戏等领域都取得了令人瞩目的进步。

随着人工智能技术的不断发展，会计行业也迎来了前所未有的变革。2017年5月中旬，一款名为德勤财务机器人的H5动画首次在微信朋友圈亮相，标志着会计行业机器人首次正式进入公众视野，也预示着会计行业智能化转型的加速。同月末，普华永道也推出了自己的财务机器人解决方案。与德勤财务机器人相比较，普华永道的财务机器人不仅面向财务领域，还面向人力资源、供应链和信息技术领域。2017年6月，安永也推出了智能财务机器人。安永称，在过去几十年里，其已经看到了各种技术进步对业务的巨大影响，机器人流程自动化(robotic process automation，RPA)将成为下一项影响业务的技术，它的应用将大大满足人们对从事特定标准的大批量活动的需求。同年6月末，作为四大会计师事务所之一的毕马威，也明确提供机器人流程自动化服务，它将重点放在数字化劳动力上，而不是以前的智能机器人。至此，以德勤、普华永道、安永、毕马威为代表的财务机器人相继上市，标志着财务机器人时代的正式开启。

 **思政寄语**

从人工智能的蓬勃兴起到财务机器人的应运而生，每一步都深刻展现了创新所蕴含的强大驱动力。财务机器人的广泛应用，正是科技创新在会计领域的生动实践。党的二十大报告指出："我们从事的是前无古人的伟大事业，守正才能不迷失方向、不犯颠覆性错误，创新才能把握时代、引领时代。"随着人工智能技术的不断进步，会计行业将逐渐实现自动化、智能化和数字化。我们要深刻理解人工智能技术对会计行业的深远影响，积极应对这一变革带来的挑战和机遇。我们应坚守会计职业道德这一不可动摇的基石，同时勇于探索新技术、新方法，不断提升自身的创新意识和实践能力，为会计行业的持续健康发展贡献自己的力量。

资料来源：程淮中，蔡理强. RPA财务机器人开发与应用[M].北京：高等教育出版社，2022.

第一节　RPA概述

2021年12月，工业和信息化部等多部门联合印发了《"十四五"智能制造发展规划》以及《"十四五"机器人产业发展规划》，对我国智能制造和机器人产业发展作出了重要规划。与人们通常所熟知的机器人不同，RPA可理解为软件机器人，其可以帮助人类进行各种流程自动化处理工作，具有显著的应用场景及实际价值。

一、RPA的含义

目前，各类机构根据RPA的特征及价值，赋予其不同的定义。

高德纳(Gartner)认为,RPA整合了用户界面识别和工作流执行的能力,它能够模仿人工操作计算机的过程,利用模拟鼠标和键盘操作来驱动、执行应用系统。有时它被设计成应用到应用间的自动化处理流程。

麦肯锡(McKinsey)认为,RPA是一种可以在流程中模拟人类操作的软件,它能够比人类更快捷、精准、不知疲倦地处理重复性工作,让人类投入更加需要脑力活动的工作,如情感推理、与客户沟通等。

德勤(DTT)认为,RPA是一款能够将手动工作自动化的软件机器人,它能够替代人类在用户界面完成高重复、标准化、规则明确、大批量的日常事务性工作。

国际商业机器公司(IBM)认为,RPA是利用软件来执行业务流程的一组技术,它可以按照人类的执行规则和操作过程来执行同样的流程。RPA技术可以减少工作中的人力投入,避免人为的操作错误,缩短处理工作流程的时间,使人类可以转换到更加高阶的工作环境中。

综合不同机构对RPA概念的相关论述,我们可以理解为:RPA是依据预先设定的业务处理规则和操作行为,能够模拟用户与计算机系统的交互过程,自动完成一系列特定的工作流程和预期任务,有效实现人和信息系统集成的智能化软件。

二、RPA的功能

在实际应用中,RPA目前可以实现以下功能。

(一)数据检索与记录

RPA可以根据关键字段跨系统进行数据检索、数据迁移以及数据输入。例如,RPA可以自动跨越多个银行网站下载多个账户的银行对账单,并自动将账户余额、交易金额等数据输入财务系统。

(二)图像识别与处理

RPA可以通过光学字符识别(optical character recognition,OCR)技术识别图像信息,提取有用字段信息,并对数据进行审查与分析,输出对管理、决策有用的信息。例如,RPA通过OCR技术准确识别增值税发票的关键信息,进行批量验真,并对验真无误的发票填制记账凭证。

(三)数据上传与下载

RPA既可以模拟人工操作,自动登录多个异构系统,将指定数据及文件信息上传至特定系统;又可以从系统中下载指定数据及文件信息,并按预设路径进行存储,或是进一步根据规则进行平台上传或其他处理。例如,RPA可以自动上传指定文件到邮件并发送邮件,也可以收取邮件并下载邮件中的附件。

(四)数据加工与分析

RPA可对下载、检索的数据信息进行查验、筛选、计算、整理,以及基于明确规则的校验和分析。例如,RPA可以自动下载企业详细的月度销售数据,并基于规则计算提成佣金等。

(五)数据监控与产出

RPA可以模拟人类进行规则业务的判断,实现工作流分配、标准报告出具、基于明确规则决策和自动信息通知等功能。例如,RPA可以随时或定时浏览网页或应用程序页面,检查是否有应收的信息到达。

三、RPA 的特点

RPA 作为能够将人的工作自动化的机器人软件,主要具有以下几项显著特点。

(一) 非物理状态的软件机器人

RPA 并非具有实物形态的物理机器人,而是安装在计算机上控制其他应用系统的软件机器人。RPA 通过用户界面或脚本语言实现对重复的人工任务的自动化处理,不仅可以提高工作效率,同时可以避免人工操作可能出现的错误或纰漏。

(二) 清晰明确的规则

RPA 主要替代人工完成大量重复、标准化、机械性的工作,适用的流程必须有明确的、可被数字化的触发指令和输入。反之,流程不清晰、规则不明确、创造性强、系统更新频繁、需要根据工作经验作出逻辑判断的工作,不适合应用 RPA。

(三) 模拟用户操作与交互

RPA 的核心表现是根据预先设定的指令,模拟人工在计算机系统上进行操作,如复制、粘贴、鼠标点击、键盘输入、打开/关闭应用程序、抓取数据等,实现批量的工作流程自动化,从而将人类从繁重、重复的工作中解脱出来。

(四) 非侵入式部署

RPA 是在电脑桌面系统上模拟人工操作来实现"虚拟"系统集成的,所以,RPA 在运行时,不会改变企业现有的任何信息系统,其通过在用户界面连接数据,以与人完全相同的方式访问当前系统。

除了上述特点,RPA 还具有可拓展性强、可以 7×24 小时不间断地工作等特点。

四、常见的 RPA 工具

在当今数字化转型的浪潮中,RPA 工具成为企业提升效率、优化流程的关键助力。以下介绍几款常见且具有代表性的 RPA 工具。

(1) UiPath:作为全球领先的 RPA 平台,UiPath 功能全面且强大。其拥有丰富的活动库,能够实现数据抓取、流程自动化以及与各类系统集成等多种操作,能够满足复杂业务流程的多样化需求。UiPath 支持多平台部署,其无论是在 Windows、Linux 平台上,还是在 MacOS 平台上,都能稳定运行,这使它在大型企业的复杂业务流程自动化中得到广泛应用,特别是金融、制造等行业的企业。这些行业业务流程繁琐、数据量大,UiPath 凭借其高效的自动化能力,大幅提升了业务处理的效率和准确性。

(2) UiBot:它是由来也科技推出的一款强大的 RPA 工具,旨在通过模拟人类操作实现办公自动化。它由可视化开发工具(uiBot creator)、机器人运行平台(uiBot worker)、机器人管理控制中心(uiBot commander)和 AI 能力平台(uiBot mage)四大核心模块组成。UiBot 具备强大的自动化能力,支持复杂流程处理和跨系统信息抓取,同时提供图形化界面,易于使用和部署。它还具备高度可扩展性、安全性以及丰富的行业应用经验,可广泛应用于财务、人力资源、客户服务等领域。凭借其易用性、高效性和强大的 AI 集成能力,UiBot 不仅适合企业用户,也适合个人开发者。其能够显著提升工作效率,降低人力成本,是 RPA 市场中的重要参与者。

(3) Automation Anywhere:该工具以强大的智能自动化能力著称。它不仅能完成常规的流程自动化任务,还创新性地集成了人工智能和机器学习技术,实现了认知自动化。例如,其在非结构化数据处理、智能文档处理等方面表现出色。Automation Anywhere 还拥有 Bot Store,其提供了大量预制机器人,企业可以根据自身需求快速选用,大大缩短了自动化项目的实施周期,降低了开发成本。

(4) Blue Prism：Blue Prism 专注于企业级应用,以卓越的安全性、可扩展性和流程编排能力脱颖而出。它提供端到端的自动化解决方案,能够构建大型、复杂的自动化流程。在金融服务、医疗保健等对数据安全和合规性要求极高的行业,Blue Prism 严格的安全机制和合规管理功能,确保了企业数据的安全和业务流程的合规运行。

(5) 阿里云 RPA：依托阿里云强大的云计算基础设施,阿里云 RPA 具备高稳定性和弹性扩展能力。它提供了简单易用的可视化设计器,即使是非技术人员也能通过拖拽组件的方式快速搭建自动化流程。此外,阿里云 RPA 还深度集成了多种阿里云服务,如对象存储、数据分析等,其可在电商、物流、政务等领域帮助企业实现数字化转型,提高业务处理效率,降低运营成本。

(6) 腾讯云 RPA：与腾讯生态紧密结合是腾讯云 RPA 的一大特色。它拥有丰富的 AI 能力,如先进的 OCR 文字识别、自然语言处理等技术,能够准确识别和处理各种文本信息。同时,腾讯云 RPA 能与企业微信、腾讯文档等应用无缝集成,方便企业内部的协作和流程自动化。在互联网企业和中小企业中,腾讯云 RPA 为办公自动化和业务流程优化提供了便捷、高效的解决方案。

五、RPA 的实施过程

RPA 的实施过程主要包括启动、探索、设计、开发、测试优化和交付生产等阶段。

1. 启动阶段

实施团队在启动阶段需要做好项目前期的一些准备工作,如组建项目团队、责任划分、确定实施的自动化范围、预测项目收益、规划项目周期等。

2. 探索阶段

实施团队在探索阶段主要根据实施的自动化范围研究目前用户流程、收集用户详细需求、优化流程、分析识别障碍与风险。

3. 设计阶段

RPA 的整体设计框架可以分为需求衔接、参数配置、风控与回滚机制、结构化开发、新需求承接、维护和纠错等因素,实施团队不仅要考虑业务流程的实现和稳定,还要考虑未来的可延展性和变更。

4. 开发阶段

开发阶段的工作包括设计开发者文档、工作流设计、任务清单等。为了确保项目的顺利落地和后期运维的便利性,团队需要设立一套 RPA 开发规范与标准,从注释、日志、排版、目录、版本、命名等多个维度出发,将 RPA 开发规范与标准应用在整个项目进程中,从而提高项目的效率和质量。在整个 RPA 的设计和开发环节中,团队还需要考虑 RPA 实际运行过程中的安全性。

5. 测试优化阶段

测试优化阶段的工作包括情景测试计划、设置、用户测试反馈等。企业需要测试这些

1-1 拓展阅读：RPA 的发展阶段

自动化工具,发现并解决缺陷,确保数据、信息安全。

6. 交付生产阶段

交付生产阶段的工作包括上线、培训、编写用户操作手册等。从 RPA 机器人开发到投入生产环境,企业需要有相应的策略,包括 RPA 解决方案管理、运营模式、组织结构和变更管理计划等。

六、RPA 的应用价值

(一) 提升效率、降低成本

RPA 是一款软件机器人,可以 7×24 小时高效率、不间断地工作,可以弥补人工操作容忍度低、峰值处理能力差的不足。在传统的人工操作模式下,员工每周的工作时间通常为 5×8 小时。由此可见,RPA 机器人的工作效率远比人类的工作效率高。

企业在实施 RPA 项目之前,会对其投入产出比进行评估。RPA 机器人代替人类工作,可以大大降低企业对人工的需求量,从而大大降低人工成本。虽然企业开发 RPA 机器人会产生费用,但和长期累积的人工成本相比,其费用是微不足道的。

1-2 拓展阅读:主流 RPA 厂商介绍

(二) 降低人工操作风险、提高业务处理的准确性

RPA 能自动执行业务流程,其工作效率和准确率较高,企业应用 RPA 可以在一定程度上降低人为操作风险。RPA 的流程处理基于结构化数据,无论其运行多少次、运行多长时间,理论上都可以达到 100% 的准确率。在我国,一些大型企业部署的 RPA 应用数量高达上百个,可以将错误率降至 0.1%。

(三) 打通和对接各系统

在企业日常办公中,我们经常会在多个异构系统间进行数据操作。有时需要登录企业内部的各种信息系统(如 ERP 系统、CRM 系统、OA 系统、邮件系统、Office 办公软件等)进行数据处理或在各系统间传递数据;有时也需要登录外部信息系统(如网银付款系统、发票认证系统等)进行操作。RPA 可以模拟人类通过操作应用系统的用户界面来执行任务,是人与信息系统之间、信息系统与信息系统之间实现有效沟通的桥梁。RPA 利用非侵入式技术特点,不需要在系统间开发接口,不改变原有的信息系统结构,所以不会给原有系统带来影响和风险。RPA 可以灵活地穿梭于多个系统之间。例如,RPA 可以快速地把 ERP 系统的文件推到 OA 系统中等待审核人员处理。对各种系统,RPA 都具有很好的适应性,且执行全过程可保留操作和存取痕迹,便于追溯。无论是对原有信息化系统数据的安全性保护,还是面对系统数据化接口开发的困难,RPA 都是有效的解决方案。

1-3 拓展阅读:RPA 风险识别

延伸阅读 1-1

RPA 相关技术

下文将从基础技术和 AI 技术两个方面对 RPA 的相关技术进行介绍。

1. 基础技术

RPA 为了模拟人类在 PC 端的操作,提供了模拟鼠标和键盘操作、抓取屏幕信息、Office 自动化、Windows 自动化、工作流技术等相关技术。

(1) 模拟鼠标和键盘操作。人类在 PC 端最常见的操作就是鼠标和键盘操作,比如单击、双击、右击、拖曳等鼠标操作,或者键盘输入、快捷键操作、组合键操作等键盘操作。对于这些人类在 PC 端的常见操作,RPA 都能轻松自如地进行模拟。

（2）抓取屏幕信息。抓取屏幕信息技术简称抓屏技术。抓屏技术是指通过终端或显示器来直接抓取界面中的数据,该技术无须访问底层数据库或者接口。RPA 自身提供了强大的抓取功能,可以抓取屏幕上的任何信息,包括各种网页数据和各种应用程序中的数据。根据信息抓取技术的不同实现方式,抓屏技术可分为依据对象句柄元素抓取、依据网页标签抓取、依据图像抓取、利用 OCR 抓取、依据坐标抓取等。

（3）Office 自动化。在日常办公环境下,Excel 和 Word 这两个 Office 办公软件的使用率最高。Office 办公软件通常会对外提供可用的应用程序接口（application program interface,API）函数,RPA 可以通过 API 函数实现 Office 系列软件的自动化处理,比如打开和关闭 Excel 工作簿、向单元格写入数据、从单元格读取数据、打开和关闭 Word 文档、光标定位、复制文档、粘贴文档等。

（4）Windows 自动化。日常办公中经常会用到 Windows 环境下对文件和文件夹的操作。RPA 通过 Windows 的 API 既可以实现文件和文件夹的创建、重命名、复制等一系列操作,又可以实现 Windows 窗口最大化、最小化等自动化操作。

（5）工作流技术。RPA 通常提供专门的工作流程设计工具,来帮助用户以可视化的方式定义工作流,支持用户以拖曳控件的方式快速组装业务流程并能自动执行业务流程。工作流程设计工具通常来自 RPA 的设计器。一般情况下,任何一款 RPA 产品都包含流程触发、流程嵌套、错误处理等工作流技术。

2. AI 技术

通过与 AI 技术相结合,RPA 以智能化方式解决了重复性劳动的问题,也实现了更多业务场景数据的打通。很多 RPA 厂商自带 AI 能力平台,或使用第三方 AI 能力平台（如百度 AI 平台）。与 RPA 结合最为紧密的 AI 技术是 OCR 技术和 NLP 技术。

（1）光学字符识别技术。光学字符识别（optical character recognition,OCR）技术是通过扫描等光学输入方式将各种票据、报刊、图书、文稿及其他印刷品中的文字转化为图像信息,再利用文字识别技术将图像信息转化为可以使用的数字化信息的计算机输入技术。OCR 技术可将纸质材料、电子票据、PDF 文件、图片文件等转化为数字化信息,供 RPA 机器人自动处理。OCR 技术在 RPA 中的常见应用有合同识别与信息提取、发票识别、证件识别等。

（2）自然语言处理技术。自然语言处理（natural language processing,NLP）技术是研究如何让计算机理解并生成人类自然语言的一种技术。NLP 主要有两项关键技术,分别为自然语言理解和自然语言生成。自然语言理解的主要目标是帮助机器更好地理解人类语言,其核心技术为语义分析,而自然语言生成的主要目标是帮助机器生成人类能够理解的语言。NLP 除了可以配合 RPA 使用,还可以配合 OCR 使用,以提高文字识别率。NLP 技术在 RPA 中的常见应用有客户信用评价、员工招聘、文档自动分类、券商智能审核等。

资料来源:汪刚,金春华.RPA 财务机器人开发与应用[M].北京:人民邮电出版社,2023.

第二节 | RPA 财务机器人的应用

一、财务机器人的含义

财务机器人是一类遵循既定的规则和程序,采用机器人流程自动化技术,通过模拟、增强和拓展财务人员与计算机系统的交互过程,从而可替代人工操作或辅助人工操作,完成大量标准化的财务业务,并对整个财务管理流程进行优化,降低财务运作成本,提升财务工作效率,提高财务工作质量,实现财务人员和信息系统一体化协同的软件。它也称 RPA 财务机器人。

> **延伸阅读 1-2**

财务机器人的发展背景

目前,已有不少企业用财务机器人取代了一些重复和繁琐的日常流程。财务机器人之所以被广泛推广,主要原因在于以下三个方面。

1. 财务行业的数字化变革

在数字化变革的时代背景下,财务数据和业务数据的综合分析成了企业管理者和使用者最关心的信息分析。企业使用财务机器人,能有效获取、传递和处理数据,提高数据的时效性和完整性,保证数据的准确性,同时能将财务人员从简单重复的低附加值工作中解放出来,使财务工作效率大幅提升,企业数据信息安全可控,保障企业业务发展和管理决策的数据需求。

2. RPA 技术特点与财务工作特点的高度吻合

RPA 技术适用于快速、准确地批量处理具有明确规则的重复性业务流程。企业财务工作中,存在着非常多的简单重复、容易出错的工作。例如,大量银行回单和记账凭证的核对、进项发票的查验认证、大量数据的计算、核对、整合、验证等,这些工作的特点与 RPA 技术的应用条件高度匹配。企业使用财务机器人,可以减少人力成本,避免人为错误,提高工作效率与财务处理质量。

3. 财务共享中心的涌现

在新型财务管理模式下,越来越多的大型企业、企业集团建立财务共享中心,将下属所有企业的财务业务集中到财务共享中心统一处理。但它们在业务处理过程中,往往存在几个关键"痛点",如企业内外系统繁杂,数据难以互通,工作量大,核对信息多,集团账户多,资金风险大,报销流程不智能,难以实现全线上处理。企业使用财务机器人后,不仅能解决跨平台获取数据的问题,还减少了机械的手动录入和整理的工作,保证了准确率,提高了效率。财务机器人非常适合财务共享中心的大量简单重复且易于标准化的财务业务处理。

资料来源:刘舒叶,谢咏梅.财务机器人应用[M].上海:立信会计出版社,2023.

二、财务机器人的适用标准

财务机器人的应用场景要具有大量重复、规则明确两个特点。它最适合具有清晰定义和极少例外情况下的重复和确定性流程,即应用于大量既定规则的交易活动,利用特定的脚本算法,与多个应用程序交互,自动完成各类管理任务。

(一)业务流程基于明确的规则

RPA 机器人模仿人类行为,通过已有的信息化系统接口,自动完成重复化流程。其按照既定规则进行自动化产出,适用于规则明确、标准化程度高的业务处理流程。流程必须有明确的、可被数字化的触发指令和输入,不得出现无法提前定义的例外情况。标准化流程通常是低附加值流程,如审核票据、开具发票、支付款项、录入凭证等工作。如果一个流程毫无规则,且随机变化,需要人为进行主观判断,则这样的流程是不适合使用 RPA 实现自动化的。一些经营类工作的特殊情况比较多,难以用规则进行业务流程定义,故其往往不适合使用财务机器人。

(二)业务流程大量重复

企业运用财务机器人处理业务时需要投入一定的人力与资金,所以其适用的流程必须是企业使用频繁或比较耗费员工精力的流程。财务机器人应该被用于大容量数据的采集、核对、计算、验证等,这些流程如果由人工来操作,出错率和人力成本将会明显增加。

如何判断一个标准化业务流程是否具有高重复性呢？比如，一个标准化业务流程每天都要运行，而且每天要运行很多次，这就是一个高重复性的标准化业务流程，或者一个标准化业务流程只是每月执行一次，重复性没有前者高，但是每次执行时的业务步骤比较多，这样的流程也是适合开发 RPA 的。对于一个组织而言，判断标准化业务流程是否具有高重复性、是否适合开发 RPA，需要对开发 RPA 的成本和人工直接运行业务流程的成本进行权衡。试想，一个 RPA 开发后，只运行一次或运行频率极低，那么完全没有必要开发它。因为开发过程中会耗费人力成本和时间成本，对于那些只运行一次或运行频率极低的业务流程，直接人工运行业务流程要比开发 RPA 后再运行的代价更低。在典型的财务共享服务中心常见的流程中，不少业务处理节点都具备高度的标准化、高度的重复性特征，符合财务机器人的适用标准，所以财务机器人软件在财务共享服务中心有着广泛利用空间。

（三）结构化、数字化的信息

RPA 机器人能通过光学字符识别技术对大量结构化、数字化的数据和信息进行处理，将外界信息转化为计算机系统可以处理的信息，再通过机器人完成后续处理任务。例如，可通过光学字符识别技术对增值税发票进行识别，获取电子信息，用于后续的流程审批、凭证录入、款项支付等财务环节。

三、财务机器人的应用场景

传统企业的财务工作主要依靠财务人员的人工操作和信息化操作。人工操作工作效率低、误报率高和人工成本高。在信息化操作背景下，系统多导致财务人员常常需要跨系统读取，企业为了实现数据推送需要在系统中做接口，而有些系统不允许开放接口，且改造成本高，周期长。RPA 可以代替财务人员的手工操作，帮助财务人员完成基础性工作。RPA 通过优化财务流程，提高业务处理效率和质量，降低运营成本，可让财务人员参与更有价值的工作。

常见的应用场景包括资金管理、费用报销、税务管理、薪酬业务、采购到付款、订单到收款、固定资产管理、存货到成本、总账到报表等。这些场景财务机器人均可适用，具有极强的重复性与规则性，符合财务机器人的使用标准。

（一）资金管理

资金管理是日常性、重复性高的工作，企业可利用财务机器人减少人工工作量。资金管理业务中适合财务机器人的具体场景如下。

1. 银企对账

人工操作背景下，财务人员需要登录银行网站下载对账单、流水明细单，并将其整理成统一格式，与企业银行日记账核对。中大型企业的银行账户交易往来频繁，整个对账环节工作量大且繁琐，为保证安全，往往需要 U 盾等实物进行验证。U 盾一旦丢失或损坏，会导致业务无法办理，影响资金使用效率。财务机器人可自动登录网银平台，下载流水单、对账单，将单据数据输入 Excel 标准模板，与银行日记账核对。如有数据不符的情况，可立即发出警告，核对无误后，再将这些数据对外公布。整个过程高效、准确，不需要人工参与，可大大提高工作效率，降低出错率，也避免了人工操作所导致的风险。

2. 现金管理

人工操作背景下，管理不严格，对于支付额度、支付策略等的把握不准，对企业管理制度的执行不到位,都可能会导致一些异常状况出现,从而影响现金的持有量。财务机器人根据设定的现金上划线执行自动现金归集、现金计划信息的自动采集和处理等;引入智能算法,按照预设规则,根据支付方式、支付策略和支付金额等多个因素进行计算分析,得到最优组合,完成资金安排;同时对资金收支进行动态监控,帮助企业实时掌握资金使用状况。

3. 收付款管理

财务机器人可根据订单信息自动完成收款业务,根据供应商信息自动完成付款业务。在资金支付的过程中,财务机器人可以自动查询银行返回的付款结果,并将结果反馈给财务部。

延伸阅读1-3

RPA 财务机器人应用案例

某生物医疗有限公司的主营业务是生物医疗低温存储设备的研发、生产和销售。随着公司业务量的增加与业务线的增多,以及新技术的发展和各行业"业财税一体化"快速融合,传统的财务核算体系已难以满足和适应数字化发展的需求。

公司部署了可实现银行账户余额查询、余额导入资金系统、异常情况邮件自动通知的 RPA 财务机器人,助力以智能预算、智能核算、智能税务、智能共享为主流的财务核算体系建设,加速公司数字化与智能自动化转型。

公司原人工流程的三大挑战如下:

(1) U 盾及密码保管耗时耗力。银行账户余额查询是公司出纳每天都需要进行的日常工作之一,如果该负责人临时请假,则需将银行 U 盾、密码交接给其他人。为了保证信息安全,待交接返回后,负责人需要将所有 U 盾密码全部更改一遍,耗时耗力。

(2) 工作量大、重复性高。公司通常会在多个银行开立多个账户,而每个银行均有各自的 U 盾或者密码器,以及不同的登录网址,每次查询所耗时间与银行账户数量成正比。银行账户数量越多,所耗时间越多,且工作内容也是高度重复的。

(3) 手动汇总难免出错。查询账户余额结束后,财务人员需要通过 Excel 表格手动汇总所有账户情况,而手动录入难免出现错误,难以保证 100% 的准确率。

公司部署 RPA 财务机器人后,带来如下优势:

(1) 银行账户余额查询效率提升。在原人工流程中,财务人员需要将待查询账户的银行 U 盾插入计算机,登入待查询账户所在银行的指定网页,查询余额并手动录入 Excel 表格,拔出 U 盾。财务人员需要重复上述步骤,直至所有账户余额查询完成,并将录好的汇总表格上传至资金系统。

部署了 RPA 财务机器人之后,机器人会在设好的指定时间自动开始运行,其从密码盒(Key Box)中调取存储的账户密码,不需要反复插拔 U 盾,即可完成各网银系统的登录及余额查询,并最终汇总输出余额表格。

(2) 余额自动导入资金系统并具备异常提醒功能。在自动将余额汇总到 Excel 表格后,RPA 财务机器人还将自动登录资金系统,将表格自动上传。如果流程中出现任何异常,导致余额信息没有导入资金系统,RPA 财务机器人会自动发送邮件通知相关人员。

目前,该银行账户余额查询与余额导入资金系统经过在公司浦发银行账户试验性部署后,已被快速复制应用到光大银行、民生银行、中国建设银行、中国银行等银行账户的管理上,其余银行的账户也在按计划部署中。若企业有 100 个账户需要查询,人工操作需近 120 分钟,而 RPA 财务机器人仅需 5 分钟即可完成,效率提升约 96%,每年可节省近 900 小时,同时正确率高达 100%。

资料来源:汪刚,金春华. RPA 财务机器人开发与应用[M]. 北京:人民邮电出版社,2023.

(二) 费用报销

费用报销业务是企业频繁发生的业务活动,涉及企业的各个部门,是目前财务机器人应用最广泛的任务场景。适合使用财务机器人的业务活动主要包括报销单据接收、智能审核、自动付款、账务处理及报告等。

1. 报销单据接收

结合 OCR 技术,财务机器人能对从各种渠道收集到的各类单据和发票进行自动识别,按种类分类汇总,并将结果分发到各端口,自动生成报销单并发起审批流程。

2. 智能审核

财务机器人预先设定费用报销审核规则,将其嵌入费用报销系统。财务机器人根据设定的审核逻辑执行审核操作,如查验发票、进行预算控制、审核报销标准、检查发票是否重复报销等,并记录合规检查结果;对于存在问题的业务,财务机器人通知申请人并记录财务检查结果。

3. 自动付款

报销单通过审核审批后自动生成付款单,财务机器人根据付款计划和付款单信息执行付款操作。

4. 账务处理及报告

财务机器人根据报销单、付款单依据会计记账规则自动生成凭证,自动提交凭证、过账,生成财务报告。

(三) 税务管理

税务管理是目前财务机器人运用较为成熟的领域,涉及自动纳税申报、涉税信息核对、增值税发票开具、增值税发票查验、增值税发票认证等任务场景。

1. 自动纳税申报

财务机器人能够自动登录财务系统,下载导出财务数据、进项税认证数据等,并根据相关信息在电子税务局系统中自动完成纳税申报主表和附表的填报。

2. 涉税信息核对

财务机器人基于纳税和缴税信息,可自动完成系统内涉税的会计分录编制工作,计算递延所得税资产或递延所得税负债,完成相关的账务处理,并将结果通过邮件提醒相关责任人。

3. 增值税发票开具

财务机器人基于现有的开票数据信息,操作开票软件,自动开具增值税普通发票和增值税专用发票,并将发票发送至相关业务人员的邮箱。

4. 增值税发票查验

审核发票时,财务机器人能读取增值税发票信息,登录发票查验平台,进行发票真伪的批量查验,并反馈和记录结果。

5. 增值税发票认证

财务机器人可以将发票的票面信息与增值税发票认证平台中待认证发票的信息进行核对,勾选或批量完成增值税发票认证操作,并反馈和记录结果。

(四) 薪酬业务

在薪酬业务管理过程中,可以用财务机器人处理的业务活动主要包括考勤统计、工资发放、群发工资条、"五险一金"业务、职工薪酬核算。

1. 考勤统计

财务机器人从考勤管理系统中直接读取员工主动或自动打卡信息,形成考勤统计报表,同时将员工考勤情况反馈给员工个人,进行确认和异常排查。

2. 工资发放

财务机器人从人力资源系统中获取工资计算结果,完成网银批量代发工资模板的填制,并在网银中完成代发工资操作,实现员工工资的发放。

3. 群发工资条

财务机器人从人力资源系统中获取工资明细信息,生成每个员工的工资条,通过企业内部沟通平台,或者以邮件的形式,定时发送给员工个人。

4. "五险一金"业务

财务机器人从人力资源系统中获取人员的增加和减少情况,自动在社会保险管理平台、住房公积金管理平台上完成增员、减员的业务处理,并将执行结果反馈至人力资源系统。

5. 职工薪酬核算

财务机器人根据员工工资表,自动在财务软件系统中完成计提、发放工资,计提福利费、职工教育经费、工会经费,计提社会保险,计提住房公积金等与职工薪酬相关的账务处理。

(五)采购到付款

财务机器人可实现供应商管理、供应商对账、发票处理及付款整个过程的无缝衔接,使采购到付款流程中重复率高、业务量大的工作实现自动化。在采购到付款过程中,适合使用财务机器人的业务活动如下。

1. 采购业务录入

财务机器人按照采购计划将采购名称、规格、型号、数量、价格、供应商等信息自动录入 ERP 系统。

2. 付款申请单处理

财务机器人通过 OCR 扫描付款申请单并识别相关信息,在 ERP 系统中录入付款申请单信息,完成采购订单信息、发票信息和采购入库单信息的匹配校验。

3. 采购付款处理

财务机器人从 ERP 系统中自动提取付款申请单的付款信息(如收款银行账号、账户名称、付款金额等),并提交给网银等资金付款系统进行付款操作。

4. 与供应商对账

财务人员只要手动设定好对账触发的时间节点,财务机器人定时登录到财务模块获取应付账款明细,然后依次将对账提醒邮件发送给相应的供应商。

(六)订单到收款

从订单到收款是企业的重要流程,包含合同管理、发票开具、收入确认、收款对账等业务环节,高效的订单收款流程能够保障企业资金正常周转。在订单到收款过程中,适合使用财务机器人的业务活动如下。

1. 销售合同处理

财务机器人对电子订单或数字化订单进行识别、输入,对有变更需求的订单进行变更;完成销售合同的自动审核、自动录入、自动登记,维护销售合同台账。

2. 销售发货处理

财务机器人可以在 ERP 系统中完成对销售发货业务以及发货信息的登记。

3. 销售开票处理

财务机器人根据销售订单信息获取客户信息及销售商品数据,据此自动开具发票。发票开具后,财务机器人将发票发送至客户指定邮箱,并将发票开具信息输入 ERP 系统,完成销售开票管理和应收管理。

4. 销售收款处理

财务机器人在网银系统中自动完成收款信息(时间、户名、金额等)的查询,并将收款情况反馈给销售人员。财务机器人在 ERP 系统中完成收款信息的登记,与应收信息进行匹配核销。

(七) 固定资产管理

固定资产管理业务中的资产卡片管理、资产变动管理、资产账龄分析、资产业务管理等业务活动可以通过财务机器人完成。

1. 资产卡片管理

财务机器人自动、批量地对资产卡片进行更新、打印、分发等。

2. 资产变动管理

财务机器人针对资产实物进行全程跟踪,记录、计量资产的价值变化。

3. 资产账龄分析

财务机器人根据资产的使用情况、购入时间、折旧情况进行资产账龄分析。

4. 资产业务管理

财务机器人对资产的采购流程、资产的报废流程、资产的处置流程、计提资产减值准备流程进行信息登记和维护。

(八) 存货到成本

在存货到成本流程中,成本统计指标输入、成本与费用分摊、账务处理及报告等工作具备自动化条件,适合使用财务机器人。

1. 成本统计指标输入

财务机器人输入存货成本指标并出具统计分析表。

2. 成本与费用分摊

对最终成本进行分摊时,财务机器人按照流程和规则进行相应成本与费用的分摊处理。

3. 账务处理及报告

财务机器人自动记账,实现对物料在不同的核算范围按不同的计价方法核算,支持不同物料维度下的个别计价方法核算,且支持存货成本按费用项目分项核算及成本结转;提供精确的成本分析数据,自动出具相关报告。

(九) 总账到报表

在总账到报表流程中,关账、标准记账分录处理、关联交易处理、出具单体报表、出具合并报表等工作可借助财务机器人完成。

1. 关账

财务机器人将整个关账工作进行自动化处理,包括资金核对、往来账目核对、关联方账目核对、收入的确认等。如发现异常,则发送预警报告;若对账无误,则自动进行账务处理。

2. 标准记账分录处理

财务机器人自行录入一些有清晰规则的会计分录。

3. 关联交易处理

对于关联公司之间的关联交易,财务机器人可以进行自动关联交易处理。

4. 出具单体报表

财务机器人可以自行完成数据汇总、合并抵销、邮件数据催收、系统数据导出及处理等工作,自动出具模板化的单体报表。

5. 出具合并报表

财务机器人自动获取各子公司提交的资料,若发现有子公司未提交资料,则自动发送邮件进行提醒。获取所有子公司材料后,财务机器人根据报表合并规则进行处理,最终出具合并报表,并将报表发送给指定的企业高层。

1-4 拓展阅读:财务机器人对财务组织和财务人员的影响

延伸阅读1-4

RPA在金融领域的应用

在全球金融科技风起云涌之际,银行必须不断加快数字化转型的步伐。但目前数据调出、客户资料核实、订单状态检查、客户信息输入等一系列附加价值低、耗时长、难度小的工作,严重消耗着银行及相关机构的人力、物力。银行庞杂的中后台流程和难以互通的系统,导致系统与系统之间、数据与数据之间必须依靠人工进行协调干预。金融机构亟需引入RPA,对大量、重复性、易造成风险和失误的流程进行处理。

1. 企业征信查询

在企业或个人信贷审批的过程中,银行员工需要人工登录法院、工商、税务等20多个涉及企业、个人征信信息的相关系统网站,进行查询、汇总,并分析得出报告结论。报告还需要银行员工附上查询截图,业务量大且繁杂,涉及多个外部系统,整个流程费时费力。

引入RPA后,RPA可以实现多个外部系统或网站的自动登录,利用NLP语义分析获取、汇总特定元素信息,并自动截取、保存查询的结果信息,生成结论报告,这不仅可以提高工作效率,还可以保证征信数据的完整性。

2. 企业财报采集

在进行尽职调查时,银行工作人员需要获取企业近3年的财务报表信息,将信息手工输入企业金融系统,并将其按规则格式填写到尽职调查报告中,每份报表信息就多达数百条。此外,财务报表数量庞杂,会计科目众多,报表不规范,导致收集财务报表的过程费时费力,且准确性差。

引入RPA后,RPA可以实现对财务报表中结构化数据和非结构化数据的自动获取;可通过OCR技术将所有报表转化为电子格式文件,再利用NLP技术识别同义词;最后利用RPA技术实现信息的自动化采集,智能生成尽职调查报告。这使整个财务报表信息采集和分析过程的处理时间从几小时缩短至十分钟以内,显著提高了效率,并提高了准确性。

3. 贷后管理

对批准的贷款申请,银行需出具批准意见书。贷后管理人员需要将审批意见通知发给支行及支行的客户经理。审批意见篇幅较长,而且信息多种多样,包括企业贷款的用途信息等、资金流向信息等、企业的经营状况信息等。如果是外贸项目,贷后管理人员还需要关注汇率的变动情况等。此外,不同的客户经理对不同信息的理解也存在偏差,这给贷后管理最终的实施和执行带来了一定的阻碍和挑战。

引入RPA后,可实现利用NLP技术提取审批意见中的关键信息,按重要性将信息划分为高、中、低三级,再将信息发送给客户经理执行。实施RPA项目后,银行的贷后管理水平得到了大幅度提高,更好地满足了监管部门的合规要求。

4. 理财报告解析

理财报告解析的一般流程是银行员工手动下载理财公告,阅读公告并提取关键信息。银行员工每天下载数百份资料,效率较低且错误率较高。

引入RPA后,RPA可以实现自动登录网站,下载上市公司的理财公告,并利用NLP技术提取理财产品名称、股票代码、产品详情、产品收益率、产品金额等关键信息。这大大缩短了流程执行时间,提高了业务效率。

资料来源:程淮中,蔡理强.RPA财务机器人开发与应用[M].北京:高等教育出版社,2022.

本章小结

本章主要学习了RPA的含义、功能、特点;RPA的实施过程及RPA的应用价值;财务机器人的含义、适用标准;财务机器人的应用场景。

本章重要概念

RPA　机器人流程自动化　财务机器人　OCR

本章练习

一、单项选择题

1. RPA是机器人流程自动化英文名称的缩写,其英文全称是(　　)。

   A. robotic process automation　　B. robot process automation

   C. robotics process argument　　D. robot process argument

2. RPA机器人是(　　)执行任务的。

   A. 通过机器学习算法　　B. 通过模仿人类用户的交互操作

   C. 通过自动编程　　D. 通过远程服务器操作

3. RPA机器人可以模拟人类很多的工作,帮助提高个人劳动生产率。下列各项中,不属于机器人适用的工作任务的是(　　)。

   A. 大量银企对账　　B. 票据信息频繁录入

   C. 重大事项决策判断　　D. 增值税发票开具

4. 下列关于RPA的表述中,正确的是(　　)。

   A. RPA技术目前还是设想阶段　　B. RPA能够7×24小时不间断工作

   C. RPA可以应用于任何的业务中　　D. 以上选项都正确

5. 下列各项中,不属于RPA基础技术的是(　　)。

   A. 模拟鼠标和键盘操作　　B. 抓取屏幕信息

   C. NLP　　D. Office自动化

二、多项选择题

1. 下列各项中,属于 RPA 特点的有(　　)。
   A. 物理机器人　　　　　　　　　B. 清晰明确的规则
   C. 模拟用户操作与交互　　　　　D. 外挂式部署
2. RPA 机器人目前可以实现的功能包括(　　)。
   A. 数据检索与记录　　　　　　　B. 图像识别与处理
   C. 数据上传与下载　　　　　　　D. 数据加工与分析
3. RPA 可以记录用户在计算机上的功能,下列动作中,RPA 可以实现的有(　　)。
   A. 键盘录入　　　　　　　　　　B. 鼠标移动、单击、双击
   C. 打开、关闭各种浏览器、应用程序　D. 复制、粘贴
4. 下列各项中,适合财务机器人的应用场景有(　　)。
   A. 总账到报表　　　　　　　　　B. 费用报销
   C. 采购到付款　　　　　　　　　D. 订单到收款
5. 在资金管理业务中,适合财务机器人的具体场景包括(　　)。
   A. 银企对账　　　　　　　　　　B. 现金管理
   C. 收付款管理　　　　　　　　　D. 与客户洽谈

三、判断题

1. RPA 实际上是一种硬件技术。　　　　　　　　　　　　　　　　　　(　　)
2. OCR 技术可将纸质材料、电子票据、PDF 文件、图片文件等转化为数字化信息,供 RPA 机器人自动处理。　　　　　　　　　　　　　　　　　　　　　　　　(　　)
3. 财务机器人无法实现发票查验真伪的工作。　　　　　　　　　　　　(　　)
4. 流程不清晰、规则不明确、系统更新频繁、需要根据工作经验做出逻辑判断的工作,仍然适合应用 RPA。　　　　　　　　　　　　　　　　　　　　　　　(　　)
5. RPA 机器人可以在不破坏原有系统内部结构情况下,访问系统。　　　(　　)

四、思考题

1. 请简述 RPA 的功能。
2. 请简述 RPA 的特点。

第二章　RPA 工具介绍

- ➢ 内容提要
- ➢ 重点难点
- ➢ 学习目标
- ➢ 知识框架
- ➢ 思政育人
- ➢ 第一节　智多星 RPA 概述
- ➢ 第二节　智多星 RPA 安装
- ➢ 第三节　智多星 RPA 界面简介
- ➢ 本章小结
- ➢ 本章重要概念
- ➢ 本章练习

 内容提要

本章主要介绍了智多星 RPA 的安装流程,包括设计器注册、下载安装包、客户端初始化及登录测试;详细讲解了其界面构成,涵盖主界面、主画布界面和执行单元画布界面的功能与操作;并通过一个例子展示了智多星 RPA 流程设计过程。

 重点难点

本章重点为智多星 RPA 的安装与初始化操作、核心界面功能以及 RPA 流程设计过程;难点为智多星 RPA 流程设计的基本步骤。

 学习目标

通过本章的学习,学生应了解智多星 RPA 的基本概念,知晓其在企业流程自动化中的作用;理解智多星 RPA 的安装流程、各界面模块的功能;掌握智多星 RPA 的安装方法、熟练操作其界面进行项目管理和流程设计,能够独立完成简单的 RPA 流程设计任务。

知识框架

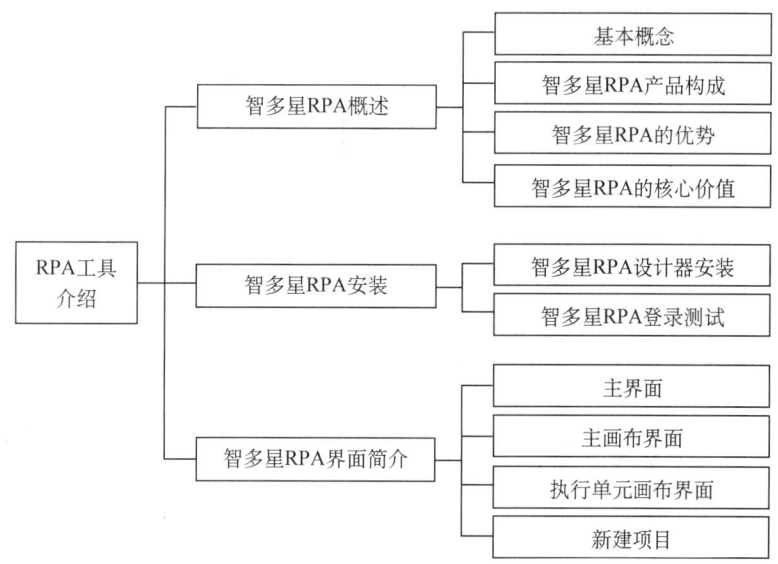

 **思政育人**   RPA 技术在中国的蓬勃发展

在当今数字化转型的浪潮中,RPA 技术以其独特的优势在中国市场迅速崛起,成为推动企业智能化升级的重要力量。随着技术的不断成熟和应用场景的日益拓展,RPA 技术已在中国金融、制造、零售等多个领域展现出强大的应用潜力和价值。RPA 技术在中国的发展前景将更加广阔,为中国的数字化转型和经济发展注入新的动力。

近年来,随着数字化转型的加速和企业对自动化需求的提升,中国 RPA 市场规模持续增长。RPA 技术已广泛应用于金融、制造、零售、能源、政府等多个领域。特别是在金融领域,RPA 技术在银行、保险、证券等行业的应用尤为突出,显著提高了工作效率,降低了成本,并改善了客户体验。例如,国内几家头部银行如工商银行、农业银行、中国银行、建设银行和交通银行等都在积极推广和应用 RPA 技术,实现了业务流程的自动化和智能化。

同时,政府也高度重视包括 RPA 在内的新一代信息技术的发展,出台了一系列扶持政策,为 RPA 技术的研发和应用提供了良好的政策环境。这些政策不仅促进了 RPA 技术的快速发展,还推动了其在各行各业的广泛应用,为中国的数字化转型提供了有力支持。

与 AI、大数据、云计算等技术的进一步融合,也将推动 RPA 技术不断创新和发展。Agent(RPA+AI)的兴起,使得 RPA 在执行重复性任务的同时,能够借助 AI 的智能决策和预测能力,进一步提升业务效率和创新能力。这种融合趋势不仅提高了企业的运营效率,还为企业带来了更多创新和增长的机会。RPA 技术在中国的应用现状和发展前景十分广阔。随着技术的不断进步和市场需求的不断增长,RPA 技术将在中国的数字化转型中发挥越来越重要的作用。

资料来源:龚晨霞. 亿欧智库发布《千帆竞发——2021RPA 赋能企业数字化转型》报告[EB/OL]. (2020-12-29)[2024-09-20]. https://www.iyiou.com/analysis/202012291012922.

 **思政寄语**

RPA 技术在中国的蓬勃发展,让我们看到了科技创新与社会进步的和谐共生。这一技术的广泛应用,不仅是生产力的一次飞跃,而且是国家创新驱动发展战略的生动实践。它启示我们应勇立潮头,积极投身于科技创新的浪潮中,以知识为桨,以梦想为帆,不断探索未知,追求卓越。RPA 技术的发展,彰显了中国智慧与力量的崛起,展现了中国特色社会主义制度的独特优势。在学习的过程中,我们要坚定道路自信、理论自信、制度自信、文化自信,为实现中华民族伟大复兴的中国梦贡献青春力量,以实际行动践行社会主义核心价值观,为实现科技强国、人才强国的宏伟目标不懈奋斗。

第一节 智多星 RPA 概述

一、基本概念

智多星 RPA(智多星流程机器人)是一个集开发、部署、发布、调度、监控、管理于一体,面向企业的 RPA 平台产品。作为虚拟劳动力,RPA 机器人可以在不改造客户现有系统的基础上,依据预先设定的程序与现有用户系统进行交互,完成特定的工作任务,替代繁琐和重复的事务性工作。

二、智多星 RPA 产品构成

智多星 RPA 采用三端架构设计,分别为智多星 RPA 设计器、智多星 RPA 控制台、智

多星 RPA 客户端,如图 2-1 所示。

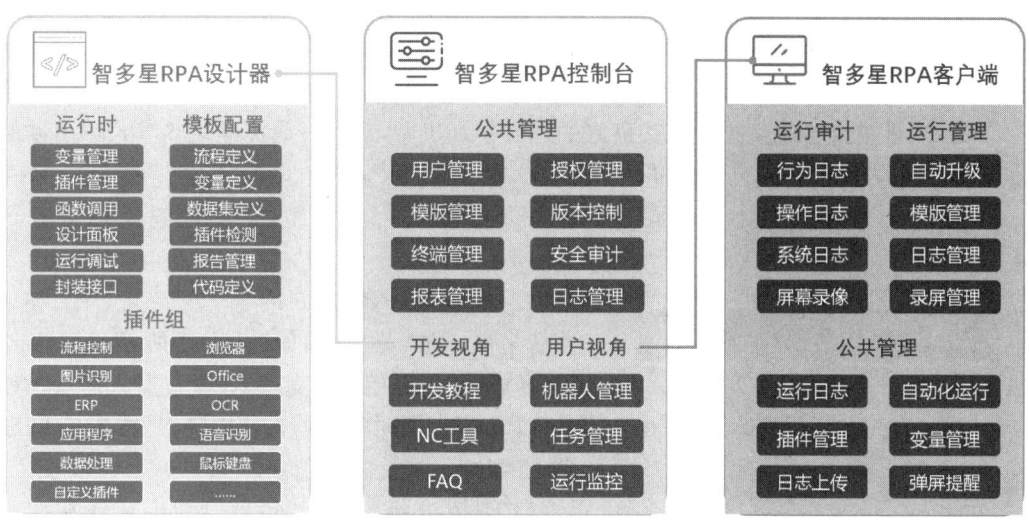

图 2-1 智多星 RPA 三端架构

(一) 智多星 RPA 设计器

设计器主要面向 RPA 机器人开发者。开发者通过使用设计器提供的命令或者自行扩展的命令编写业务机器人模板,并通过设计器进行本地机器人执行测试,测试通过后可通过设计器将机器人模板上传至智多星 RPA 控制台。智多星 RPA 设计器如图 2-2 所示。

图 2-2 智多星 RPA 设计器

(1)智多星 RPA 设计器内置 10 大类,37 个插件,354 个命令,拥有流程设计、数据操作、图像识别、用户交互、文件操作、Office 读写、网络服务、邮件操作、浏览器操作、ERP 类操作等插件命令,用户可以使用各种命令组合,便捷高效地设计机器人流程模板。

(2)插件支持自定义扩展定义良好的插件扩展机制,对外开放标准化的输入输出以及版本化控制,方便开发者自定义插件。

(3)对于可复用的命令组固定的流程可以定义为命令组,在其他的模板中进行复用。

(二)智多星 RPA 客户端

智多星 RPA 客户端如图 2-3 所示。智多星 RPA 客户端由用户使用,支持 RPA 机器人运行。智多星 RPA 客户端面向机器人使用者,是智多星 RPA 机器人的执行引擎。

(1)支持机器人运行,包括离线模式和在线模式,客户端支持断网运行,断网后进入离线模式。

(2)支持机器人运行失败时自动重试,可以配置机器人的失败重试次数,在机器人执行失败后,客户端自动重试。

(3)一键穿透控制台,支持从客户端直接免登到控制台,方便控制和管理。

(4)本地变量管理,保证密码安全密码类的变量只能在客户端进行编辑,更加安全。

图 2-3 智多星 RPA 客户端

(三)智多星 RPA 控制台

智多星 RPA 控制台如图 2-4 所示。控制台由机器人管理员使用,用作 RPA 机器人运行管控。用户通过智多星 RPA 控制台可以实现机器人模板管理、机器人管理、智多星 RPA 客户端管理、定时任务管理等。此外,管理员还可以通过智多星控制台查看安全审计日志,为用户分配相应的功能权限等。

(1)模板按权限分配和使用。管理员管理所有的模板,可以给不同的业务人员分配不同的模板权限。

(2)除了支持单个机器人的部署和调度,还支持机器人分组的部署和调度,部署方式更加灵活。

(3)多种机器人调度机制支持机器人手动运行、定时执行、接口调用执行。

(4)支持日志追踪和实时监控记录用户的操作日志和机器人运行日志,便于进行日志追踪和监控。

(5)支持运营报表查看,支持机器人运行时长与人工操作时长的对比统计,支持活跃机器人查看。

图 2-4 智多星 RPA 控制台

三、智多星 RPA 的优势

智多星 RPA 的优势如下：

（1）安全可信。智多星 RPA 作为用友自研的 RPA 软件，具有独立的软件著作权，更加契合国内企业的管理方式与操作习惯。

（2）全面自动化。智多星 RPA 支持用友系列产品、浏览器应用、各类桌面应用程序的自动化，提供用户 UI 的录制能力，可以让无 IT 基础的业务人员快速构建自己的自动化助手。

（3）灵活部署。智多星 RPA 支持公有云、专属化、混合云等多种部署方式，可满足不同企业的网络环境需求。

（4）敏捷交付。采用专业化的敏捷交付，由资深专家规划业务场景，由专业团队持续进行能力支持，由本地团队快速实施交付，从而保障项目全程高质高效。

四、智多星 RPA 的核心价值

（一）提效降本

智多星 RPA 可替代或辅助员工完成大批重复、繁琐的事务性工作；实现 7×24 小时随时待命；提升了事务的处理效率，能以更低的成本完成更多的工作。

（二）灵活整合业务系统

智多星 RPA 无需侵入现有的业务系统，即可快速完成异构系统的集成；可在不影响业务系统的情况下，连通各个离散系统；整合业务流程，提升业务执行效率。

（三）智慧化重塑流程

智多星 RPA 可通过机器人保证流程的执行效率，并记录流程执行过程中的数据；为优化或重塑业务流程提供依据；增强企业的经营效益，为企业创造长期价值。

（四）让业务更敏捷

智多星 RPA 可作为虚拟员工和企业的员工进行互动合作；可与员工共同完成工作，与员工实现优势互补；激励员工发挥更大的价值。

第二节 ｜ 智多星 RPA 安装

一、智多星 RPA 设计器安装

（一）软件安装

智多星 RPA 设计器包含离线版与网页版两个版本。鉴于离线版在功能完整性、本地化操作便捷性等方面具有独特优势，同时考虑到部分用户的网络环境不稳定或对数据本地化处理有特定需求的情况，本书将以离线版智多星 RPA 设计器的使用作为核心内容，旨在为读者提供全面且实用的操作指导。

智多星 RPA 设计器的安装步骤如下：

（1）下载"二维码 2-1 RPA 安装工具包及安装说明"中的"seentao.rar"，如图 2-5 所示，并将其解压后存放在 C 盘目录下。

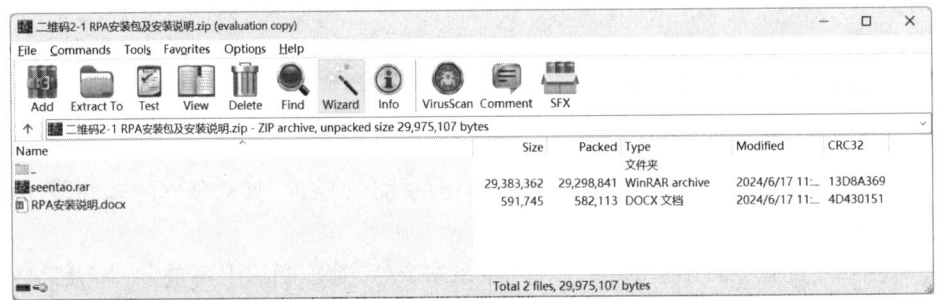

图 2-5　智多星 RPA 设计器下载界面

（2）双击进入"seentao"文件夹，单击选中"installWebOpenRPA.bat"，如图 2-6 所示，右键选择"以管理员身份运行"。

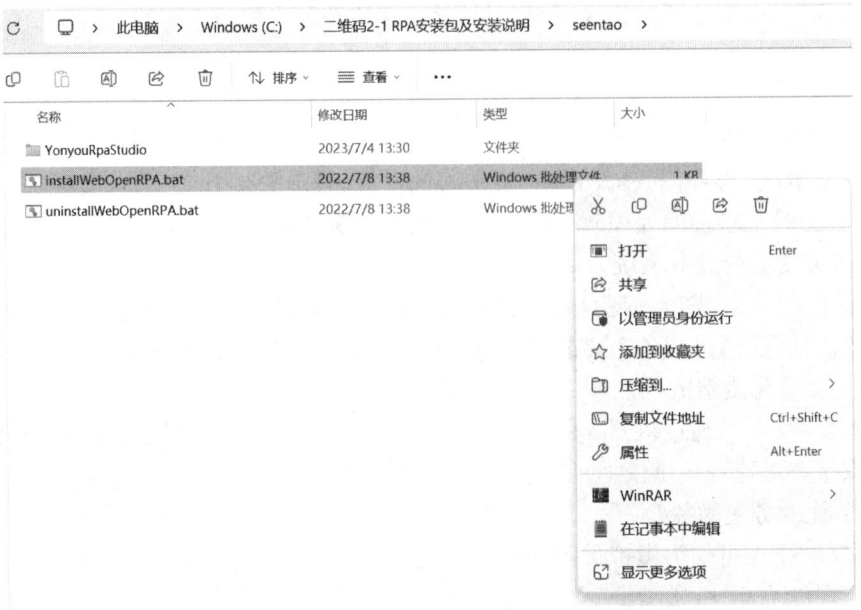

图 2-6　seentao 安装

注意:双击"uninstallWebOpenRPA.ba"文件,可按任意键完成智多星 RPA 设计器的卸载。

(3) 运行完成,有 5 条执行成功提示,如图 2-7 所示,点击任意键完成智多星 RPA 设计器配置。

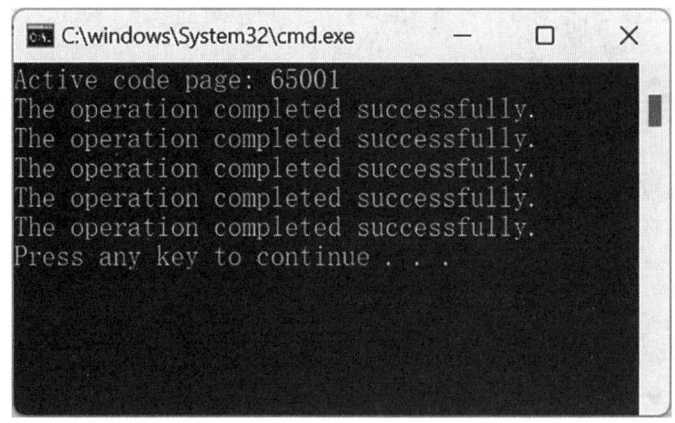

图 2-7　cmd.exe 界面

(4) 进入"C:\二维码 2-1RPA 安装工具包及安装说明\seentao\YonyouRpaStudio\net461"文件夹,找到"RpaStudio.exe",右击选择"发送到"→"桌面快捷方式",如图 2-8 所示,至此 RPA 设计器完成配置。

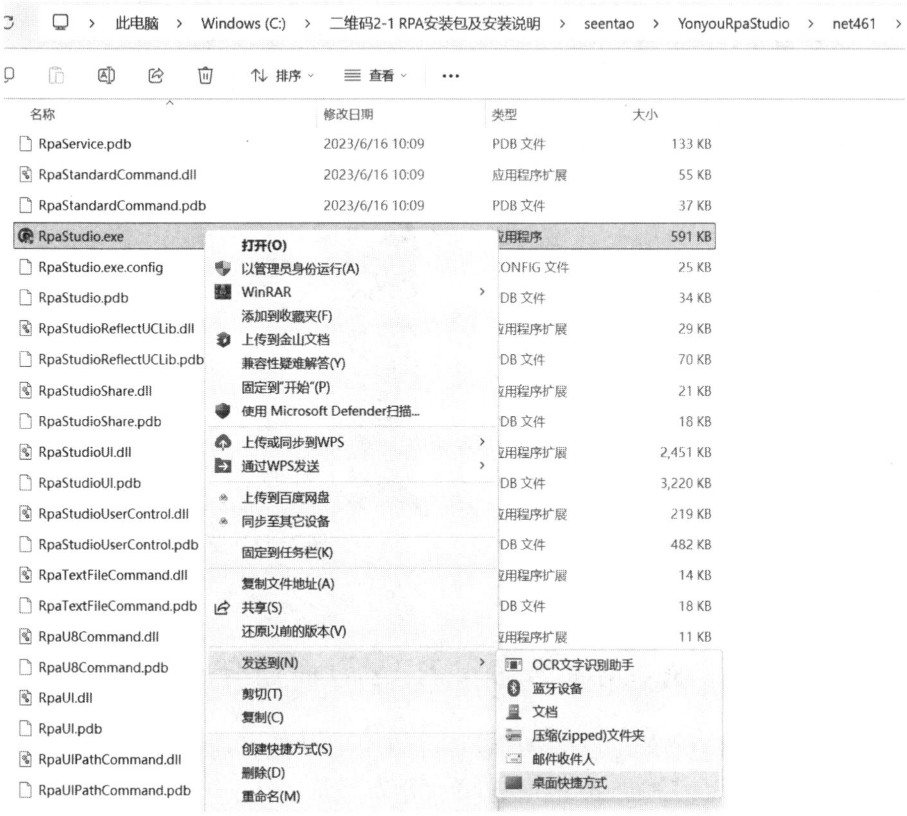

图 2-8　设置 RPA 快捷方式

（二）扩展程序安装

为了实现 Web 自动化，需先在浏览器中将"开发者模式"打开，智多星 RPA 可以与 Chrome、IE、火狐浏览器交互。下面以 Chrome 浏览器为例，介绍扩展程序的配置。

打开 Chrome 浏览器，单击  显示的更多的菜单，单击【扩展程序】|【管理扩展程序】，打开"扩展程序"设置界面，将"开发者模式"打开，如图 2-9 所示。

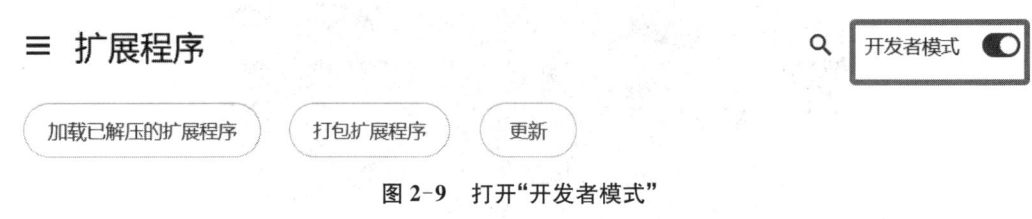

图 2-9　打开"开发者模式"

> **延伸阅读 2-1**
>
> **网络版智多星 RPA 安装**
>
> 打开 RPA 官网（https://rpa.yonyoucloud.com），下载智多星 RPA 设计器。下载成功后，按照提示完成设计器的安装，需要注意的是，设计器的安装目录不能出现空格。
>
> 设计器目前只能安装在 Windows 操作系统上，支持 win8、win10、win11。
>
> 需要依赖组件.net framework4.6.1，如果安装智友过程没有提示缺少组件，则无需安装组件。
>
> 组件下载地址（官方）：https://dotnet.microsoft.com/download/dotnet-framework/net461。
>
> 组件下载地址（用友云盘）：http://pan.yonyou.com/s/Lx1VTk9fThE。密码：pvuf。

二、智多星 RPA 登录测试

双击桌面"RpaStudio.exe"快捷方式 进入智多星 RPA 设计器，如图 2-10 所示，单击【登录】进入智多星 RPA 主界面，如图 2-11 所示。

图 2-10　智多星 RPA 设计器登录界面　　　　图 2-11　智多星 RPA 主界面

第三节　智多星 RPA 界面简介

智多星 RPA 通过直观的可视化界面设计，帮助用户快速搭建自动化流程。其核心操作界面主要包括主界面、主画布界面和执行单元画布界面三个部分。

一、主界面

在智多星 RPA 的主界面中,左侧导航栏是其核心功能区,如图 2-11 所示,其提供快速访问常用操作的入口,具体功能有如下几个。

(1) 打开:打开一个已经创建的项目进行查看或编辑。单击【打开】,在弹窗中选择项目所在位置的 xxx. proj 文件,如图 2-12 所示,单击【打开】即可进入项目的画布界面。

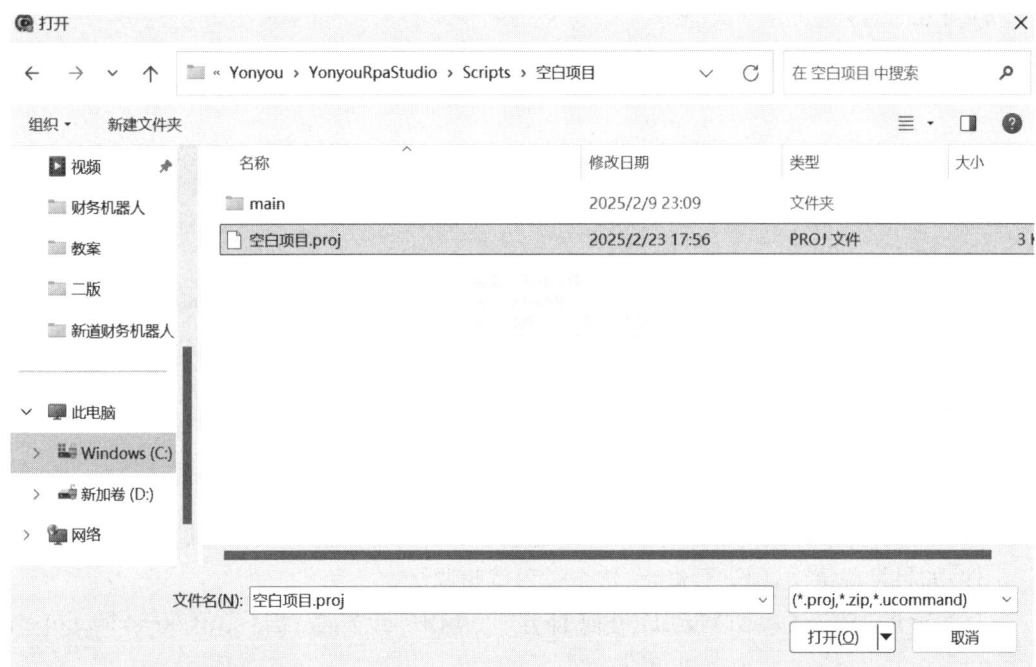

图 2-12 打开已存在的项目

(2) 项目:管理项目的相关操作,如创建、查看等,在此处可以新建空白项目。
(3) 命令:管理已创建的本地用户命令,允许用户新建自定义命令。
(4) 模板:访问和使用各种预设模板。
(5) 设置:设置是否自动登录以及设置发送邮件信息。需要注意的是,在设置 SMTP 服务器时,需要确保邮箱已经开启了该功能。
(6) 帮助:提供软件使用帮助、教程、反馈等功能。

二、主画布界面

从主界面的"项目"模块打开已有的项目或者新建空白项目,即可进入"主画布界面",如图 2-13 所示。主画布界面主要包括工具栏和菜单、主流程、流程面板和右侧面板四个部分。

1. 工具栏和菜单

工具栏和菜单包括主页、文件、视图、调试、帮助、保存、另存为、发布、启用、禁用、变量、运行等。

2-2 视频讲解:主画布界面和执行单元画布界面

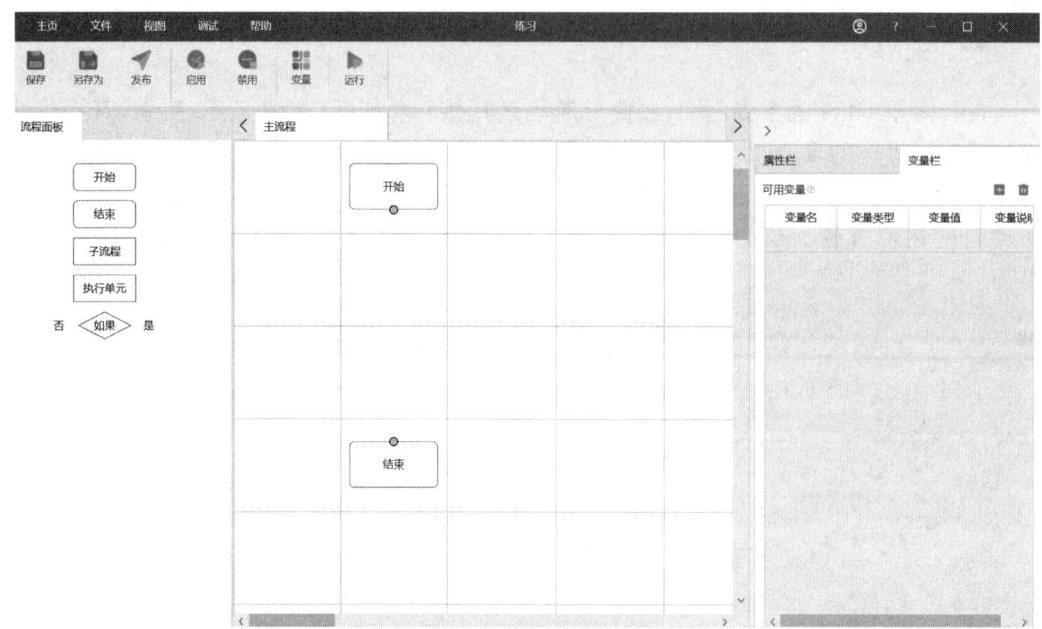

图 2-13　主画布界面

(1) 主页:将智多星 RPA 主画布界面切换至主界面。
(2) 文件:集成"全部保存""另存为""发布""退出"的功能。
(3) 视图:集成"变量""输出"功能。
(4) 调试:为了确认流程设计正确,完成流程的设计后,需要运行该流程,检查结果的正确性,如果发现错误,则进行修正,这个过程就叫调试。
(5) 帮助:单击【帮助】按钮,可以打开"YonBIP 开发者社区"https://developer.yonyou.com/developer/documentCenter。
(6) 保存:将项目保存到默认路径"C:\Yonyou\YonyouRpaStudio\Scripts"。
(7) 另存为:将项目另存到指定路径或者另存项目名称,如图 2-14 所示。

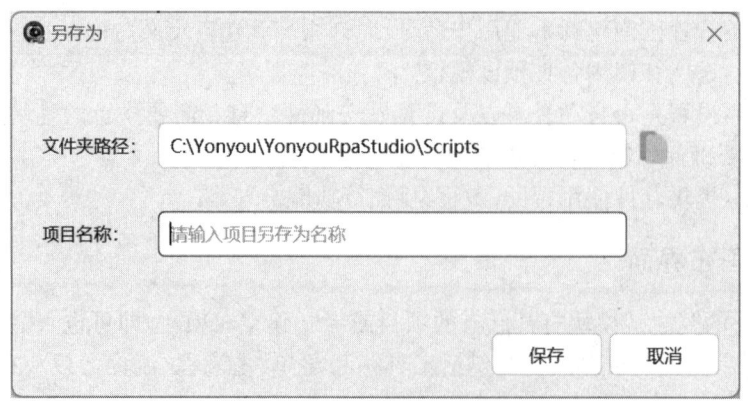

图 2-14　"另存为"界面

(8) 发布:发布项目,供其他用户或执行器使用。
(9) 启用:将已经禁用的执行单元重新启用。重新启用后的执行单元条会重置填充色。

(10) 禁用：对执行单元进行禁用操作，当执行到该执行单元时会自动跳过。禁用后的执行单元会被置灰。

(11) 变量：显示当前流程中可用的变量，包括变量名、变量类型、变量值等信息。

(12) 运行：主画布的运行是将所有流程块的内容全部运行。在运行过程中，输出区视图会自动打开。

2. 主流程

主流程用来描述每一个 RPA 的执行流程。新建的流程中会自动生成"开始"和"结束"组件，用户可以通过拖动流程面板的内容将需要的流程拖到指定位置。

3. 流程面板

流程面板包含 RPA 设计流程所需的组件。

(1) 开始：流程的起始节点，表示流程从这里开始执行。

(2) 结束：流程的终止节点，当流程执行到这里时，整个流程结束。

(3) 子流程：用户可将复杂流程拆分成多个相对独立的子流程，便于管理和复用。用户在主流程中调用子流程，实现模块化的流程设计。子流程相当于将一个大流程进行切分形成的一个小流程，比如一个流程需要操作两个系统，先从第一个系统导出文件，再导入第二个系统。这样就可以将导入和导出的动作分别作为一个子流程，不但流程清晰，而且可以保证一个执行单元内的脚本不会过于庞大。将子流程导入画布，可以在"属性栏"中给子流程更改名字。

(4) 执行单元：代表具体的操作步骤，是构成流程的基本执行模块。

(5) 如果：条件判断节点，根据设定的条件来决定流程的走向。例如，满足某个条件执行某一分支流程，不满足则执行另一分支流程。

主流程及流程面板可以定义机器人的生命周期，简单的单个流程可以通过开始→执行单元→结束流程完成，其中执行单元便是具体执行脚本加入的模块。复杂的流程便需要加入子流程和判断流程。

4. 右侧面板

右侧面板用于查看和设置所选流程元素的属性以及管理流程中的变量。

(1) 属性栏：当选中流程中的某个元素（如执行单元、子流程等）时，属性栏会显示该元素对应的属性设置项。

(2) 变量栏：显示当前流程中可用的变量，包括变量名、变量类型、变量值等信息。

三、执行单元画布界面

执行单元是具体添加脚本执行流程的模块，无论是主流程还是子流程，将执行单元拖入画布后，双击画布中的执行单元即可进入执行单元画布界面，如图 2-15 所示。执行单元画布界面包括命令面板、命令组装区和右侧面板三个部分。

1. 工具栏和菜单

智多星 RPA 执行单元画布界面的很多功能与主界面的功能是一致的，此处仅介绍部分特殊的功能。

(1) 断点。断点是在运行过程中针对某一行或某几行命令增加的执行前暂停功能。单击需要添加断点的命令行前的序列号即可添加断点，添加后该序号会有红色提醒。再

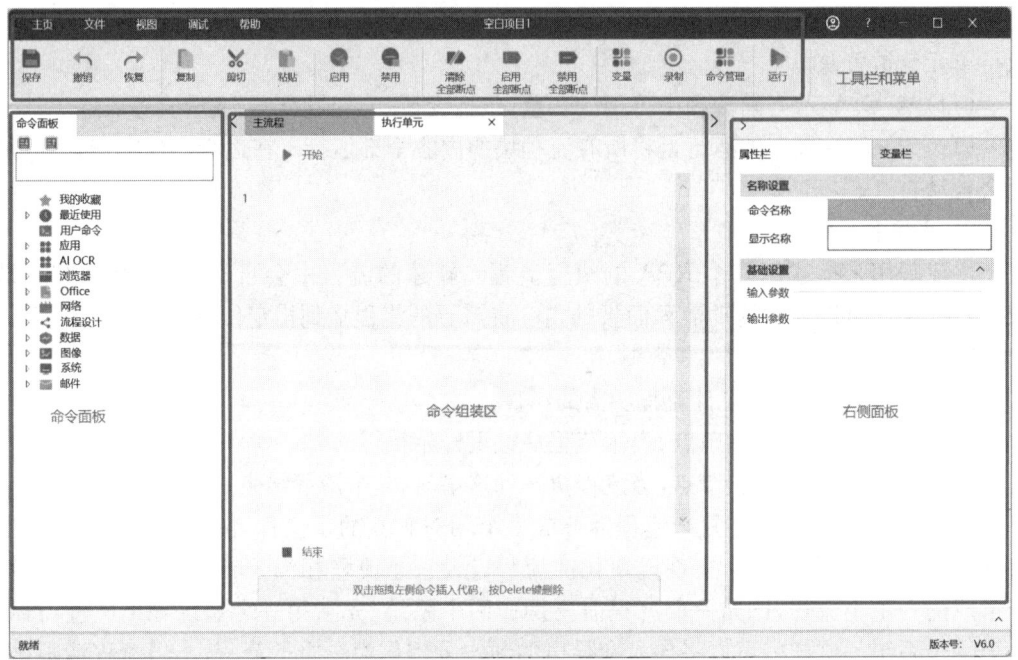

图 2-15　执行单元画布界面

次单击序列号则禁用断点,断点禁用后只是会在该行命令留有标记,但是不会真正禁用掉命令。禁用的断点序号外围会显示一圈红色标记,如图 2-16 所示。在禁用断点状态,再次点击命令行对应的序号,序号的一圈红色标记会消失,则取消断点。将所有断点全部禁用,单击【禁用全部断点】按钮;将所有断点全部清除,单击【清除全部断点】按钮。

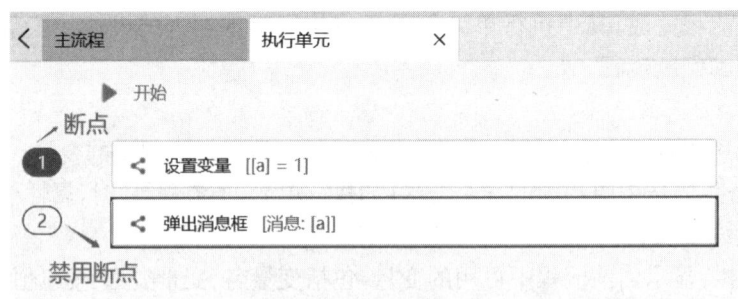

图 2-16　断点标志

（2）录制。录制用户对 Windows、NC、Chrome、Java 等的操作步骤,自动生成脚本。

2. 命令面板

命令面板是所有脚本命令的集合,用户可以根据目录结构逐级进行查找,也可以通过搜索框进行搜索,双击或拖拽将命令拉入命令组装区以实现自动化操作。命令也叫语句,是指在一个流程块当中,需要告知智多星 RPA 具体每一步该做什么动作、如何去做的指令。智多星 RPA 包括模拟鼠标、键盘操作,对窗口、浏览器操作等多个类别,每个类别又包含具体的命令。

3. 命令组装区

在"命令组装区",可以把命令进行排列组合,形成流程块的具体内容。

4．右侧面板

（1）属性栏用于设置某一命令的属性，如一些基础设置、输入输出参数设置、异常处理等。单击某一个命令，可以编辑对应的属性。命令的具体参数就是属性。如果说命令只是一个动词的话，那么属性就是和这个动词相关的名词、副词等，它们组合在一起，智多星RPA才知道具体如何做这个动作。属性包含"必选"和"可选"两大类。一般来说，智多星RPA会自动设置每一个属性的默认值。"必选"属性通常要根据实际情况进行修改。对于"可选"属性，一般保持默认值就好，只有在有特殊需求时才要修改。

（2）变量栏用于创建、删除和修改变量的名称、类型、范围、默认值等。

四、新建项目

在智多星RPA中，开发机器人是从新建空白项目开始的。新建项目时，需配置项目的属性，如图2-17所示。项目名称默认为"空白项目"，在智多星RPA中可以自定义项目名称，项目名称尽量选择规范性的描述，方便后期查找；项目路径为默认路径"C:\Yonyou\YonyouRpaStudio\Scripts"，可选择右侧的"…"图标修改项目存储位置；项目说明处主要反映此RPA机器人的功能与作用。

图2-17　新建项目

注意：项目名称不能重复。初次创建项目会出现等待时间较长的情况，其主要是因为在配置流程所需的依赖包，用户稍等片刻便可进入主界面。

单击【创建】按钮后进入主画布界面。此时新的项目文件夹中将会出现一个工程文件"空白项目.proj"和相关的配置文件，如图2-18所示。

2-3　视频讲解：智多星RPA流程设计过程

图2-18　项目所在位置

【案例 2-1】 向屏幕输出"Hello,World!"。

【操作步骤】

（1）打开智多星 RPA 设计器，单击【新建空白项目】，如图 2-19 所示。

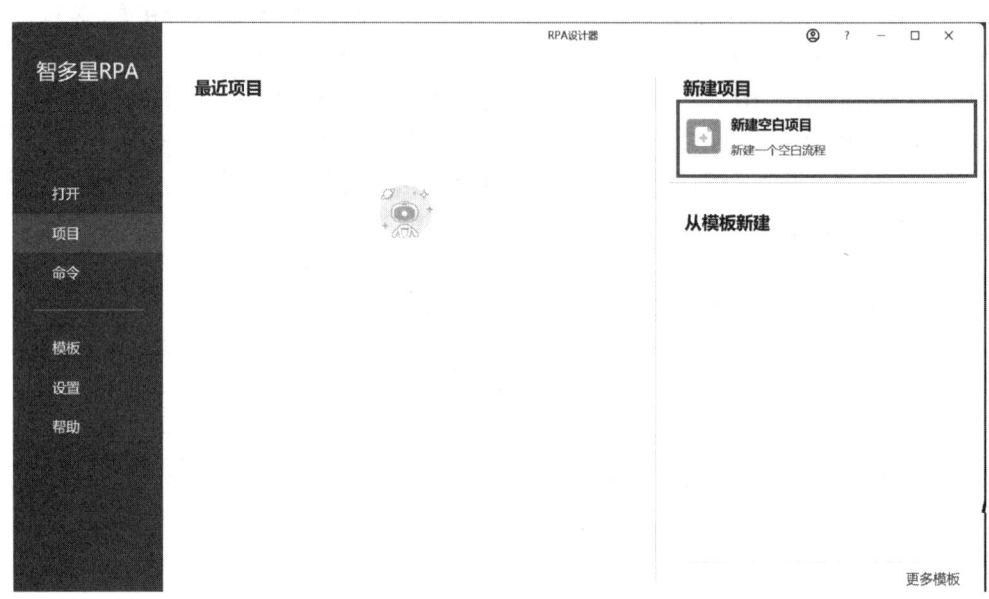

图 2-19　新建空白流程

（2）在弹出的新建项目中，输入项目名称"向屏幕输出信息"，项目位置为默认路径。单击【创建】按钮，进入主画布界面。

（3）在主流程中，拖动【执行单元】模块，将流程按照执行顺序串联起来，拖动前一流程的下面连接接头到后一流程上面的连接接头，如图 2-20 所示。

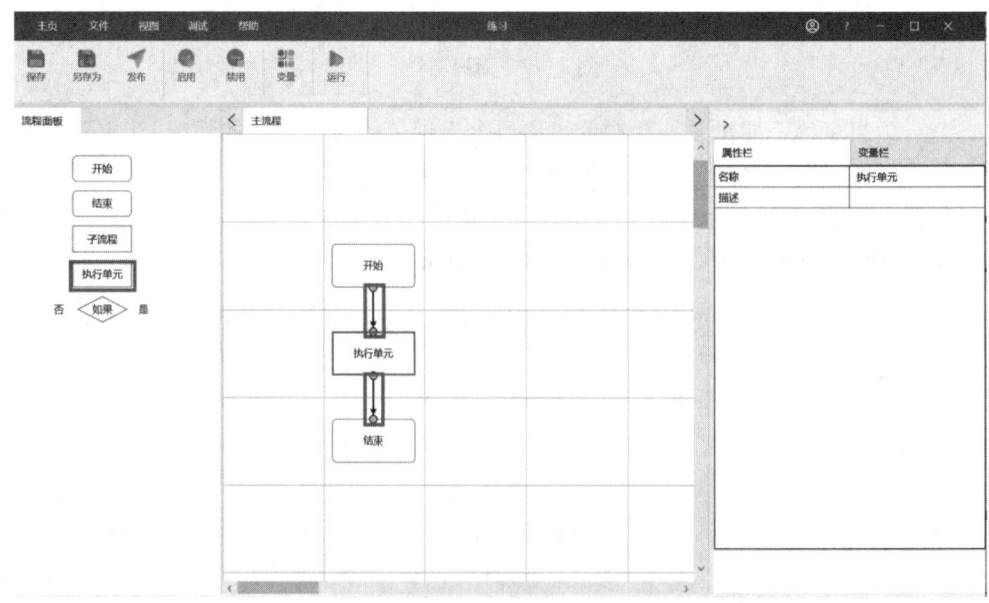

图 2-20　创建具体流程

（4）双击【执行单元】，进入执行单元画布界面，添加【弹出消息框】命令，输入"Hello, World!"。

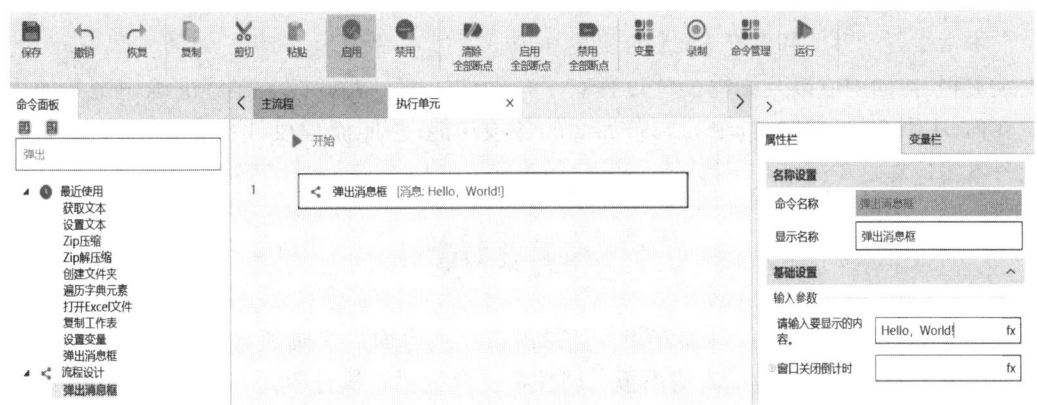

图 2-21　添加【弹出消息框】命令

（5）单击【运行】按钮，运行"向屏幕输出信息"机器人，运行结果如图 2-22 所示。

图 2-22　运行结果

 RPA 知识链接 2-1

弹出消息框

1. 功能介绍

命令路径：流程设计＞弹出消息框。

命令描述：弹出一个消息框，用于调试或提示。

2. 属性说明

【弹出消息框】命令的常规配置如表 2-1 所示。

表 2-1　　　　　　　　　　【弹出消息框】命令的常规配置

属性类型	属性名称	属性说明	是否必输
输入参数	请输入要显示的内容	在弹出消息框中显示的内容	是
	窗口关闭倒计时	在指定时间内关闭，置空表示不关闭，单位为秒	否

本 章 小 结

本章主要学习了智多星 RPA 的相关知识。通过本章的学习，我们对智多星 RPA 的安装流程、界面构成以及流程设计过程有了全面的了解。我们应当能够准确识别并使用主界面、主画布界面和执行单元画布界面的各项功能；按照流程设计步骤，独立完成如向屏幕输出信息这类简单的 RPA 流程设计任务。

本章重要概念

智多星 RPA　RPA 设计器安装　登录测试　主界面　主画布界面　执行单元画布界面　主流程　流程面板　右侧面板　属性栏　变量栏　执行单元　子流程　命令面板　命令组装区　RPA 流程设计

本 章 练 习

一、单项选择题

1. 智多星 RPA 设计器的主要作用是（　　）。
   A. 提供 AI 能力　　　　　　　　　B. 运行流程
   C. 控制中心　　　　　　　　　　D. 制作流程

2. 在智多星 RPA 主界面中，用于管理已创建本地用户命令的是（　　）。
   A. 打开　　　　B. 项目　　　　C. 命令　　　　D. 模板

3. 智多星 RPA 主画布界面中，流程的起始节点是（　　）。
   A. 结束　　　　B. 子流程　　　C. 执行单元　　D. 开始

4. 执行单元画布界面中，用于实现自动化操作的命令所在区域是（　　）。
   A. 命令组装区　　　　　　　　　B. 右侧面板
   C. 命令面板　　　　　　　　　　D. 属性栏

5. 在向屏幕输出"Hello,World!"信息的流程设计中，添加弹出消息框命令时，需选择的变量是（　　）。
   A. 自行输入的任意变量
   B. 新建项目时自动生成的变量
   C. 提前创建好并设置值为"Hello,World!"的变量
   D. 系统默认变量

二、多项选择题

1. 智多星 RPA 采用三端架构设计（　　）。
   A. RPA 设计器　　　　　　　　　B. RPA 控制台
   C. RPA 客户端　　　　　　　　　D. 智多星 Commaner

2. 智多星 RPA 主界面左侧导航栏包含的功能有（　　）。

A. 打开已有项目 　　　　　　　　　B. 设置自动登录
C. 访问预设模板 　　　　　　　　　D. 新建自定义命令
3. 智多星RPA主画布界面主要由（　　）部分组成。
A. 主流程 　　　　　　　　　　　　B. 流程面板
C. 右侧面板 　　　　　　　　　　　D. 命令面板
4. 下列属于智多星RPA流程设计步骤的有（　　）。
A. 新建项目 　　　　　　　　　　　B. 创建变量
C. 添加执行单元 　　　　　　　　　D. 保存运行
5. 在智多星RPA中，执行单元画布界面的右侧面板可以进行的操作有（　　）。
A. 设置命令属性 　　　　　　　　　B. 管理流程变量
C. 选择预设模板 　　　　　　　　　D. 查看命令执行结果

三、判断题
1. 智多星RPA设计器安装时，可以随意修改默认安装路径。（　　）
2. 智多星RPA主界面的"帮助"功能只能查看软件使用教程，不能进行反馈。（　　）
3. 在智多星RPA主画布界面中，子流程不能被主流程调用。（　　）
4. 执行单元是构成智多星RPA流程的基本执行模块。（　　）
5. 在智多星RPA流程设计过程中，添加弹出消息框命令是必需的步骤。（　　）

四、思考题
1. 简述智多星RPA在企业流程自动化中的优势。
2. 对比手动操作和使用智多星RPA完成重复性任务，分析两者的差异和RPA的价值。
3. 在智多星RPA流程设计过程中，若遇到流程执行错误，你认为可以从哪些方面进行排查和解决？

五、实训题
请按照智多星RPA的流程设计步骤，独立完成一个向屏幕输出"欢迎使用智多星RPA！"信息的简单RPA流程设计任务，并截图展示设计过程和最终的运行结果。

第三章　RPA 基本应用

- ➢ 内容提要
- ➢ 重点难点
- ➢ 学习目标
- ➢ 知识框架
- ➢ 思政育人
- ➢ 第一节　变量与常量
- ➢ 第二节　数据运算
- ➢ 第三节　程序结构
- ➢ 第四节　函数
- ➢ 本章小结
- ➢ 本章重要概念
- ➢ 本章练习

内容提要

本章主要介绍了变量与常量、运算符与表达式的用法；基本数据处理命令，包括数值型、列表、字典、字符串等命令；常用的程序结构，如顺序结构、选择结构、循环结构；智多星 RPA 函数应用。

重点难点

本章重点为变量与常量、基本数据类型、运算符、表达式、基本数据处理命令、常用程序结构；难点为组合数据类型应用、函数应用。

学习目标

通过本章的学习，学生应理解各种数据类型的特点与用法，掌握变量与常量、运算符与表达式的用法；掌握基本数据处理命令，包括数值型、列表、字典、字符串等命令；掌握选择结构、循环结构等常用控制语句的用法；理解函数在智多星 RPA 中的应用。

知识框架

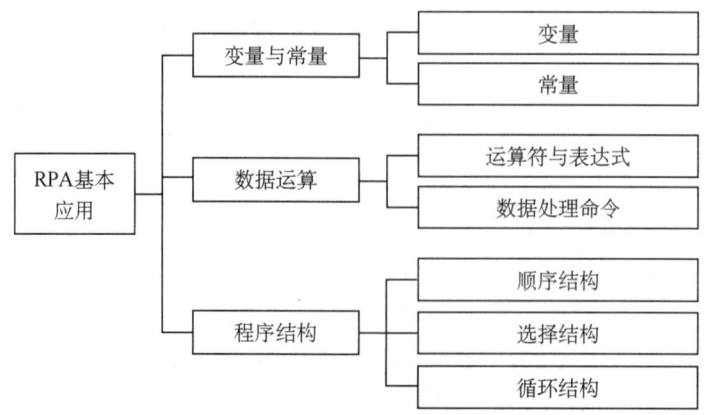

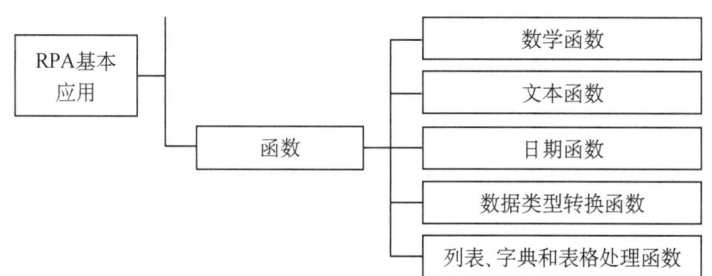

 思政育人　数字化劳动力——全力激活人效，助力企业行稳致远

2021年12月，中央网络安全和信息化委员会印发《"十四五"国家信息化规划》，提出加快建设数字中国，大力发展数字经济的总体目标；2022年1月，央行印发《金融科技发展规划（2022—2025年）》，明确提出将数字元素注入金融服务全流程，注重金融创新的科技驱动和数据赋能。党的二十大报告明确提出"加快发展数字经济，促进数字经济和实体经济深度融合，打造具有国际竞争力的数字产业集群"。这一战略部署为数字员工的发展提供了重要的政策指引和方向。

1. 数字化劳动力的诞生

2022年10月麦肯锡发布的《数字化劳动力白皮书》指出，"数字员工"又称数字化劳动力，是打破人与机器边界，以数字化技术赋予"活力"的第四种企业用工模式。当今世界数字经济快速发展，劳动力模式也在快速演变，企业应通过科技赋能，让传统劳动力与数字化劳动力相结合，建立"智能员工队伍"，让传统劳动力从烦琐的流程性业务中解放出来，专注于更具价值创造性的工作。

2. 数字化劳动力作用

打造"数字员工"的关键靠技术包括机器人流程自动化、人工智能、大数据三大核心技术。机器人流程自动化（robotic process automation，RPA）是指使用软件自动化实现系统程序模拟人类在计算机等数字化设备中的操作，协助员工完成大量重复、规则明确且耗费时间的工作，实现业务流程自动化。

比如在实体行业，"数字员工"是RPA与实体机器人相结合，让生产线上的机械臂自动开展流水化作业；在财务方面，运用RPA技术可实现自动处理发票、报销审核、对账等流程性工作；在行政办公方面，运用RPA技术可以实现自动发送邮件、信息等。人工智能（artificial intelligence，AI）是研究、开发用于模拟、延伸和扩展人类智能的理论、方法、技术及应用系统的一门新的技术科学。

AI通过打造知识图谱，运用深度学习等技术，为"数字员工"提供决策能力，实现运营管理智能化。当RPA与AI融合应用时，可以让"数字员工"在自动化的基础上兼具智能化。比如，企业可利用AI打造智能客服机器人，实现"机器人辅助人工"加"机器人智能回复"等应答模式。数据资源是"数字员工"顺畅运行、不断更新迭代的基础保障。

贯穿"数字员工"全生命周期管理，结构清晰、运行稳定的数据体系，有助于为"数字员工"的智能模型提供更多有效的训练数据环境。比如冬奥会的央视智能手语主播、2022年两会期间的数字人主播晓晓等，就是AI、RPA与数据融合运用的典型案例；最近热门的ChatGPT是依托海量数据基础建立的大型语言生成模型，其可以与用户进行精度较高的自动回话。

资料来源：陈震，郑文才，等．数字化劳动力白皮书：全力激活人效潜能，助力企业行稳致远[EB/OL]．(2022-10-25)[2025-02-18]．https://baijiahao.baidu.com/s?id＝1745707886627343829&wfr＝spider&for＝pc．

思政寄语

在数字经济蓬勃发展的今天，数字员工作为新兴的用工模式，正成为推动企业转型升级和高质量发展的重要力量。数字员工通过 RPA、AI 和大数据等核心技术,实现了业务流程的自动化和智能化,让传统劳动力从繁琐的流程性工作中解脱出来,专注于更具创造性的工作。

党的二十大报告强调了数字经济与实体经济深度融合的重要性,数字员工正是这一战略部署的生动实践。它不仅提升了企业效率,还为劳动者创造了更多价值,体现了对劳动者价值的尊重。

作为新时代的青年,我们应积极拥抱数字技术,提升数字素养,努力成为适应数字时代发展的高素质人才。应以党的二十大精神为指引,用创新思维推动企业发展,用实际行动助力数字中国建设,为实现中华民族伟大复兴的中国梦贡献智慧和力量。

第一节 变量与常量

一、变量

(一)变量的概念

变量来源于数学,是计算机语言中能储存计算结果或能表示值的抽象概念。在智多星 RPA 中,变量是指运算过程中可以被改变的量,是一个有名字的、具有特殊属性的一个存储单元。当一个数据需要经常改变或者不确定时,其就应该使用变量进行表示。变量在 RPA 中扮演重要的数据传递角色,是 RPA 编程不可或缺的一部分。

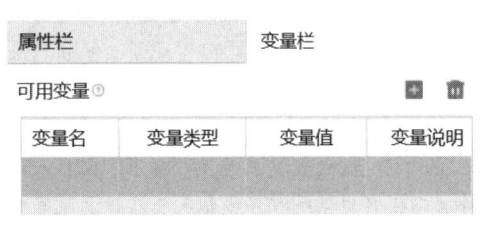

图 3-1 添加变量

(二)变量的定义

在智多星 RPA 中,用户必须先定义变量才能使用变量。用户进入流程图或者流程块界面,在"变量栏"处可以添加变量,如图 3-1 所示。定义变量需要确定变量名、变量类型、变量值和变量说明四项内容。

1. 变量名

变量的命名必须符合标识符的命名规则。标识符是程序中一个对象的名字,用于标识变量、常量、函数等。智多星 RPA 规定,标识符可以用中英文字符、下划线(_)、UTF-8 编码中包含的除了英语以外的其他语言文字,如"姓名,temp0,a_score"等均为可支持的变量命名方式。在智多星 RPA 中,变量命名不能以数字开头,区分大小写,不能使用关键字,变量用字母命名时中间不能有空格。标识符的名称应直观、有意义。

变量命名推荐采用驼峰命名法。变量名由一个或多个单词联结时,第一个单词以小写字母开始,其他单词的首字母都采用大写,如"itemName"。

延伸阅读3-1

系统变量名及其含义

系统变量是智多星 RPA 事先定义好的保存系统信息的变量,智多星 RPA 的系统变量名及其含义如表 3-1 所示。

表 3-1　　　　　　　　　智多星 RPA 的系统变量名及其含义

系统变量名	数据类型	变量值	变量说明
Folder.WinDesktop	String	C:\Users\＊＊\Desktop	Windows 桌面
Folder.WinUserProfile	String	C:\Users\＊＊	Windows 用户配置文件夹
Folder.WinUserDownloads	String	C:\Users\＊＊lDownloads	Windows 下载文件夹
Folder.WinDocuments	String	C:\Users\＊＊\Documents	Windows 我的文档
Folder.AppUserAppData	String	C:\Users\＊＊\AppData\Roaming	Windows 用户应用数据文件夹
Folder.AppConfig	String	C:\Yonyou\YonyouRpaStudio\Config	RPA 配置文件路径
Folder.AppRoot	String	C:\Yonyou\YonyouRpaStudio	RPA 安装路径
Folder.AppTemplate	String	C:\YonyoulYonyouRpaStudiolTemplate	RPA 模板路径
Folder.AppProfileData	String	C:\YonyouYonyouRpaStudio\Profile\Data	RPA 数据集路径
Today	String	%Today%	系统日期
Time	String	%Time%	系统时间
Now	String	%Now%	系统日期和时间
DateTime.Now	String	%LocalNow%	系统日期和时间
Pc.ComputerName	String	DESKTOP-A1RGMHE	电脑名称
Pc.UserName	String	＊＊	Windows 当前用户

2. 变量类型

在智多星 RPA 中，数据包括基础数据类型和复合数据类型两大类。基础数据类型包括字符串、密码、数值、日期、时间、日期时间、布尔；复合数据类型包括列表、字典、表格。新建变量的默认数据类型为字符串型，在后续开发财务机器人时，没有特殊说明新增变量的数据类型时，均为默认类型字符串。在智多星 RPA 中，变量取值的类型不是固定不变的，而是动态变化的，例如，用户可以先将变量赋值为字符串型数据，再根据需要将其赋值为数值型数据。

智多星 RPA 常用的数据类型如表 3-2 所示。

表 3-2　　　　　　　　　智多星 RPA 常用的数据类型

数据类型	说明	示例
字符串(string)	不能用来进行数学运算的数据类型，如果数字设置成文本类型，就不能用来做数学运算	智多星 RPA
密码(password)	需要加密存储，隐藏显示的数据类型	各种系统的密码
数值(numeric)	可以进行数值运算的数据类型	520
日期时间(datetime)	日期和时间的组合，可以进行日期计算，时间格式为：YYYY-MM-DD HH:MM:SS	2025/1/1 08:00
布尔(boolean)	只有两种取值：true 和 false	

(续表)

数据类型	说明	示例
列表(List)	一种用于存储一系列相关数据的变量类型。列表是一种数据结构,它允许在一个单独的变量中存储多个项目(通常是相同类型,但也可以是不同类型),并且这些项目可以通过循环列表的方式进行循环,也可以通过索引(位置编号)进行访问	[12,13,good,true]
字典(Dictionary)	一种键值对(Key-Value)的数据结构,用于存储和检索数据。每个键值对由一个键和一个值组成,键必须是唯一的,而值可以是任何数据类型。与列表不同,字典是无序的集合,其中的元素通过唯一的键(key)来访问,而不是通过索引。每个键都映射到一个值(value)	{1001:库存现金;1002:银行存款;流动比率:1.5}
表格(Table)	通常用于存储和操作结构化数据,这些数据通常以行和列的形式呈现,类似于电子表格或数据库表	<table><tr><th>姓名</th><th>部门</th><th>出勤天数</th><th>请假天数</th></tr><tr><td>张三</td><td>销售部</td><td>22</td><td>3</td></tr><tr><td>李四</td><td>财务部</td><td>25</td><td>0</td></tr><tr><td>王五</td><td>人事部</td><td>20</td><td>5</td></tr><tr><td>赵六</td><td>销售部</td><td>23</td><td>2</td></tr></table>

延伸阅读 3-2

字典、列表、表格的区别

字典变量、列表变量和表格变量在数据结构、访问方式和用途等方面都存在明显的区别,具体如下。

1. 数据结构

字典变量以键值对的形式存储数据,每个键都是唯一的,并且与特定的值相关联。

列表变量则是一系列有序的数据项,这些数据项可以是任何数据类型,且类型可以不同。

表格变量则以行和列的形式组织数据,每行代表一个记录或数据实体,每列代表一个字段或数据属性。

2. 访问方式

字典变量通过键来访问对应的值,这种方式使数据查找和访问非常快速。

列表变量通过索引来访问数据项,索引通常是从 1 开始的整数。

表格变量的访问方式则可能因 RPA 工具的不同而有所差异,但通常支持通过行号和列名来访问数据。

3. 用途

字典变量常用于存储需要快速查找和访问的数据,如配置文件、数据库查询结果等。

列表变量则适用于存储和操作一系列相关的数据,如用户列表、商品清单等。

表格变量则主要用于存储和操作大量结构化数据,如员工信息表、销售数据表等。在 RPA 中,表格变量常用于读取、处理和输出 Excel 文件中的数据。

3. 变量值

定义变量时,用户可以给变量赋予一个初始值,也可暂时不赋予初始值。如图 3-2 所示,定义的 tempA 变量,暂时不赋值;定义的 tempB 变量,初始值为 1。

图 3-2 定义变量值

变量赋值也可以通过【设置变量】命令完成,如图 3-3 所示,该图定义了变量"tempA"的值为 2。

注意:通过【设置变量】命令完成变量赋值,需先在"变量栏"定义一个不赋予初始值"tempA"变量。

图 3-3 变量赋值

在程序运行期间,变量的值是可以改变的。如定义的 tempB 变量,初始值为 1,而后又通过【设置变量】命令将 2 赋值给 tempB,那么此时 tempB 的值为 2,具体如图 3-4 所示。

图 3-4 变量值变化

> RPA 知识链接 3-1

设置变量

1. 功能介绍

命令路径：流程设计＞设置变量。

命令描述：给变量赋值。

2. 属性说明

【设置变量】命令的常规配置如表 3-3 所示。

表 3-3　　　　　　　　【设置变量】命令的常规配置

属性类型	属性名称	属性说明	是否必输
输入参数	变量值	与变量类型匹配的数据或计算公式	是
输出参数	保存至变量	将值赋值给变量	是

4. 变量说明

定义变量时，可以选择为变量添加说明，增加变量的可读性。

> 延伸阅读 3-3

变量的删除

若要删除变量，请在"变量栏"面板中，选择该变量，单击 🗑，如图 3-5 所示，或者在键盘上按"Delete"键。

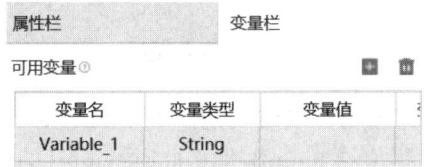

图 3-5　删除变量操作界面

二、常量

常量是指运算过程中不能改变的量，在流程块开发中的使用机会不多。常量的定义通常是使用特定的关键字来进行的，在智多星 RPA 中，有两个常量 E 和 PI，E 表示自然对数的底，它由常数 e 指定；PI 表示圆的周长与其直径的比值，由常数 π 指定。常量值只在所属流程块内有效。

第二节　数据运算

一、运算符与表达式

（一）运算符

运算符包括算术运算符、关系运算符、逻辑运算符、连接运算符、位运算符和其他运算符。各类运算符及其含义如表 3-4 所示。

表 3-4　　　　　　　　　　　　　　　运算符

类型	符号	含义	举例	举例结果
算术运算符	＋	加	100＋20	120
	－	减	100－20	80
	＊	乘	100＊20	2 000
	／	除	100/20	5
	％	取模,即整除后的余数	10％3	1
关系运算符	＝＝	等于	1＝＝2	False
	!＝	不等于	1!＝2	True
	＞	大于	1＞2	False
	＜	小于	1＜2	True
	＞＝	大于或等于	1＞＝2	False
	＜＝	小于或等于	1＜＝2	True
逻辑运算符	&&	并且	x＝＝2&&y＞5 输入:x＝2,y＝10	True
	!	非	x!＝2 输入:x＝1	True
连接运算符	＋	字符串连接	字符串"智多星"与字符串"RPA"连接	智多星 RPA
位运算符	&	与	0&1 1&1	输出:0 输出:1
	|	或	0|0 0|1	输出:0 输出:1
	^	异或	0^1 1^1	输出:1 输出:0
其他运算符	?:	条件表达式,如果条件为真? 则为 X;否则为 Y	x＞60?"及格":"不及格" 输入:x＝90	及格
	??	空值合并(编程语言中的 null)x??y,表示如果 x 为 null 则返回 y;否则返回 x。这里 x 与 y 必须是同一数据类型		
	\	字符串转义字符。 字符串中特殊符号,需要转义表达。比如"Li" is surname,字符串的表示方式为:" \ " Li \ " is surname."	\'－单引号,字符文字需要 \"－双引号,字符串文字需要 \\－反斜杠 \0－Unicode 字符 0 \a－警报符(字符 7) \b－退格键(字符 8) \f－换页(字符 12) \n－新行(字符 10) \r－回车(字符 13) \t－水平制表符(字符 9) \v－垂直制表符(字符 11)	

(二)表达式

把变量、常量、值用运算符和圆括号连接在一起,就形成了表达式。在计算表达式的值时,不同的运算符具有不同的优先级。优先级高的运算符先结合,优先级低的运算符后结合。在智多星 RPA 中,算术运算符如加法、减法、乘法、除法和取模运算,通常具有较高的优先级,它们用于执行基本的数学运算。紧接着是关系运算符,包括大于、小于、大于等于、小于等于、等于和不等于,这些运算符用于比较两个值的大小,其优先级通常低于算术运算符。逻辑运算符,如逻辑与、逻辑或和逻辑非,则用于处理布尔值,判断条件是否成立,它们的优先级通常低于关系运算符。需要注意的是,在某些特定环境下可能会遇到连接运算符,但这不是标准编程语言中的普遍概念,其优先级因环境而异。最后,位运算符,如按位与、按位或、按位异或、按位取反、左移和右移,用于对整数的二进制位进行操作,它们的优先级通常较低。然而,运算符的结合性也会影响计算顺序,对于大多数运算符,计算是从左到右进行的。为了明确指定计算顺序,可以使用括号来强制表达式的某些部分优先运算。

在智多星 RPA 中,定义表达式需先输入"=",如表达式"=[x]+[y]+100",其中[x]、[y]为 RPA 中定义的变量,100 为常数。"="是智多星 RPA 中的赋值运算符,该运算符把赋值号右边表达式的计算结果赋给左边的变量。

【案例 3-1】 H 公司 2024 年平均流动资产为 20 000 万元,平均流动负债为 10 000 万元。要求:通过智多星 RPA 计算 H 公司 2024 年的流动比率。

【操作步骤】

(1) 在智多星 RPA 新建"流动比率计算机器人"项目。

(2) 创建变量 currentAssets 值为 20000、currentLiabilitie 值为 10000,变量类型为 Numeric。

(3) 在设计面板添加【弹出消息框】命令,并设置其属性,在"请输入要显示的内容"处输入"=[currentAssets]/[currentLiabilitie]"。注意,使用变量时需加上[ ],或者单击 fx 选择相关变量。

(4) 运行机器人,属性设置和运行结果如图 3-6 所示。

图 3-6 "流动比率计算"机器人

注意:在智多星 RPA 中,算术运算符"/"仅返回整数结果,如需进行非整除运算,请使用【除法】命令。

二、数据处理命令

(一) 数值型

数值的操作命令叫作语句,也叫作预制件,如图 3-7 所示。数值的操作命令包括【加法】、【减法】、【转数字金额】、【乘法】、【除法】、【取余数】、【自增】、【格式化数值】。

常用的数值命令主要有【自增】和【格式化数值】。【自增】命令设置变量自动增长,使某个变量的值加 1。【格式化数值】命令可以把数字格式转化成一个指定格式的字符串。

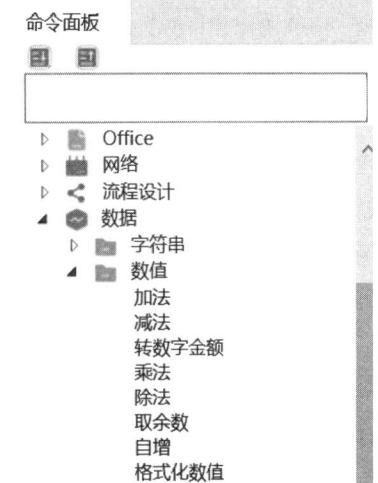

图 3-7 数值操作命令

3-1 文档资料:数值命令说明

 RPA 知识链接 3-2

自 增

1. 功能介绍

命令路径:数据＞数值＞自增。

命令描述:设置变量自动增长,每次自增 1。

2. 参数说明

【自增】命令的常规配置如表 3-5 所示。

表 3-5　　　　　　　　　　【自增】命令的常规配置

参数类型	参数名称	参数说明	是否必输
输出参数	变量	变量每次自动增一	是

3. 使用示例

【自增】命令的使用示例如图 3-8 所示。

图 3-8 【自增】命令的使用示例

RPA知识链接3-3

格式化数值

1. 功能介绍

命令路径：数据＞数值＞格式化数值。

命令描述：将数值按需求进行格式化。

2. 参数说明

【格式化数值】命令的常规配置如表3-6所示。

表3-6 【格式化数值】命令的常规配置

参数类型	参数名称	参数说明	是否必输
输入参数	请输入数值	被格式化的数值	是
	请输入数值格式代码	参考地址：https://www.cnblogs.com/sntetwt/p/8145886.html	是
输出参数	存储结果到变量	存储结果到变量	是

3. 使用示例

【格式化数值】命令的使用示例如图3-9所示。

3-2 文档资料：数值格式代码

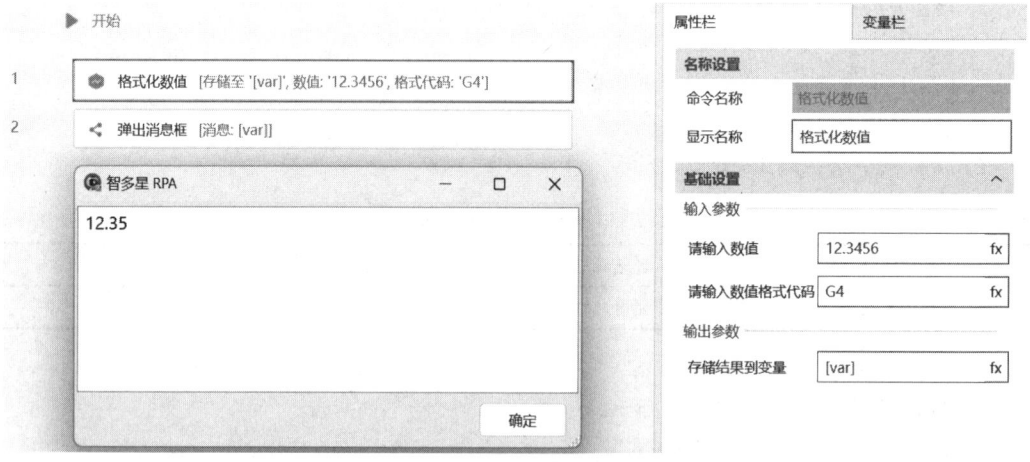

图3-9 【格式化数值】命令的使用示例

【案例3-2】 将123456789.12转化为123,456,789.12格式。

【操作步骤】

(1) 在智多星RPA新建"格式化数值"项目。

(2) 添加空白变量"temp"，用于存储格式化的结果。

(3) 在设计面板添加【格式化数值】命令，并设置其属性，如图3-10所示。在"请输入数值"处输入"123456789.12"，在"请输入数值格式代码"处输入"＃＃＃,＃＃＃,＃＃＃.00"，并将结果存储到变量[temp]。

(4) 在设计面板添加【弹出消息框】命令，在"请输入要显示的内容"处选择[temp]。运行机器人，运行结果如图3-10所示。

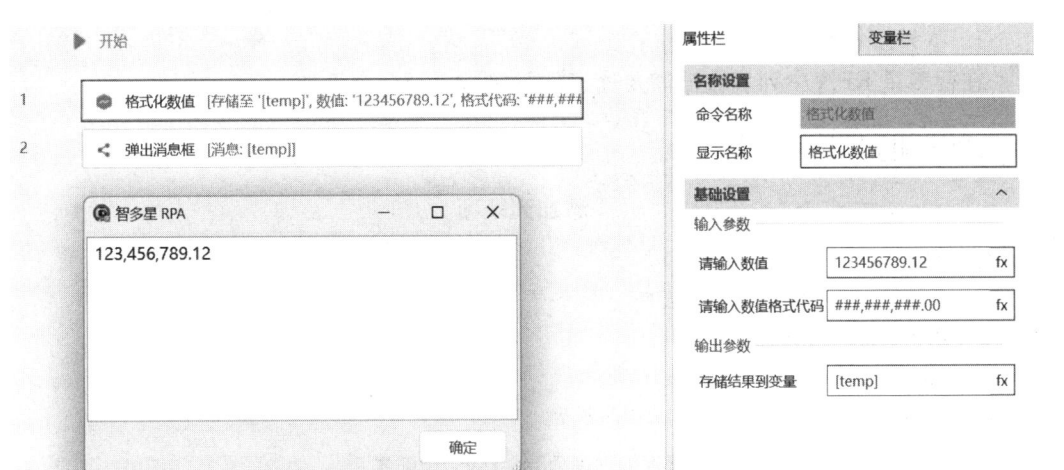

图 3-10 【格式化数值】操作命令

(二) 列表

列表是一组有序数据的集合,在智多星 RPA 中,列表的格式如表 3-7 所示。列表中的每一个数据称为列表项,每个列表项都分配一个数字,即它的位置或者索引,列表的索引值是从"1"开始的,依次往后"2,3,4,……,n"。

表 3-7　　　　　　　　　　　　　列表结构

列表的位置	列表项
1	Value1
2	Value2
……	……

列表的操作命令如图 3-11 所示,包括【检索列表】、【列表元素个数】、【添加列表项】、【删除列表项】、【清空列表项】等。

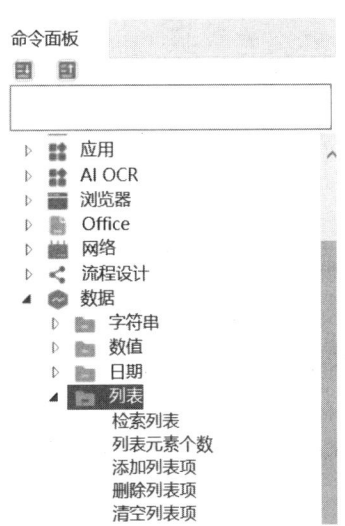

3-3 文档资料:列表部分命令说明

图 3-11　列表的操作命令

45

1. 添加列表项

在智多星 RPA 中列表数据需要通过【添加列表项】命令添加。

RPA 知识链接 3-4

添加列表项

1. 功能介绍

命令路径：数据＞列表＞添加列表项。

命令描述：向列表中添加数据。

2. 参数说明

【添加列表项】命令的常规配置如表 3-8 所示。

表 3-8　　　　　　　　【添加列表项】命令的常规配置

参数类型	参数名称	参数说明	是否必输
输入参数	列表变量	选择一个列表变量	是
	列表项	向列表中添加的列表项	是

【案例 3-3】 H 公司近期在我国的主要城市开设了一系列分店，它们依次在北京、上海、青岛落地生根。为了更好地管理这些分店，现需要以列表的形式来存储分店信息。

【操作步骤】

（1）在智多星 RPA 新建"列表"项目。

（2）创建列表变量 citys。

（3）在设计面板添加三个【添加列表项】命令，并设置其属性，如图 3-12 所示。

图 3-12　添加列表项

【案例 3-4】 承［案例 3-3］，H 公司计划进一步扩展业务，在成都增设一个新的分店。请在 citys 列表中正确添加成都分店的信息。

【操作步骤】

打开"列表"机器人，在设计面板添加【添加列表项】命令，列表变量选择［citys］，列表项输入"成都"。

相关思考3-1

如何高效添加列表项

【案例3-3】通过【添加列表项】的方式将H公司开设门店所在的城市添加到列表中,这种方法简单直接,但是数据量大的时候会非常繁琐。若需要添加大量的列表项,可以借助【拆分字符串】命令或Array函数、Split(seperators)函数实现。

【拆分字符串】是根据分隔符将字符串内容拆分为列表,见[案例3-15];Array函数将字符串文本转换为数组,如"abc". Array( )输出列表:["a","b","c"];Split(seperators)函数拆分字符串,并组成一个新的列表,如"北京、上海、青岛". Split("、")输出列表:["北京","上海","青岛"]。

2. 获取列表数据

列表数据的获取主要有两个命令可以实现,即【检索列表】命令和【遍历列表元素】命令。【检索列表】命令只能获取指定位置的数据,【遍历列表元素】命令可以获取列表变量中所有的数据。

(1)【检索列表】命令。通过【检索列表】命令索引位置,列表的索引值是从"1"开始的,也就是说索引值1对应第一个列表项,索引值2对应第二个列表项,依次往后。

RPA知识链接3-5

检索列表

1. 功能介绍

命令路径:数据>列表>检索列表。

命令描述:获取列表中指定索引位置的列表项。

2. 参数说明

【检索列表】命令的常规配置如表3-9所示。

表3-9　　　　　　　　　　　【检索列表】命令的常规配置

参数类型	参数名称	参数说明	是否必输
输入参数	列表变量	选择一个列表变量	是
	索引值	列表的索引值	是
输出参数	存储结果到变量	将指定索引位置的列表项存储到变量	是

【案例3-5】 承[案例3-3],运用智多星RPA获取H公司开设的第1家分店所在的城市。

【操作步骤】

(1)打开"列表"机器人,添加变量"city",用于存储检索结果。

(2)在设计面板添加【检索列表】命令,检索第一个城市。设置【检索列表】命令的属性,列表变量为[citys],索引值为"1",存储结果到变量为[city],具体属性设置如图3-13所示。

(3)在设计面板添加【弹出消息框】命令,在"请输入要显示的内容"处输入"H公司开设第1家分店的城市为[city]"。运行机器人,运行结果如图3-13所示。

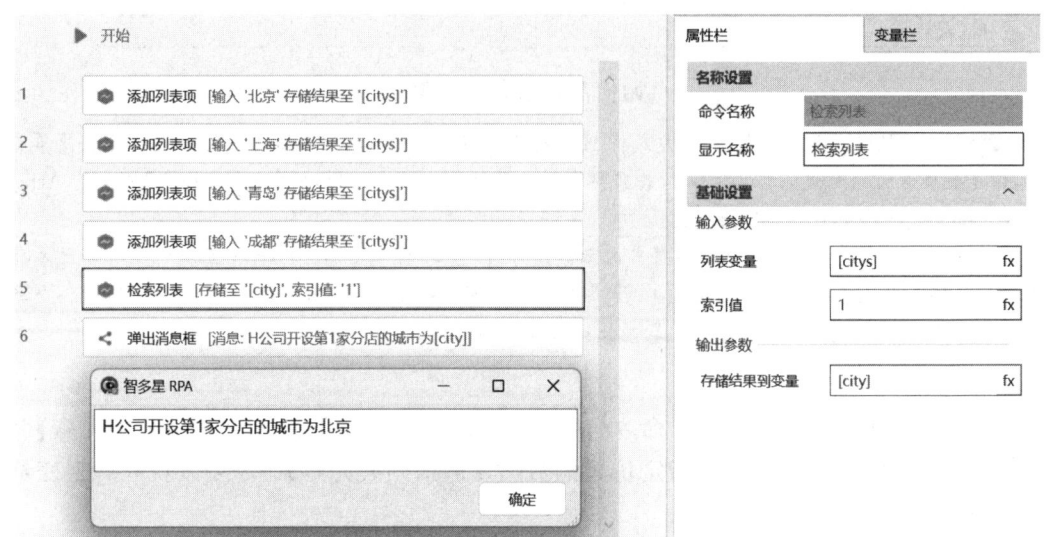

图 3-13 【检索列表】命令属性设置和运行结果界面

（2）【遍历列表元素】命令。【遍历列表元素】命令是自动遍历列表中的每一个元素，并将其值放入循环变量，直到遍历所有元素为止。通过【遍历列表元素】命令，以循环列表的方式，按照索引从小到大的顺序依次取值。

 RPA 知识链接 3-6

遍历列表元素

1. 功能介绍

命令路径：流程设计＞循环＞遍历列表元素。

命令描述：循环遍历列表里所有元素。

2. 参数说明

【遍历列表元素】命令的常规配置如表 3-10 所示。

表 3-10 　　　　　　　　【遍历列表元素】命令的常规配置

参数类型	参数名称	参数说明	是否必输
输入参数	列表变量	待循环列表变量	是
输出参数	循环至变量	当前循环列表项值	否
	循环序号至变量	当前循环序号值	否

【案例 3-6】　承[案例 3-3]、[案例 3-4]、[案例 3-5]，获取 H 公司开设每个分店所在的城市。

【操作步骤】

（1）打开"列表"机器人，添加变量"i"，用于存储循环序号。

（2）添加【遍历列表元素】命令，属性设置如图 3-14 所示，列表变量选择[citys]，循环项至变量选择[city]，循环序号至变量选择[i]。

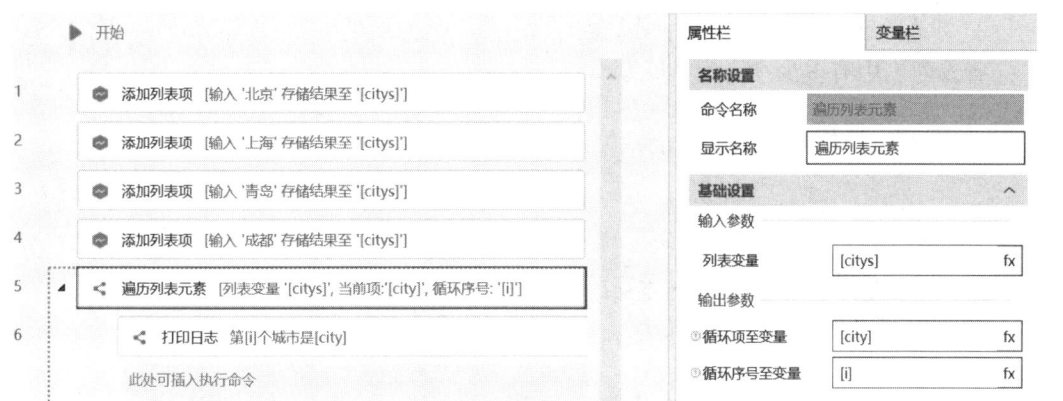

图 3-14 【遍历列表元素】命令属性设置

(3) 在遍历列表循环体内添加【打印日志】命令,并设置其属性,在"请输入日志内容"处输入"第[i]个城市是[city]"。

(4) 运行机器人,运行结果如图 3-15 所示。

图 3-15 【遍历列表元素】运行结果

 RPA 知识链接 3-7

打印日志

1. 功能介绍

命令路径:流程设计＞打印日志。

命令描述:用作调试,根据日志级别,打印日志内容。

2. 参数说明

【打印日志】命令的常规配置如表 3-11 所示。

表 3-11 【打印日志】命令的常规配置

参数类型	参数名称	参数说明	是否必输
输入参数	日志级别	5 个日志级别,业务、调试、信息、警告、错误	是
	请输入日志内容	要打印的日志内容	是

3. 列表元素个数

查看列表中有多少个元素。

RPA 知识链接 3-8

列表元素个数

1. 功能介绍

命令路径：数据＞列表＞列表元素个数。

命令描述：查看列表中有多少个元素。

2. 参数说明

【列表元素个数】命令的常规配置如表 3-12 所示。

表 3-12　　　　　　　　【列表元素个数】命令的常规配置

参数类型	参数名称	参数说明	是否必输
输入参数	列表变量	选择一个列表变量	是
输出参数	存储至变量	将列表元素个数存储到变量	是

【案例 3-7】　承［案例 3-3］，当前 H 公司在几个城市开设了分店。

【操作步骤】

(1) 打开"列表"机器人，创建变量"quantity"，用于存储列表元素的个数。

(2) 在设计面板添加【列表元素个数】命令，设置属性，如图 3-16 所示。列表变量选择［citys］，存储至变量选择［quantity］。

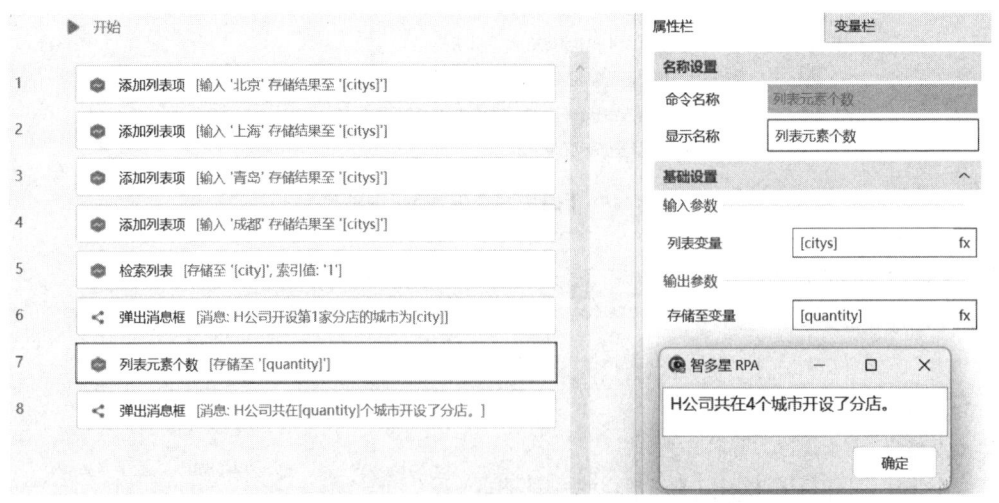

图 3-16　【列表元素个数】命令属性设置和运行结果界面

(3) 在设计面板添加【弹出消息框】命令，在"请输入要显示的内容"处输入"H 公司共在［quantity］个城市开设了分店。"

(4) 运行机器人，运行结果如图 3-16 所示。

(三) 字典

字典是一种数据集合，该集合以 map(Key,Value) 的形式存储数据，也就是由一系列

"键值对"构成,如表3-13所示。字典不仅保存数据的值(即Value),还保存数据的名字(即键Key)。Key代表名字,只能是字符串,Value可以是任意类型的表达式。与列表相似,字典也可以利用索引来访问其中的元素,但是,字典的索引是Key,即名字,是一个字符串。

表3-13　　　　　　　　　　　　　字典结构

Key 值	Value 值
Key1	Value1
Key2	Value2
……	……

字典的操作命令如图3-17所示,包括【添加字典条目】、【字典取值】、【删除字典条目】、【清空字典】、【字典条目数】、【字典条目检测】、【获取所有键值】等。

1. 添加字典条目

在智多星RPA中字典数据需要通过【添加字典条目】命令添加。

图 3-17　字典操作命令

3-4 文档资料:字典部分命令说明

 RPA知识链接3-9

添加字典条目

1. 功能介绍

命令路径:数据＞字典＞添加字典条目。

命令描述:向字典中添加键值对数据。

2. 参数说明

(1) 常规设置

【添加字典条目】命令的常规配置如表3-14所示。

表3-14　　　　　【添加字典条目】命令的常规配置

参数类型	参数名称	参数说明	是否必输
输入参数	字典变量	选择一个字典变量	是
	键(Key)	字典项的键(Key)	是
	值(Value)	字典项的值(Value)	是

(2) 高级设置

【添加字典条目】命令的高级配置如表3-15所示。

表3-15　　　　　【添加字典条目】命令的高级配置

参数类型	参数名称	参数说明	是否必输
输入参数	重复键处理方式	如果字典中已经存在相同键(Key)的字典项,则可以选择跳过或更新该字典项,也可以直接报错。默认进行更新处理	否

【案例 3-8】 王某出差任务完成后返回,现需进行差旅费用报销,报销数据如表 3-16 所示。

表 3-16　　　　　　　　　　　　　报销数据　　　　　　　　　　　　　金额单位:元

目的地	出差天数	高铁/火车交通费	住宿费	市内交通费
上海	1	375	400	150

要求:运用智多星 RPA 存储王某的报销数据。

【操作步骤】

(1) 在智多星 RPA 新建"字典"项目。

(2) 创建字典变量"reimbursementData"。

(3) 在设计面板添加五个【添加字典条目】命令,添加字典项,具体的 Key 值和 Value 值如表 3-17 所示。

表 3-17　　　　　　　　　　　差旅费报销数据

Key 值	Value 值
destination	上海
days	1
traffic	375
hotel	400
taxi	150

设置【添加字典条目】命令的属性,如图 3-18 所示。

图 3-18　【添加字典条目】命令的属性设置

2. 获取字典数据

字典数据的获取主要有两个命令可以实现,即【字典取值】命令和【遍历字典元素】命令。【字典取值】命令通过键(Key)来访问字典中的值,【遍历字典元素】命令可以获取字典变量中所有的数据。

(1)【字典取值】命令。通过键(Key)来访问字典中的值,一个键(Key)映射一个值(Value)。

 RPA知识链接3-10

字典取值

1. 功能介绍

命令路径:数据>字典>字典取值。

命令描述:从字典中取出字典项的值(Value)。

2. 参数说明

【字典取值】命令的常规配置如表3-18所示。

表3-18 【字典取值】命令的常规配置

参数类型	参数名称	参数说明	是否必输
输入参数	字典变量	选择一个字典变量	是
	键(Key)	字典项的键(Key)	是
输出参数	存储结果到变量	将对应字典项的值(Value)存储到变量	是

【案例3-9】 承[案例3-8],获取王某出差目的地。

【操作步骤】

(1)打开"字典"机器人,添加变量"Destination",用于存储检索结果。

(2)在设计面板添加【字典取值】命令,并设置属性,如图3-19所示。

(3)在设计面板添加【弹出消息框】命令,在"请输入要显示的内容"处选择"[Destination]"。运行机器人,运行结果如图3-19所示。

图3-19 【字典取值】命令的属性设置和运行结果

(2)【遍历字典元素】命令。【遍历字典元素】命令自动遍历字典中的每一个元素,并将键、值分别放入两个循环变量,直到遍历所有元素为止。字典的数据是无序的,字典遍历时,不受添加顺序和首字母顺序的影响,先遍历哪个数据、后遍历哪个数据是不受控制的。

 RPA知识链接3-11

遍历字典元素

1. 功能介绍

命令路径:流程设计＞循环＞遍历字典元素。

命令描述:循环遍历字典中的所有元素。

2. 参数说明

【遍历字典元素】命令的常规配置如表3-19所示。

表3-19　　　　　　　　【遍历字典元素】命令的常规配置

参数类型	参数名称	参数说明	是否必输
输入参数	字典变量	待循环字典变量	是
输出参数	保存循环项的Key	当前循环字典项Key值	否
	保存循环项的Value	当前循环字典项Value值	否
	循环序号至变量	当前循环序号值	否

【案例3-10】　承[案例3-8],获取王某所有的出差信息。

【操作步骤】

(1) 打开"字典"机器人,添加变量"i",用于存储循环序号;添加变量"key",用于存储字典项的键名(key);添加变量"value",用于存储字典项的键值(value)。

(2) 添加【遍历字典元素】命令,属性设置如图3-20所示,字典变量选择[reimbursementData],循环项key选择[key],循环项value选择[value],循环序号至变量选择[i]。

图3-20　【遍历字典元素】命令和【打印日志】的属性设置

(3) 添加【打印日志】命令,在"请输入日志内容"处输入"第[i]个字典数据为[key]:[value]",如图3-20所示。

(4) 运行机器人,运行结果如图3-21所示。

图3-21 "字典"机器人的运行结果

相关思考3-2

如何高效添加字典项

[案例3-8]通过【添加字典条目】的方式将王某的差旅费报销数据添加到字典中,这种方法简单直接,但是数据量大的时候会非常繁琐。若需要添加大量的字典项,可以借助【Json转字典】命令实现。【Json转字典】命令将Json字符串转换为字典数据。

Json(JavaScript Object Notation)是一种轻量级的数据交换格式,其广泛用于前后端数据传输和存储。Json的基本结构由两种数据类型组成。

(1)键值对(Key-Value Pairs):数据以键值对的形式表示,键和值之间用冒号分隔,多个键值对之间用逗号分隔。

(2)集合类型:包括数组(用方括号[ ]表示)和对象(用花括号{ }表示)。

Json格式示例如下:

{
 "name": "张三",
 "age": 25,
 "isStudent": false,
 "courses": ["数学", "英语", "物理"],
 "address": {
  "city": "北京",
  "zipcode": "100000"
 }
}

3-5 文档资料:Json部分命令说明

【案例3-11】 承[案例3-8],用【Json转字典】命令输入王某的报销数据并获取所有报销数据。

【操作步骤】

(1)在智多星RPA新建"字典_Json"项目。

(2)创建字典变量"reimbursementData";添加变量"i",用于存储循环序号;添加变量"key",用于存储字典项的键名(key);添加变量"value",用于存储字典项的键值(value)。

（3）在设计面板添加【Json转字典】命令，并设置其属性，如图3-22所示。其中"请输入Json字符串"处以Json格式录入王某的差旅费报销数据为{'destination':'上海','days':1,'traffic':375,'hotel':400,'taxi':150}。

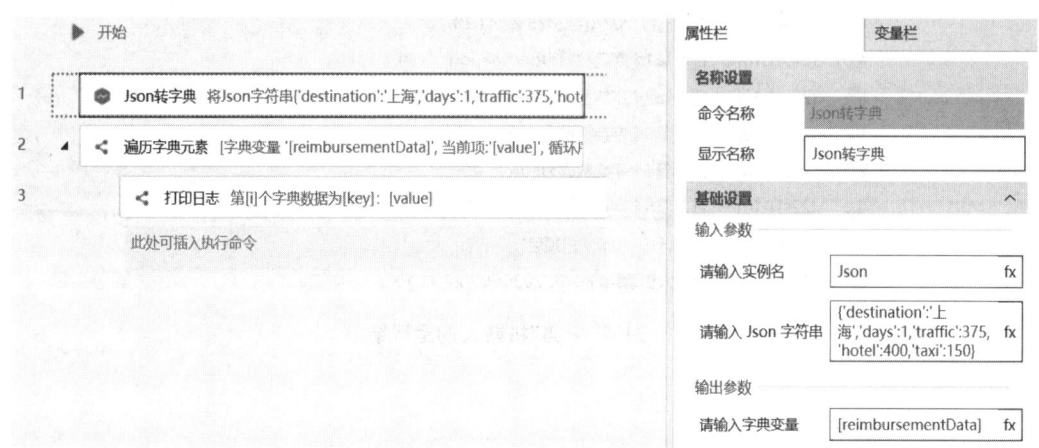

图3-22 【Json转字典】命令属性设置

（4）添加【遍历字典元素】命令，属性设置为"字典变量"选择[reimbursementData]，"保存循环项key"选择[key]，"保存循环项value"选择[value]，"循环序号至变量"选择[i]。

（5）添加【打印日志】命令，在"请输入日志内容"处输入"第[i]个字典数据为[key]：[value]"。

（6）运行机器人。

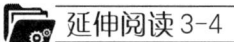
延伸阅读3-4

数据嵌套

一个列表的元素可以是另外一个列表或字典，一个字典的值也可以是另一个字典或列表，这就构成了数据嵌套。利用数据嵌套，可以构建复杂的数据模型。如用一个列表来表示，每一行用一个字典来表示，构建员工考勤数据模型如下：

员工考勤数据=[{"姓名"："张三"，"部门"："销售部"，"出勤天数"："22"，"请假天数"："3"}，{"姓名"："李四"，"部门"："财务部"，"出勤天数"："25"，"请假天数"："0"}，{"姓名"："王五"，"部门"："人事部"，"出勤天数"："20"，"请假天数"："5"}，{"姓名"："赵六"，"部门"："销售部"，"出勤天数"："23"，"请假天数"："2"}]

员工考勤数据最外层是一个包含5个元素的列表项，每个列表项又是一个字典，这些字典分别包含四个键值对。若想获取每个员工的某项数据，就需要采用层层递进的方式，由外至内，逐层访问。如获取每名员工的出勤天数，则需先通过【遍历列表元素】命令后再【字典取值】。

（四）字符串

字符串操作命令主要包含拆分字符串、截取字符串、删除空格、字符串替换、生成GUID等，字符串操作命令在设计器左侧命令区-【数据】-【字符串】下，如图3-23所示。

3-6 文档资料：字符串命令说明

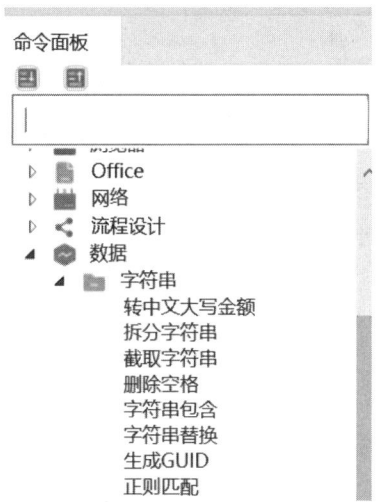

图 3-23　字符串操作命令

1. 字符串替换

【字符串替换】是将某一字符串中的特定字符或字符串替换为给定的字符串。

 RPA 知识链接 3-12

字符串替换

1. 功能介绍

命令路径：数据＞字符串＞字符串替换。

命令描述：对字符串内容进行替换。

2. 参数说明

【字符串替换】命令的常规配置如表 3-20 所示。

表 3-20　【字符串替换】命令的常规配置

参数类型	参数名称	参数说明	是否必输
输入参数	请选择要修改的变量	要修改的字符串的变量	是
	请输入替换前的内容	需要被替换的字符串	是
	请输入替换后的内容	需要替换成的字符串	是
输出参数	存储结果到变量	存储结果到变量	是

【**案例 3-12**】　运用智多星 RPA 将日期 2025 年 01 月 01 日设置为 20250101。

【操作步骤】

（1）在智多星 RPA 新建"字符串替换"项目。

（2）添加变量"date"，变量值为"2025 年 01 月 01 日"。

（3）在设计面板添加三个【字符串替换】命令，并设置其属性，分别替换"年""月""日"，如图 3-24、图 3-25、图 3-26 所示。为了减少变量的冗余，每次替换后的结果仍存储到变量"date"中。

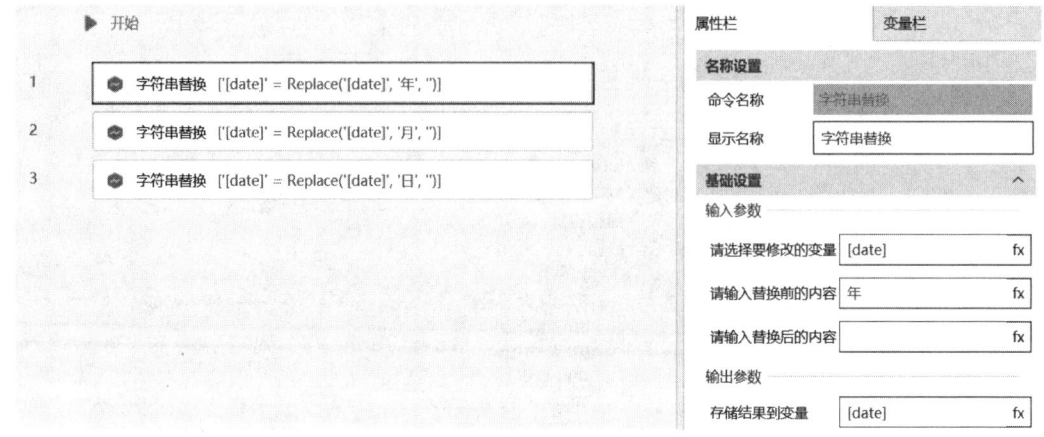

图 3-24 替换"年"

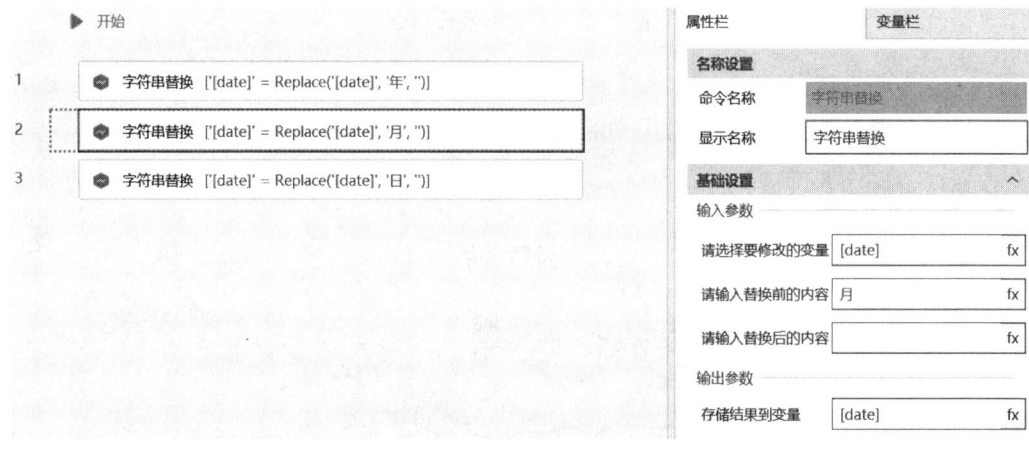

图 3-25 替换"月"

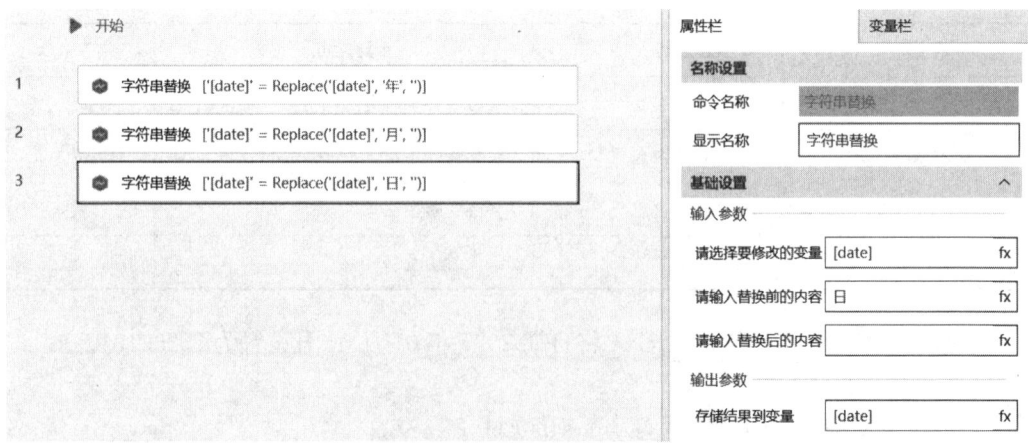

图 3-26 替换"日"

（4）在设计面板添加【弹出消息框】命令，在"请输入要显示的内容"处选择[date]，运行机器人。

2. 截取字符串

截取字符串是指从一个较长的字符串中提取出一部分字符,形成一个新的子字符串的过程。

  RPA 知识链接 3-13

截取字符串

1. 功能介绍

命令路径:数据＞字符串＞截取字符串。

命令描述:对字符串进行截取。

2. 参数说明

【截取字符串】命令的常规配置如表 3-21 所示。

表 3-21　　　　　　　　【截取字符串】命令的常规配置

参数类型	参数名称	参数说明	是否必输
输入参数	请选择要修改的变量	被截取的字符串	是
	开始位置	开始截取的下标,下标从 0 开始算	是
	长度	-1 表示从上面的开始位置截取剩余所有	否
输出参数	请选择接收结果的变量	存储截取结果的变量	是

【案例 3-13】　身份证号码为"11010519491231002X",运用智多星 RPA 获取出生日期。

【操作步骤】

(1) 在智多星 RPA 新建"截取字符串"项目。

(2) 添加变量"id_number",变量值为"11010519491231002X",添加变量 birthdate,用于存储出生日期。

(3) 在设计面板添加【截取字符串】命令,并设置其属性,如图 3-27 所示。"请选择要修改的变量"[id_number],"开始位置"为 6,"长度"为 8,"请选择接收结果的变量"为[birthdate]。

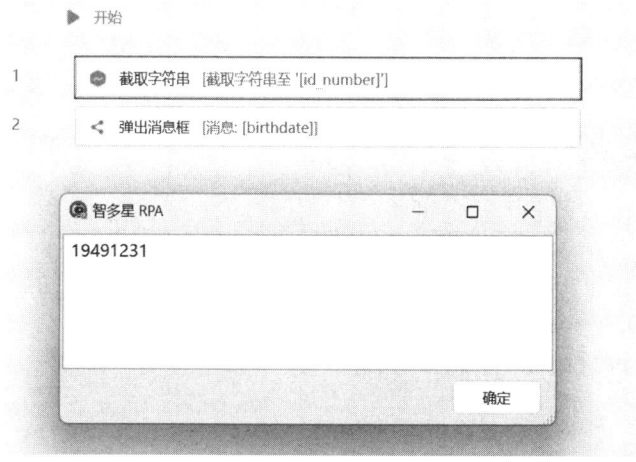
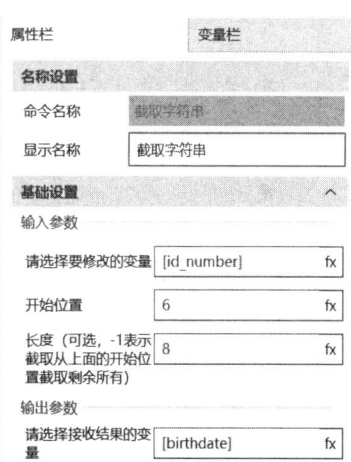

图 3-27　【截取字符串】命令属性设置及运行结果

（4）在设计面板添加【弹出消息框】命令，在"请输入要显示的内容"处选择［birthdate］。运行机器人，运行结果如图 3-27 所示。

【案例 3-14】 身份证号码为"110105491231123"，运用智多星 RPA 获取出生日期。

【操作步骤】

（1）在智多星 RPA 新建"截取字符串 16 位"项目。

（2）添加变量"id_number"，变量值为"110105491231123"，添加变量 birthdate，用于存储出生日期。

（3）在设计面板添加【截取字符串】命令，并设置其属性，如图 3-28 所示。"请选择要修改的变量"［id_number］，"开始位置"为 6，"长度"为 6，"请选择接收结果的变量"为［birthdate］。

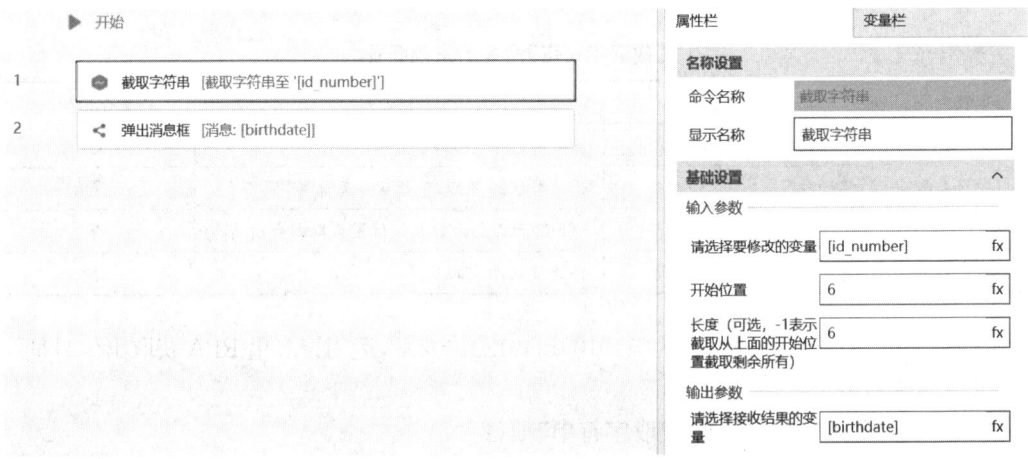

图 3-28 【截取字符串】命令属性设置

（4）在设计面板添加【弹出消息框】命令，在"请输入要显示的内容"处输入"＝19＋［birthdate］"。注意：此处的"＋"为智多星 RPA 中的连接符。

（5）运行机器人，运行结果如图 3-29 所示。

图 3-29 【截取字符串】运行结果

3. 拆分字符串

【拆分字符串】是在一个字符串中间以某个（或某些）字符为分隔，将其拆分成多个字符串。

RPA知识链接3-14

拆分字符串

1. 功能介绍

命令路径:数据>字符串>拆分字符串。

命令描述:根据分隔符对字符串内容进行拆分。

2. 参数说明

【拆分字符串】命令的常规配置如表3-22所示。

表3-22 【拆分字符串】命令的常规配置

参数类型	参数名称	参数说明	是否必输
输入参数	请选择一个变量来拆分	选择或者输入保存了要拆分的字符串的变量	是
	请输入分隔符	分隔字符串的字符	是
输出参数	请选择包含结果的列表变量	存储拆分结果的变量	是

【案例3-15】 承[案例3-3],运用【拆分字符串】存储H公司开设门店的信息,并输出H公司所开设的每个分店所在的城市。

【操作步骤】

(1)在智多星RPA新建"拆分字符串"项目。

(2)添加变量Temp,变量值为"北京、上海、青岛",如图3-30所示;添加列表变量citys,用于存储拆分后的列表数据;添加变量"i",用于存储循环序号;添加变量"city",用于存储检索结果。

图3-30 "拆分字符串"项目添加的变量

（3）在设计面板添加【拆分字符串】命令，并设置其属性，在"请选择一个变量拆分"处选择[Temp]，在"输入分隔符"处输入分隔符"、"，在"请选择包含结果的列表变量"处选择列表变量[citys]。

（4）后续操作参考[案例3-6]。

第三节　程序结构

RPA开发过程一般会涉及三种流程块设计结构，分别为顺序结构、选择结构、循环结构。它们也是计算机程序设计的三大基本结构。

一、顺序结构

顺序结构是最简单的程序结构。每一条语句按照书写顺序执行，并且只执行一次，不重复执行，没有语句不执行。无论多么复杂的流程和流程块，从总体上看都是顺序结构。

顺序结构在流程块设计界面的实现形式如图3-31所示。

图3-31　顺序结构

二、选择结构

选择结构又称分支结构，它根据条件判断的结果来确定程序的走向。当条件为真时，执行true内的语句块1；当条件为假时，执行false内的语句块2。语句块1和语句块2仍然可以包含条件语句，这就构成了选择结构的嵌套。

选择结构在流程块设计界面的实现形式如图3-32所示。

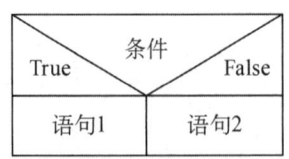

图3-32　选择结构

在智多星RPA中，选择结构主要涉及的命令如图3-33所示。

1. If表达式判断

"If表达式判断"是指利用If语句对表达式的结果（通常为布尔值）来选择执行特定的代码块。

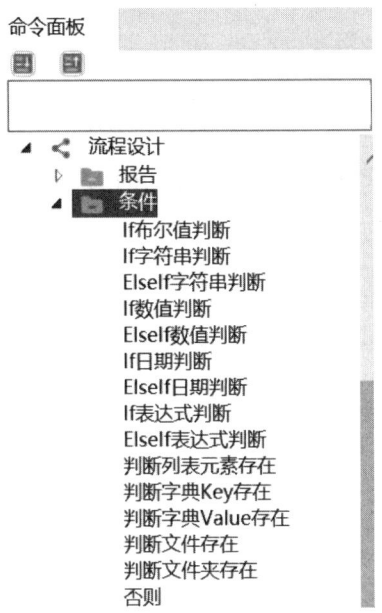

图 3-33 选择结构对应的 RPA 命令

 RPA 知识链接 3-15

If 表达式判断

1. 功能介绍

命令路径:流程设计＞条件＞If 表达式判断。

命令描述:表达式条件判断,获取表达式返回值,表达式计算后返回 True 或者 False,如果满足条件,则执行其子命令。

2. 参数说明

【If 表达式判断】命令的常规配置如表 3-23 所示。

表 3-23　　　　　　　　　【If 表达式判断】命令的常规配置

参数类型	参数名称	参数说明	是否必输
输入参数	表达式	能被处理的表达式,表达式返回真和假。如＝[express1]==[express2],计算变量1和变量2是否相等,如果相等返回 True,不相等返回 False。具体支持的表达式类型,可到相应的专题中查看	是

 RPA 知识链接 3-16

否　则

1. 功能介绍

命令路径:流程设计＞条件＞否则。

命令描述:流程命令,通常与 If 条件判断命令、ElseIf 条件判断命令同时使用,当 If 条件和 ElseIf 条件不满足时,则进入否则逻辑。

2. 参数说明

无。

【案例 3-16】 H 公司为清理库存,决定打折销售一批商品。A 商品单价为 5 000 元/件,当购买数量大于 20 件时,打九折,小于等于 20 件时,不打折。

要求:设计一个机器人,实现在接收用户输入的购买数量后计算商品的总价。

【操作步骤】

(1) 在智多星 RPA 新建"商品总价"项目。

(2) 添加数值型变量"Quantity"。

(3) 在设计面板添加【输入框】命令,并设置其属性,如图 3-34 所示。在"请输入文字"处输入"请您输入购买数量",将结果存储至变量[Quantity]。

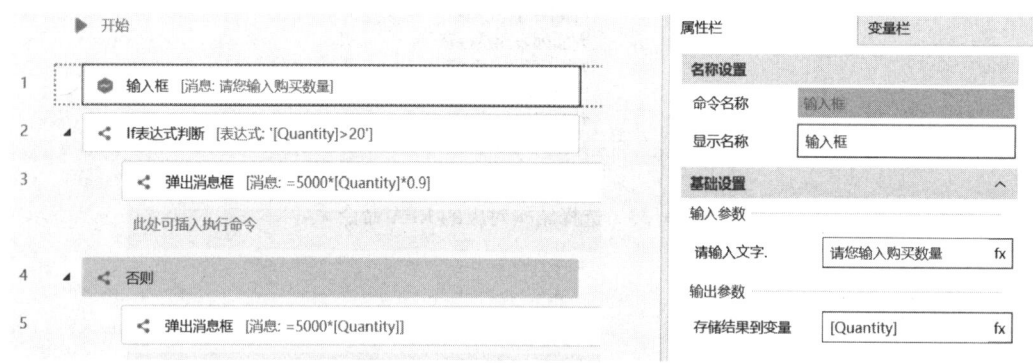

图 3-34 【输入框】命令属性设置

(4) 在设计面板添加【If 表达式判断】命令,并在属性栏输入表达式"[Quantity]>20",在【If 表达式判断】命令内添加【弹出消息框】命令,并在"请输入要显示的内容"处输入表达式"=5 000 * [Quantity] * 0.9"。

(5) 在设计面板添加【否则】命令,并在【否则】命令内添加【弹出消息框】命令输入表达式"=5 000 * [Quantity]"。

(6) 运行机器人,在弹出"输入框"处输入购买数量,如图 3-35 所示,此时输入 30,那么智多星 RPA 会自动计算出商品总价为 135 000。再次运行机器人,在输入框输入 19,则可自动计算出商品总价为 95 000。

图 3-35 【输入框】命令运行界面

RPA知识链接 3-17

输入框

1. 功能介绍

命令路径:系统＞输入＞输入框。

命令描述:有人值守场景,等待用户输入,用户确定输入内容后,流程继续(只能接受一个输入参数)。

2. 参数说明

【输入框】命令的常规配置如表 3-24 所示。

表 3-24　　　　　　　　　　【输入框】命令的常规配置

参数类型	参数名称	参数说明	是否必输
输入参数	请输入文字	用户要输入的内容标题	是
输出参数	存储结果到变量	将用户输入的数据存储到变量	是

2. If 数值判断

"If 数值判断"是指在 RPA 中使用 If 语句,根据数值的条件来选择执行特定的代码块。

RPA知识链接 3-18

If 数值判断

1. 功能介绍

命令路径:流程设计＞条件＞If 数值判断。

命令描述:数值类型条件判断,根据条件比较两个数值,如果满足条件,则执行其子命令。

2. 参数说明

【If 数值判断】命令的常规配置如表 3-25 所示。

表 3-25　　　　　　　　　【If 数值判断】命令的常规配置

参数类型	参数名称	参数说明	是否必输
输入参数	数值1	待比较的数值类型值1,类型需要为数值类型	是
	比较方式	比较方式是两个数值的比较方式,有等于、不等于、大于、小于、大于或等于、小于或等于	否
	数值2	待比较的数值类型值2,类型需要为数值类型	是

RPA知识链接 3-19

ElseIf 数值判断

1. 功能介绍

命令路径:流程设计＞条件＞ElseIf 数值判断。

命令描述:数值类型条件判断,对两个数值进行比较,如果满足条件,则执行其子命令。通常与 If 数值判断、否则命令结合使用。当 If 数值判断条件不符合时,将不执行其子命令,执行 ElseIf 数值判断,如果 ElseIf 数值判断条件不符合,则执行否则子命令。

注意事项:如果输入非数值类型字符串,比较时默认转化成0。

2. 参数说明

【ElseIf 数值判断】命令的常规配置如表 3-26 所示。

表 3-26　　　　　　　　【ElseIf 数值判断】命令的常规配置

参数类型	参数名称	参数说明	是否必输
输入参数	数值1	待比较的数值类型值1,类型需要为数值类型	是
	比较方式	比较方式是两个数值的比较方式,有等于、不等于、大于、小于、大于或等于、小于或等于	否
	数值2	待比较的数值类型值2,类型需要为数值类型	是

【**案例 3-17**】 H 公司资产负债率为 40%,若资产负债率的范围为 50%～70%,请在智多星 RPA 中设计自动化流程,判断 H 公司的资产负债率是否在正常范围内。

【*操作步骤*】

(1) 在智多星 RPA 新建"资产负债率判断"项目。

(2) 添加数值型变量"debt_Ratio"。

(3) 在设计面板添加【设置变量】命令,令变量"debt_Ratio"的值为 0.4。

(4) 在设计面板添加【If 数值判断】命令,设置其属性,如图 3-36 所示。其中"数值 1"选择[debt_Ratio],比较方式选择"小于",在"数值 2"处输入 0.5。在【If 数值判断】命令内添加【弹出消息框】命令输入"不合理"。

图 3-36　【If 数值判断】命令属性设置

(5) 在设计面板添加【ElseIf 数值判断】命令,设置其属性,"数值 1"选择[debt_Ratio],比较方式选择"小于",在"数值 2"处输入 0.7。在【ElseIf 数值判断】命令内添加【弹出消息框】命令输入"合理"。

(6) 在设计面板添加【否则】命令,并在【否则】命令内添加【弹出消息框】命令输入"不合理"。

(7) 运行机器人。

相关思考3-3

【案例3-17】条件判断能否使用【If表达式判断】命令

【案例3-17】判断H公司的资产负债率是否在正常范围内,可以使用【If表达式判断】命令,表达式设置为"[debt_Ratio]<0.7&&[debt_Ratio]>=0.5"。

3. 判断列表元素存在

"判断列表元素存在"是指在RPA中检查一个特定的元素是否存在于一个列表(或数组)中的操作。

RPA知识链接3-20

判断列表元素存在

1. 功能介绍

命令路径:流程设计>条件>判断列表元素存在。

命令描述:判断列表中某个元素是否存在。

2. 参数说明

【判断列表元素存在】命令的常规配置如表3-27所示。

表3-27　　　　【判断列表元素存在】命令的常规配置

参数类型	参数名称	参数说明	是否必输
输入参数	列表变量	选择一个列表变量	是
	比较方式	包含、不包含	是
	列表元素	列表元素的值	是
	区分大小写	是、否	是

【案例3-18】 H公司的住宿费报销标准如表3-28所示。

表3-28　　　　H公司住宿费报销标准

地区	京沪广深杭地区	其他地区
住宿费	360元/间/天	240元/间/天

要求:请设计一个机器人,实现在接收用户输入的出差地后计算出住宿费报销标准。

【操作步骤】

(1) 在智多星RPA新建"住宿费报销标准"项目。

(2) 添加变量"city"和变量"citys"。

(3) 在设计面板添加【输入框】命令,并设置其属性,在"请输入文字"处输入"请您输入出差的城市",将结果存储至变量[city]。

(4) 在设计面板添加【设置变量】命令,将"北京、上海、广州、深圳、杭州"赋值给量"citys"。

(5) 在设计面板添加【拆分字符串】命令,在"请选择一个变量来拆分"处选择[citys],分隔符为"、",为了减少定义变量的数量,将拆分后的结果存入[citys]。

(6) 在设计面板添加【判断列表元素存在】命令,并设置其属性,如图3-37所示。其中

"列表变量"选择[citys],"比较方式"选择"包含","列表元素"选择[city],不区分大小写。在【判断列表元素存在】命令内添加【弹出消息框】命令输入"住宿费标准为360元/间/天"。

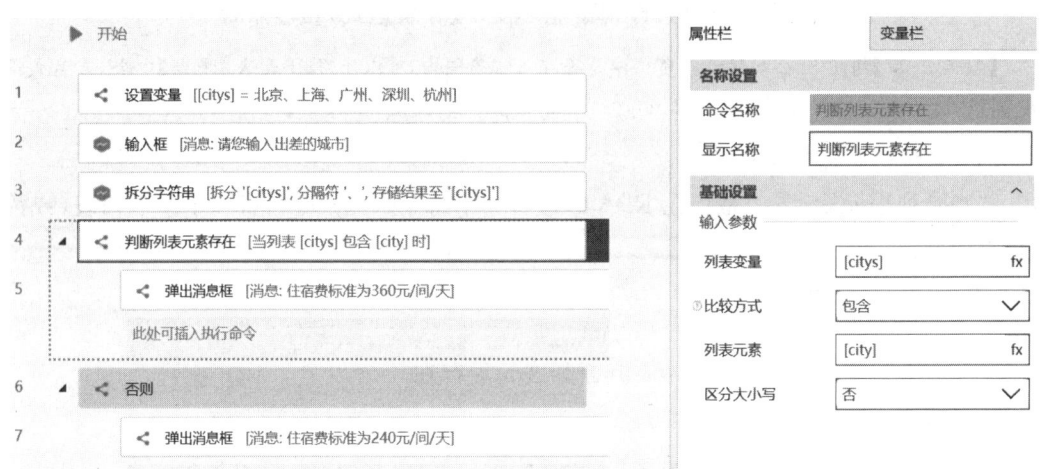

图 3-37 【判断列表元素存在】命令属性设置

（7）在设计面板添加【否则】命令,并在【否则】命令内添加【弹出消息框】命令输入"住宿费标准为240元/间/天"。

（8）运行机器人,若在弹出"输入框"处输入"杭州",则输出结果为"住宿费标准为360元/间/天";若在弹出"输入框"处输入"青岛",则输出结果为"住宿费标准为240元/间/天"。

4. If 字符串判断

"If 字符串判断"是指在 RPA 中使用 If 语句来检查字符串是否满足特定条件（如等于、不等于、包含等）,从而决定执行相应的代码块。

 RPA 知识链接 3-21

If 字符串判断

1. 功能介绍

命令路径：流程设计＞条件＞If 字符串判断。

命令描述：字符串类型条件判断,根据条件比较两个字符串,如果满足条件,则执行其子命令。

2. 参数说明

【If 字符串判断】命令的常规配置如表 3-29 所示。

表 3-29　　　　　　　　【If 字符串判断】命令的常规配置

参数类型	参数名称	参数说明	是否必输
输入参数	字符串 1	待比较的字符串类型值 1,类型需要为字符串类型	是
	比较方式	比较方式是两个字符串的比较方式,有等于、不等于、包含、不包含、开始于、结束于	否
	字符串 2	待比较的字符串类型值 2,类型需要为字符串类型	是
	区分大小写	比较时是否区分英文大小写,默认不区分	否

RPA 知识链接 3-22

ElseIf 字符串判断

1. 功能介绍

命令路径:流程设计>条件>ElseIf 字符串判断。

命令描述:字符串类型条件判断,对两个字符串进行比较,如果满足条件,则执行其子命令。通常与 If 字符串判断、否则命令结合使用。当 If 字符串判断条件不符合时,将不执行其子命令,执行 ElseIf 字符串判断,如果 ElseIf 字符串判断条件不符合,则执行否则子命令。

2. 参数说明

【ElseIf 表达式判断】命令的常规配置如表 3-30 所示。

表 3-30 　　　　　　　【ElseIf 表达式判断】命令的常规配置

参数类型	参数名称	参数说明	是否必输
输入参数	字符串 1	待比较的字符串类型值 1,类型需要为字符串类型	是
	比较方式	比较方式是两个字符串的比较方式,有等于、不等于、包含、不包含、开始于、结束于	否
	字符串 2	待比较的数值类型值 2,类型需要为字符串类型	是
	区分大小写	比较时是否区分英文大小写,默认不区分	否

【案例 3-19】　根据税法规定,依法在中国境内成立的居民企业,征收企业所得税时适用 25% 的基本税率。而部分企业可适用 20%、15% 和 10% 的征收率。例如,符合条件的小型微利企业适用 20% 的征收率,国家需要重点扶持的高新技术企业则适用 15% 的征收率。假设暂时不考虑适用 15% 税率的其他类型企业以及适用 10% 税率的企业,请设计 RPA 企业所得税测算机器人,使其能自动计算出企业的应纳所得税。

【流程设计】

企业所得税测算机器人流程设计图如图 3-38 所示。

【RPA 开发操作步骤】

(1) 在智多星 RPA 新建"企业所得税测算"机器人。

(2) 添加变量"enterpriseType",用于存储企业类型;添加数值变量"taxable",用于存储应纳税所得额;添加数值型变量"tax",用于存储企业所得税。

(3) 在设计面板添加【用户输入】命令,并设置其属性,在"输入框标题"处输入"请输入企业类型(普通企业、小型微利企业、高新技术企业)和输入应纳税所得额",在"输入参数定义"处单击【设计输入框表格】,如图 3-39 所示。

打开"用户输入"对话框,输入如图 3-40 所示的信息,单击【确定】后,智多星 RPA 会自动将信息填充到"输入参数定义"框,如图 3-41 所示。

(4) 在设计面板添加【If 表达式判断】命令,并在属性栏处输入[taxable]>0。

(5) 在【If 表达式判断】命令内添加【If 字符串判断】命令,并设置其属性,如图 3-42 所示,其中,在属性栏"字符串 1"处选择[enterpriseType],比较方式选择"等于",在"字符串 2"处输入"普通企业",不区分大小写。在【If 字符串判断】命令内添加【设置变量】命令和【弹出消息框】命令,【设置变量】命令的属性设置为将"=[taxable] * 0.25"赋值给[tax],

3-8 企业所得税测算机器人脚本

3-9 视频讲解:企业所得税测算机器人

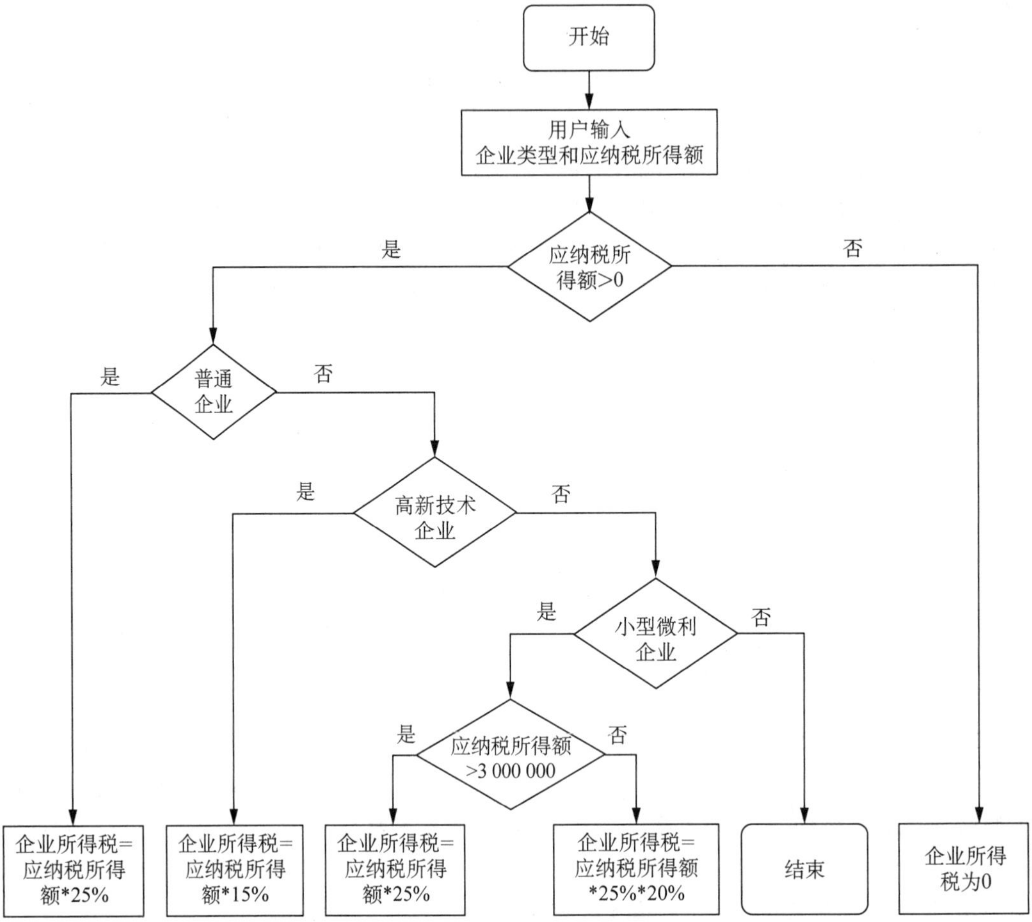

图 3-38　企业所得税测算机器人流程设计图

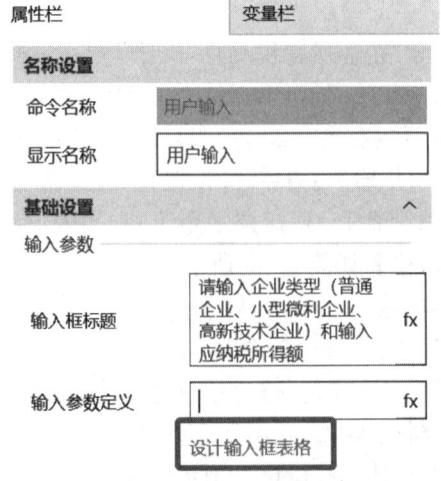

图 3-39　【用户输入】命令属性设置

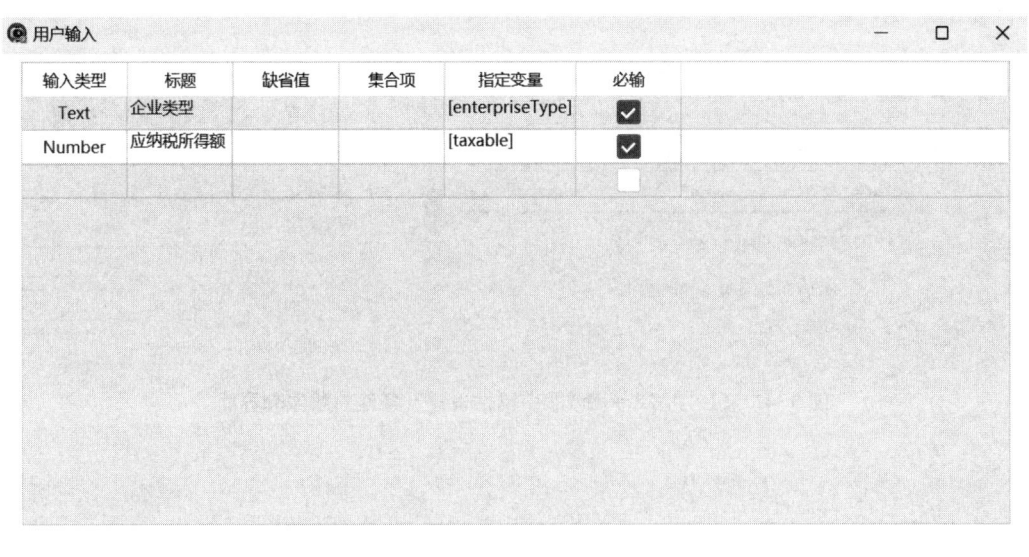

图 3-40 输入用户信息

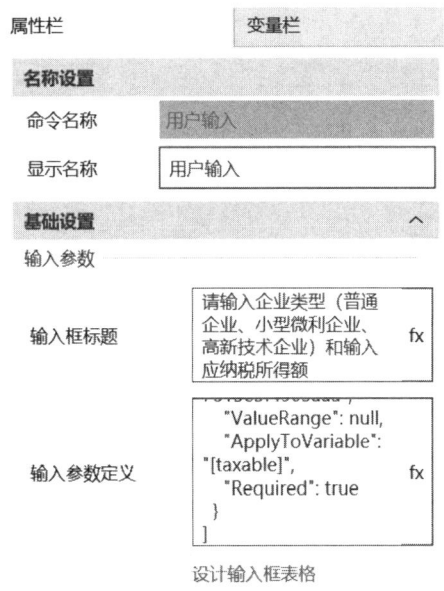

图 3-41 自动填充到"输入参数定义"框后界面

【弹出消息框】命令在"请输入要显示的内容处"输入"企业所得税为[tax]元"。

(6) 在【If 表达式判断】命令内添加【ElseIf 字符串判断】命令,并设置其属性,如图 3-43 所示。其中,在属性栏"字符串 1"处选择[enterpriseType],比较方式选择"等于","字符串 2"处输入"高新技术企业",不区分大小写。在【ElseIf 字符串判断】命令内添加【设置变量】命令和【弹出消息框】命令,【设置变量】命令的属性设置为将"=[taxable]*0.15"赋值给[tax],【弹出消息框】命令在"请输入要显示的内容处"输入"企业所得税为[tax]元"。

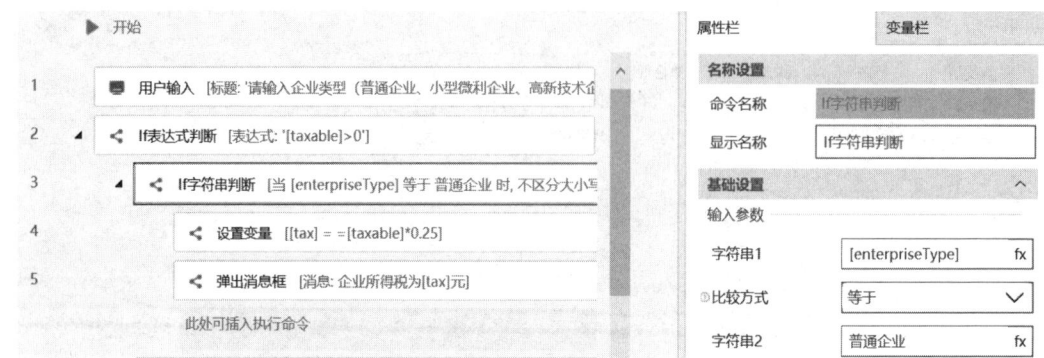

图 3-42 【If 字符串判断】命令属性设置及条件判断嵌套界面

图 3-43 【ElseIf 字符串判断】命令属性设置及条件判断嵌套界面

(7) 在【If 表达式判断】命令内添加【ElseIf 字符串判断】命令,在属性栏"字符串1"处选择[enterpriseType],比较方式选择"等于",在"字符串 2"处输入"小型微利企业",不区分大小写。在【ElseIf 字符串判断】命令内添加【If 表达式判断】命令和【否则】命令。在【If 表达式判断】命令属性栏处输入[taxable]>3 000 000,并在【If 表达式判断】命令内添加【设置变量】命令和【弹出消息框】命令,【设置变量】命令的属性设置为将"=[taxable]* 0.25"赋值给[tax],【弹出消息框】命令在"请输入要显示的内容处"输入"企业所得税为[tax]元"。在【否则】命令内添加【设置变量】命令和【弹出消息框】命令,【设置变量】命令的属性设置为将"=[taxable]* 0.25 * 0.2"赋值给[tax],【弹出消息框】命令在"请输入要显示的内容处"输入"企业所得税为[tax]元"。

(8) 在设计面板添加【否则】命令,并在【否则】命令内添加【弹出消息框】命令,在"请输入要显示的内容处"输入"企业所得税为 0 元",如图 3-44 所示。

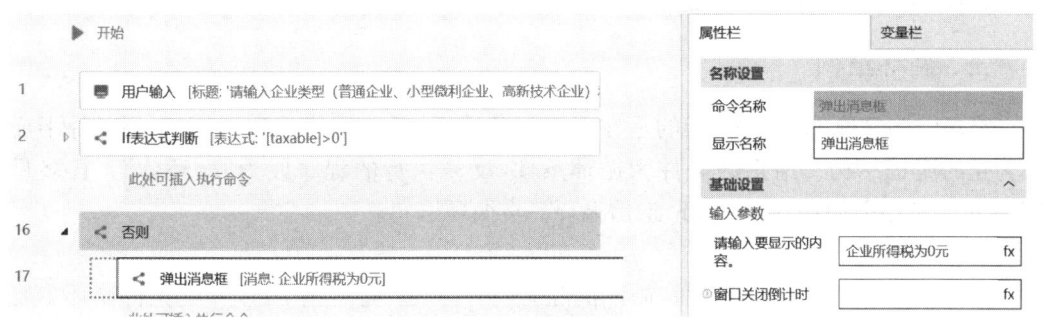

图 3-44 【否则】命令

(9) 运行机器人,在弹出"用户输入框"处输入企业类型和应纳税所得额,如图 3-45 所示。此时在"企业类型"处输入"小型微利企业","应纳税所得额"处输入 4 000 000,那么智多星 RPA 会自动计算出企业所得为 1 000 000。

图 3-45 "用户输入框"界面

 RPA 知识链接 3-23

用户输入

1. 功能介绍

命令路径:系统＞输入＞用户输入。

命令描述:有人值守场景,运行机器人的过程中,弹出自定义输入框,用户确定输入内容后,流程继续(可接收多个参数)。

2. 参数说明

【用户输入】命令的常规配置如表 3-31 所示。

表 3-31 【用户输入】命令的常规配置

参数类型	参数名称	参数说明	是否必输
输入参数	输入框标题	自定义输入框的标题	是
	请输入参数定义	定义输入参数的标题、类型、缺省值、是否必输,并且指定变量接收用户输入	是

 延伸阅读 3-5

多分支结构

在多分支结构中,程序逐一判断各分支条件,当某一分支条件满足时,执行该分支对应的语句;执行完毕,跳出分支语句,后续分支不再进行判断。

三、循环结构

循环结构又称重复结构,指的是在一定的条件下,反复执行某些语句,直到条件不成立为止的流程结构。给定的条件为循环条件,反复执行的程序段为"循环体"。智多星 RPA 提供了条件循环、次数循环、遍历循环三类循环语句。

(一)条件循环

条件循环是满足一定条件时,循环执行某一语句块。智多星 RPA 中的条件循环主要有布尔值条件循环、字符串条件循环、数值条件循环、日期条件循环、表达式条件循环。

3-10 文档资料:循环命令说明

【案例 3-20】 H 公司是一家迅速发展的企业,其在 2024 年的营业额达到了 2 000 万元。公司根据其发展战略和市场分析,预计其营业额将保持每年 20% 的增长率。请设计一个 RPA 营收增长预测机器人,预测 H 公司的营业额将在哪一年达到或超过 1 亿元。

【RPA 开发操作步骤】

(1) 在智多星 RPA 中新建"营收增长预测机器人"项目。

(2) 创建变量如图 3-46 所示。

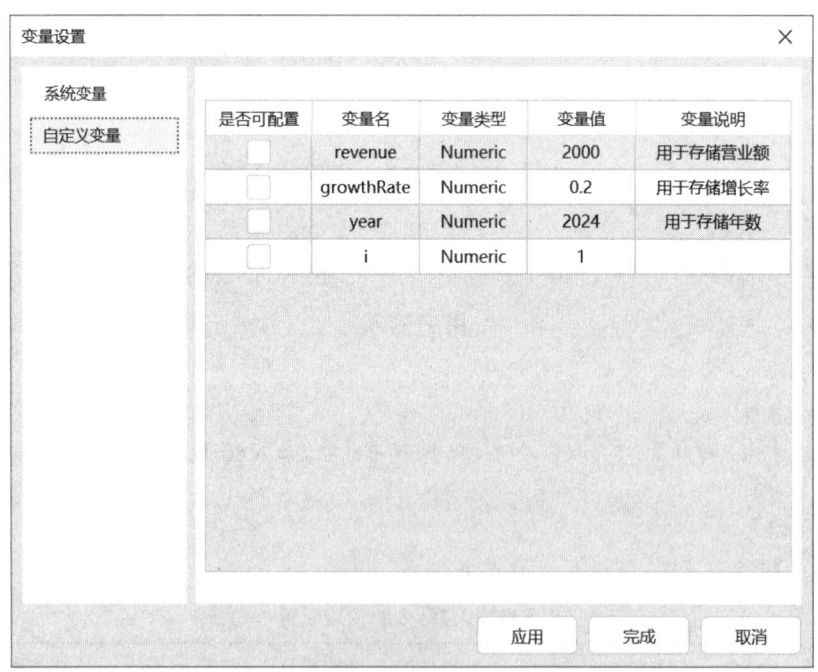

图 3-46 "营收增长预测机器人"项目的变量

(3) 在设计面板添加【表达式条件循环】命令,在属性栏"表达式"处输入"=[revenue]<=10 000"。

(4) 在【表达式条件循环】命令内添加【设置变量】命令,将"=[revenue]*(1+[growthRate])"赋值给[revenue],添加【设置变量】命令,将"=[year]+1"赋值给[year],添加【自增】命令,在属性栏"变量"选择[i]。

(5) 添加【弹出消息框】命令,在属性栏"请输入要显示的内容"选择[year]。

（6）运行机器人，运行结果如图 3-47 所示。

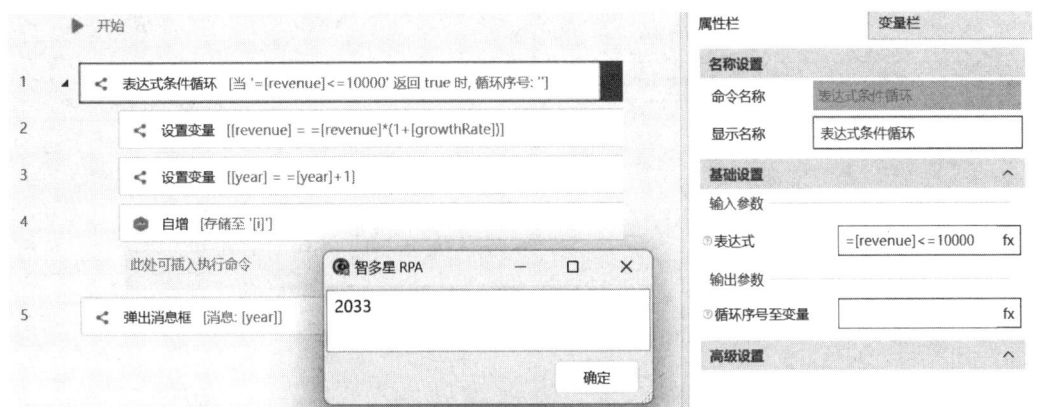

图 3-47 "营收增长预测机器人"运行结果

 RPA 知识链接 3-24

表达式条件循环

1. 功能介绍

命令路径：流程设计＞循环＞表达式条件循环。

命令描述：表达式条件循环，表达式返回值作为条件，如果满足条件，则执行循环体内子命令，否则，则跳出循环。

2. 参数说明

【表达式条件循环】命令的常规配置如表 3-32 所示。

表 3-32 　　　　　　【表达式条件循环】命令的常规配置

参数类型	参数名称	参数说明	是否必输
输入参数	表达式	能被处理的表达式，表达式返回真和假。如＝[express1]＝＝[express2]，计算变量1和变量2是否相等，如果相等返回 True，不相等返回 False。具体支持的表达式类型，可到相应的专题中查看	是
输出参数	循环序号至变量	存储当前循环次数	否

【表达式条件循环】命令的高级配置如表 3-33 所示。

表 3-33 　　　　　　【表达式条件循环】命令的高级配置

参数类型	参数名称	参数说明	是否必输
输入参数	最大循环次数	当前循环最大循环次数，默认为 10。如果循环次数达到最大循环次数时仍然无法达到跳出循环条件，则跳出当前循环	否

（二）次数循环

次数循环是重复一定次数的循环，其命令结构如图 3-48 所示。变量从起始值开始，每循环一次自动增加步长，直到大于结束值，循环结束。如图 3-48 所示，该次数循环是从初始值 1 变化到终值 10，步长为 1。变量每变化 1 次，语句块就被执行一次，共执行 10 次，语句块也被称为循环体。

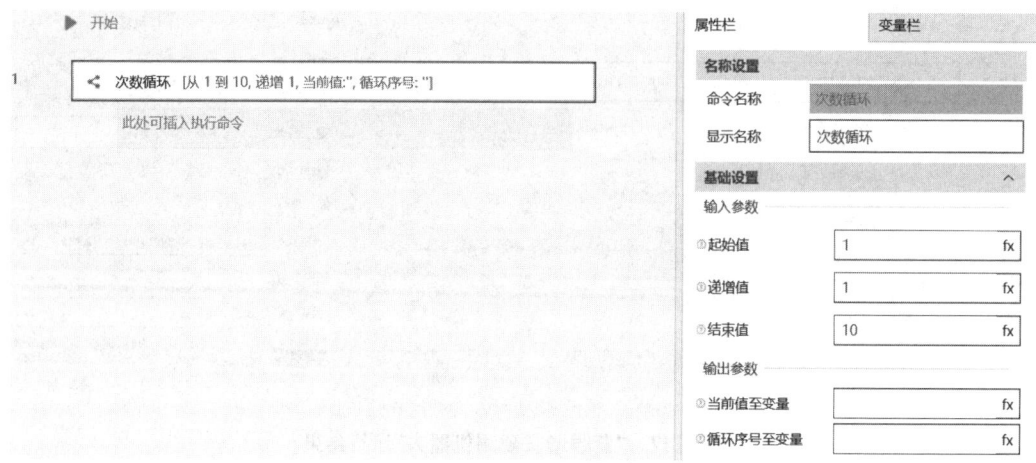

图 3-48 【次数循环】命令

 RPA 知识链接 3-25

次数循环

1. 功能介绍

命令路径：流程设计＞循环＞次数循环。

命令描述：设置循环变量起始值，循环变量递增，大于循环变量结束值时，跳出当前循环。

注意事项：当前值至变量与循环序号至变量的区别在于，前者指的是当前循环变量、后者为循环的次数。如设置起始值为2，递增值为2，结束值为10。则当前值至变量为2、4、6、8、10。而循环序号至变量值为1、2、3、4、5。

2. 参数说明

【次数循环】命令的常规配置如表 3-34 所示。

表 3-34 【次数循环】命令的常规配置

参数类型	参数名称	参数说明	是否必输
输入参数	起始值	循环变量起始值	否
	递增值	循环变量递增值	否
	结束值	循环变量结束值	否
输出参数	当前值至变量	存储当前循环变量值	否
	循环序号至变量	存储当前循环序号值	否

【案例 3-21】 用次数循环求 1~10 的奇数和。

【RPA 开发操作步骤】

(1) 在智多星 RPA 新建"求和机器人"项目。

(2) 创建数值型变量 s，用来存放累加和，初始值为 0；创建数值型变量 i，用来存放 1~10 的奇数，初始值为 1。

(3) 添加【次数循环】命令，起始值为1，递增值为1，结束值为5。在【次数循环】命令内添加两个【设置变量】命令,将"=[s]+[i]"赋值给[s];将"=[i]+2"赋值给[i]。

(4)添加【弹出消息框】命令,在"请输入要显示的内容"处选择变量[s],如图3-49所示。

图 3-49 "求和机器人"运行结果

相关思考3-4

优化求和机器人

为了减少"求和机器人"的命令,可以对其进行如下优化,如图3-50所示。

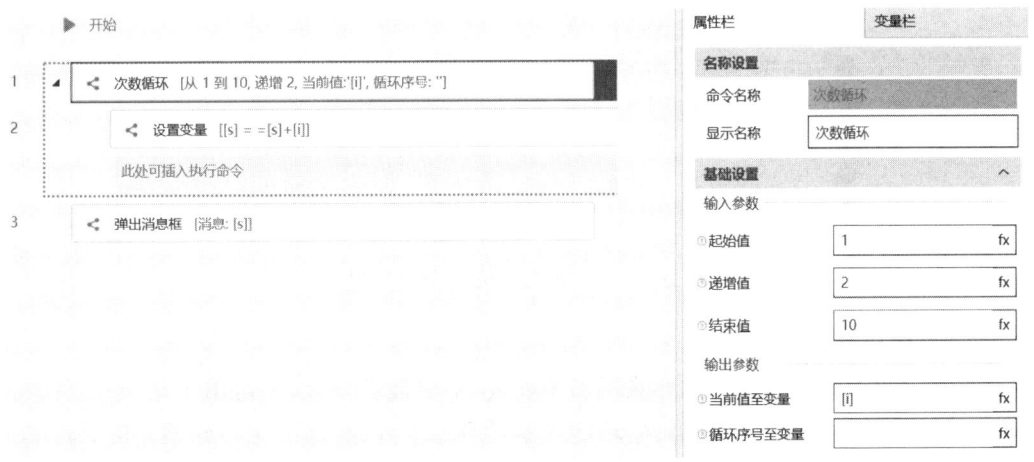

图 3-50 优化后的"求和机器人"

【案例 3-22】 设计一个输出"九九乘法表"的机器人。

【操作步骤】

(1)在智多星RPA新建"九九乘法表"项目。

(2)创建数值型变量Mult,用来存放乘数和;创建数值型变量i和j,用来存放1~10的数值。

（3）添加【次数循环】命令，起始值为1，递增值为1，结束值为9，在属性栏输出参数"当前值至变量"选择变量[i]。在【次数循环】命令内添加【次数循环】命令，起始值为1，递增值为1，结束值为9，在属性栏输出参数"当前值至变量"选择变量[j]。在【次数循环】命令内添加【设置变量】将"=[i]＊[j]"赋值给[Mult]，添加【打印日志】命令，在"请输入日志内容"处输入"[i]＊[j]=[Mult]"，如图3-51所示。

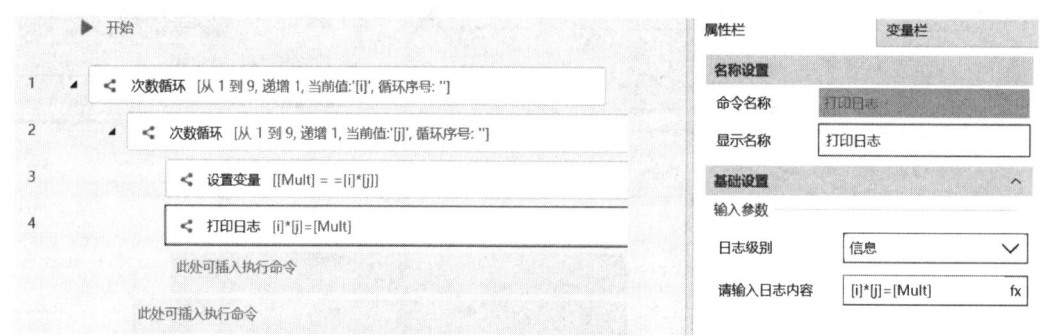

图3-51 "九九乘法表"

（4）运行机器人，输出81个等式，如图3-52所示。

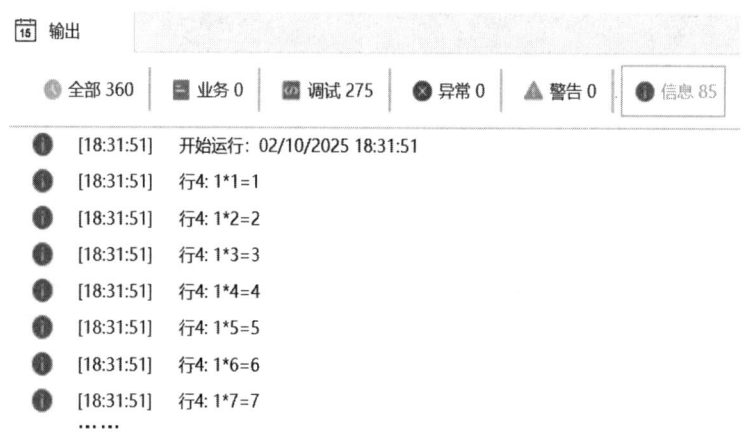

图3-52 "九九乘法表"运行结果

（三）遍历循环

在智多星RPA中，遍历循环除了用于列表、字典数据处理，还可用于文件、文件夹的遍历。遍历列表循环和遍历字典循环已在本章第二节介绍，本节主要介绍遍历文件和遍历文件夹。

 RPA知识链接3-26

遍历文件夹

1. 功能介绍

命令路径：系统＞文件操作＞遍历文件夹。

命令描述：遍历指定文件夹下的所有文件夹。

2. 参数说明

【遍历文件夹】命令的常规配置如表 3-35 所示。

表 3-35　　　　　　　　　　【遍历文件夹】命令的常规配置

参数类型	参数名称	参数说明	是否必输
输入参数	文件夹	所要遍历的文件夹路径	是
	遍历子文件夹	"是"代表递归遍历,"否"代表不递归遍历	否
	通配符	置空代表所有文件夹,"my*"代表 my*开头命名的所有文件夹名,依此类推	否
输出参数	文件夹名至变量	将当前遍历返回的文件夹名存储到变量中	否
	文件夹全路径至变量	将当前遍历返回的文件夹路径存储到变量中	否
	循环序号至变量	将当前遍历返回的文件夹循环序号存储到变量中	否

 RPA知识链接 3-27

遍历文件

1. 功能介绍

命令路径：系统＞文件操作＞遍历文件。

命令描述：遍历指定文件夹下的所有文件。

2. 参数说明

【遍历文件】命令的常规配置如表 3-36 所示。

表 3-36　　　　　　　　　　【遍历文件】命令的常规配置

参数类型	参数名称	参数说明	是否必输
输入参数	文件夹	所要遍历的文件夹路径	是
	遍历子文件夹	"是"代表递归遍历,"否"代表不递归遍历	否
	通配符	置空代表所有文件,"*.txt"代表所有文本文件,依此类推	否
输出参数	文件名至变量	将当前遍历返回的文件名存储到变量中	否
	文件全路径至变量	将当前遍历返回的文件路径存储到变量中	否
	循环序号至变量	将当前遍历返回的文件循环序号存储到变量中	否

【案例 3-23】　H 集团旗下有很多家门店,集团每个月都需要对来自各个门店的经营费用明细表进行汇总,这些明细表都以 Excel 格式存储在"D:\H 集团各门店经营费用"文件夹中,如图 3-53 所示。现需要设计一个财务机器人以获取各个门店的经营费用明细表的文件路径,以便后续读取文件内容、进行数据处理。

名称	修改日期	类型	大小
1号门店经营费用明细表	2022/8/3 13:52	XLSX 工作表	10 KB
2号门店经营费用明细表	2022/8/3 13:53	XLSX 工作表	10 KB
3号门店经营费用明细表	2022/8/3 13:53	XLSX 工作表	10 KB
4号门店经营费用明细表	2022/8/3 13:53	XLSX 工作表	10 KB
5号门店经营费用明细表	2022/8/3 13:53	XLSX 工作表	10 KB
6号门店经营费用明细表	2022/8/3 13:53	XLSX 工作表	10 KB
7号门店经营费用明细表	2022/8/3 13:54	XLSX 工作表	10 KB
H集团经营费用汇总主表	2024/6/10 21:57	XLSX 工作表	12 KB

图 3-53 H 集团各门店经营费用文件夹

【操作步骤】

(1) 在智多星 RPA 新建"文件路径获取机器人"项目。

(2) 添加变量"path",用于存储文件路径;添加变量 i,用于存储循环序号。

(3) 在设计面板添加【遍历文件】命令,文件夹为存放发票汇总文件夹的全路径"D:\H集团各门店经营费用",无需遍历子文件夹,通配符为"*号门店经营费用明细表*",将文件全路径存至[path]变量,循环序号至变量[i],如图 3-54 所示。

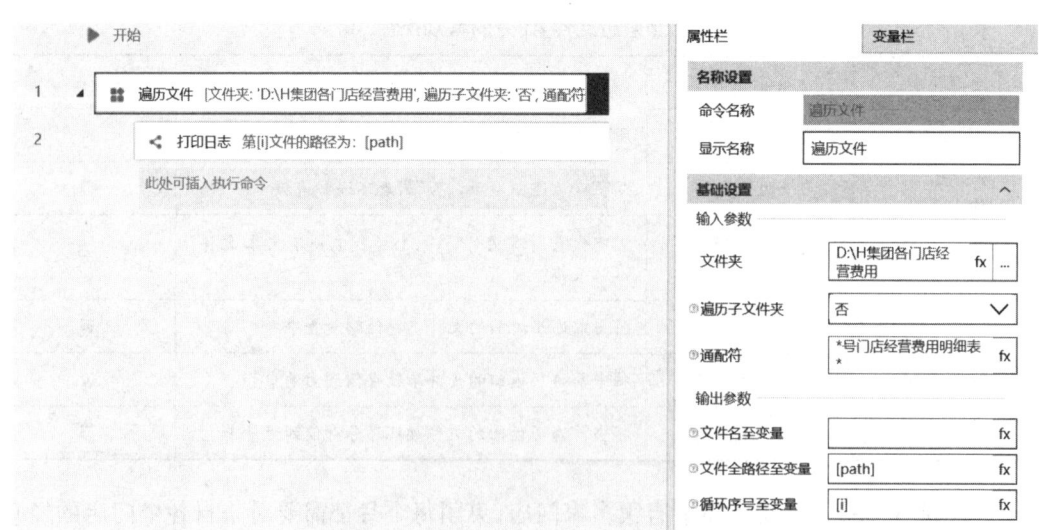

图 3-54 【遍历文件】命令的属性设置

(4) 在【遍历文件】命令内添加【打印日志】命令,输入第[i]文件的路径为:[path]。

(5) 运行机器人,结果如图 3-55 所示。

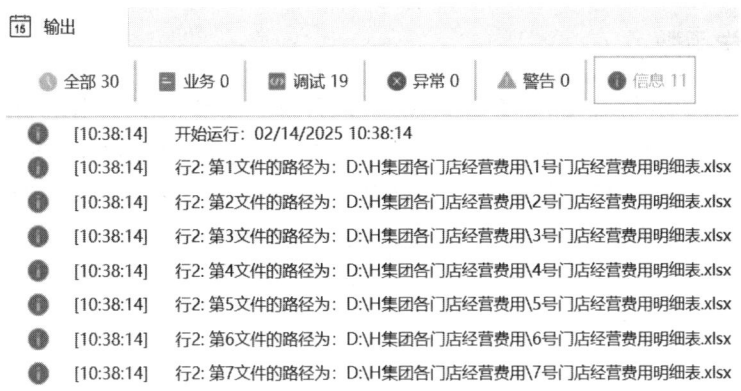

图 3-55 "文件路径获取机器人"运行结果

注意:【遍历文件】命令属性栏的"文件夹"路径是全路径。全路径可以通过以下路径获取:选中"D:\H 集团各门店经营费用"文件夹,鼠标右键点击"属性",在"安全"对话框中,复制全路径,如图 3-56 所示。

图 3-56 文件夹全路径

通配符

在智多星 RPA 中主要有两个通配符,具体如下:
(1) * 匹配零个或多个字符;
(2) ? 匹配单个字符。

第四节 函 数

智多星 RPA 内置了丰富的函数库,支持开发者在自动化流程中高效处理数据。函数主要分为数学函数、文本函数、日期函数、数据类型转换函数、列表、字典和表格处理函数等。通过这些函数,开发者可以轻松完成复杂计算、字符串操作和日期处理,提升自动化脚本的灵活性与功能性。

一、数学函数

数学函数在财务机器人中被广泛应用于金额计算、税率计算、财务分析等场景。常见的数学函数包括取绝对值、四舍五入到指定小数位、取最大值、取最小值等。在智多星 RPA 中,数学函数的基本语法为:"Math. 函数"。部分常用数学函数如表 3-37 所示。

表 3-37 部分常用的数学函数

函数名	功能说明	语法示例
ABS	取绝对值	Math. ABS(−5)→5
ROUND	四舍五入到指定小数位	如计算员工薪资 salary 为 5 678.345 元,保留两位小数:roundedSalary=Math. Round([salary],2)
MAX	取最大值	假设有一个存储各季度销售额的列表 salesList,找出最高销售额:maxSales=[salesList]. N( ). Max( )
MIN	取最小值	存储各项目成本的列表 costList,最低成本:minCost=[costList]. N( ). Min( )

3-11 文档资料:智多星 RPA 嵌入的数学函数

二、文本函数

文本函数用于字符串拼接、格式化、截取和匹配,支持对文本数据的精细化处理。在智多星 RPA 中,文本函数的基本语法为"参数. 函数"。部分常见的文本函数如表 3-38 所示。文本函数可与前面章节字符串命令结合使用。

表 3-38 部分常用的文本函数

函数名	功能说明	语法示例
Array	将文本转换为字符数组	"abc". Array( ) 输出列表:["a","b","c"]
Split(seperators) 参数: seperators 分隔符	拆分字符串,并组成一个新的列表。如果 seperators 置空,则等同于 Array( ) 函数。 可用半角逗号区分多个分隔符,比如用 #,*,@ 三个分隔符来拆分	"ab,c@d*efg". Split("@,*") 输出列表:["ab,c","d","efg"]
Replace(oldValue, newValue) 参数: oldValue 要替换的字符串 newValue 替换为字符串	字符串替换	" I love cn!". Replace (" cn", "China") 输出:I love China!
Substring(startIndex, length) 参数: startIndex 开始检索位置 length 截取长度	以 startIndex 为起始位置(从 0 开始),取之后的 length 个字符	"abcde". Substring(2, 2) 输出:"cd"
IndexOf(value) 参数: value 检索内容	返回 value 在文本中的位置,索引值从 0 开始; 如果未检索到,则返回—1	"abcde". IndexOf("cd") 输出:2
Trim( )	删除文本中的首尾空格	" z y ". Trim( ) 输出:"z y"
Length( )	返回文本的长度	"abcde". Length( ) 输出:5

3-12 文档资料:智多星 RPA 嵌入的文本函数

【案例3-24】 我国身份证号码分为第一代和第二代。虽然第一代身份证号码已经逐渐被淘汰,但目前仍有可能遇到。第一代身份证号码是15位,如110105680101001;第二代身份证号码是18位,如110105196801010001。

要求:设计一个机器人,输入员工正确的身份证号码,提取员工的出生年月日并输出。

【操作步骤】

(1) 在智多星RPA新建"提取出生日期机器人"项目。

(2) 添加变量"id_number",用于存储身份证号码;添加变量birthdate,用于存储出生日期。

(3) 在设计面板添加【输入框】命令,在"请输入文字"处输入"请输入您的身份号码",将结果存储至变量[id_number]。

(4) 添加【If数值判断】命令,在"数值1"处输入"=[id_number].Length( )",比较方式选择"等于",在"数值2"处输入18,判断是第一代身份证号码还是第二代身份证号码。

(5) 在【If数值判断】命令内添加【设置变量】命令,将"=[id_number].Substring(6,8)"赋值给变量[birthdate]。

(6) 添加【否则】命令,并添加【设置变量】命令,将"=19+[id_number].Substring(6,6)"赋值给变量[birthdate]。

(7) 跳出条件判断,添加【格式化数值】命令,将[birthdate]的值转换为"年月日"的形式,在属性栏"请输入数值格式代码"处输入"####年##月##日",为了减少变量数量,将结果仍存至变量[birthdate],如图3-57所示。

(8) 添加【弹出消息框】命令,在"请输入要显示的内容"处选择[birthdate]。运行机器人,运行结果如图3-57所示。

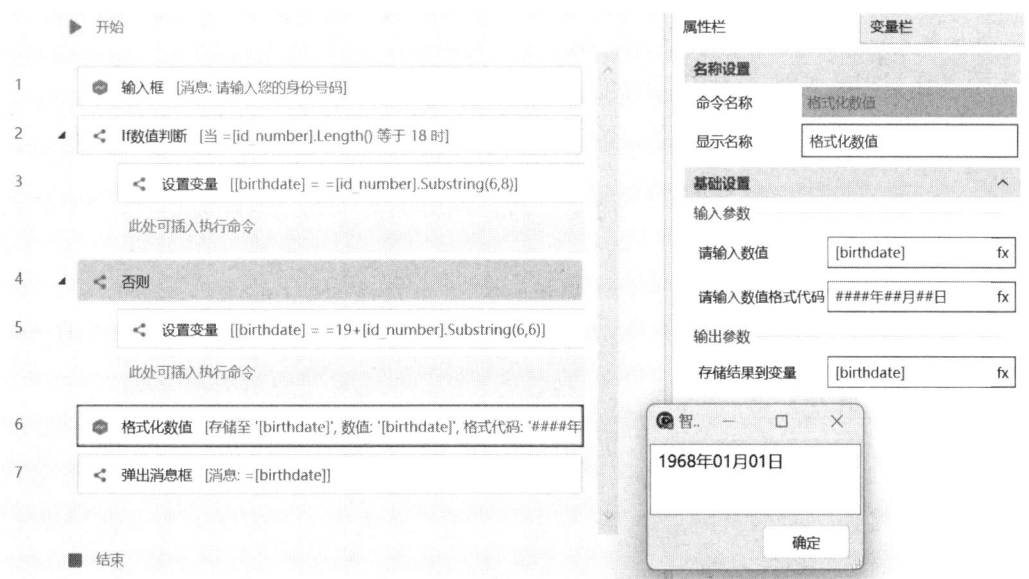

图3-57 "提取出生日期机器人"运行结果

三、日期函数

日期函数在财务机器人中常用于处理账期、到期日、报表生成时间等场景。常见的日期函数包括日期加减、格式化、获取月份等。在智多星 RPA 中，日期函数的基本语法为："参数.函数"。部分常见的日期函数如表 3-39 所示。

表 3-39　　　　　　　　　　部分常用的日期函数

函数名	功能说明	语法示例
First( )	返回相对于指定日期当月的第一天	"2025-01-12".Date( ).First( ) 输出：2025-01-01
S( )或者 String( )	将日期/时间转换为格式为 yyyy-MM-dd HH:mm:ss 的文本	new DateTime(2024,12,23).String( ) 输出：2024-12-23 00:00:00
S(format)或者 String(format) 参数：format 日期输出格式	将日期/时间转换为格式为指定格式(format)的文本	new DateTime(2024,12,23).String("yyyy.MM.dd")输出：2024.12.23
AddDays(value) 参数：value 天数	加减天数	new DateTime(2024,12,23).AddDays(-2) 输出：2024-12-21
Day( )	日期所在月份的第几天	new DateTime(2024,12,23).Day 输出：23
Days( )	返回日期所在月份有多少天	new DateTime(2019,12,23).Days( ) 输出：31

3-13 文档资料：智多星 RPA 嵌入的日期函数和日期符号

3-14 文档资料：智多星 RPA 日期函数命令说明

【案例 3-25】　H 企业需要管理其应收账款的到期日。应收账款的到期日是根据发票日期和固定的账期 30 天来计算的。现有一张发票，其发票日期(invoiceDate)为"2024-12-31"，且企业的账期为 30 天。请设计机器人，使其计算该发票的应收账款到期日。

【操作步骤】

（1）在智多星 RPA 新建"应收账款到期日机器人"项目。

（2）添加日期变量"invoiceDate"，变量值为"2024-12-31"；添加变量 datetime，用于应收账款到期日。

（3）在设计面板添加【设置变量】命令，将"=[invoiceDate].AddDays(30)"赋值给[datetime]。

（4）添加【弹出消息框】，在"请输入显示的内容"处选择[datetime]。

（5）运行机器人，运行结果为"2025-01-30"。

RPA 知识链接 3-28

日期计算

1. 功能介绍

命令路径：数据＞日期＞日期计算。

命令描述：基于某个日期的年、月、日、时、分、秒的加减运算。

2. 参数说明

【日期计算】命令的常规配置如表 3-40 所示。

表 3-40　　　　　　　　　　　【日期计算】命令的常规配置

参数类型	参数名称	参数说明	是否必输
输入参数	请输入日期	待计算的日期	是
	请输入原日期格式	比如：yyyy/M/d 或：yyyy-MM-dd HH:mm:ss 等	是
	请选择计算方法	年、月、日、时、分、秒的加减计算。一年＋年－月＋月－天＋天－小时＋小时－分＋分－秒＋秒	是
	请输入加或减的值	加减的年、月、日、时、分、秒的值	是
输出参数	存储结果到变量	将日期计算结果存储到变量	是

由此可见，[案例 3-25] 应收账款到期日的计算也可以通过【日期计算】命令，属性设置如图 3-58 所示。

图 3-58　【日期计算】命令属性设置

四、数据类型转换函数

RPA 表达式中的类型转换是指文本转换为数值、布尔和日期类型，或者数值、布尔、日期转换为字符串类型，智多星 RPA 嵌套的数据类型转换函数如表 3-41 所示。

表 3-41　　　　　　　智多星 RPA 嵌套的数据类型转换函数

函数名	功能说明	语法示例
N( ) 或者 Number( )	将文本转换为数值（浮点数）	从外部系统获取的金额数据可能为文本格式，如 amountText="1234.56"，转换为数值进行计算：totalAmount=[amountText].N( )+500
D( ) 或者 Date( )	将文本转换为日期/时间，默认格式 D( ) 的格式为 yyyy-MM-dd HH:mm:ss。文本转日期或者时间，可以指明按照特定日期或者时间格式来转换	处理财务账单时，若日期以文本形式存储，如 dateText="2024-10-15"，转换为日期类型以便后续计算，如计算账龄：dueDate=[dateText].D( ).AddDays(-30)
B( ) 或者 Bool( )	将文本转换为布尔值（true|false）	输入：v_bool="true" 表达式：=[v_bool].B( ) 输出：True

85

(续表)

函数名	功能说明	语法示例
S( )或者String( )	将数值、日期/时间或者布尔值转换为文本	数值转文本：在生成财务报告时，将数值型的净利润 netProfit 转换为文本，方便添加描述：reportText＝"本季度净利润为："＋[netProfit].S( ) 日期转文本：生成报表时，将报表日期 reportDate 按指定格式转换为文本，如 formattedDate＝[reportDate].S("yyyy年MM月dd日")
Double( )	等同于 N( )，转换为小数	/
Int( )	将文本转换为整数	/

五、列表、字典和表格处理函数

列表、字典和表格处理函数在财务机器人中常用于处理批量数据、筛选、排序、汇总等操作。常见的函数包括筛选、求和、去重等。智多星 RPA 嵌套的列表、字典和表格处理函数如表 3-42 所示。

表 3-42　　　　　　　　部分列表、字典和表格处理函数

函数名	功能说明	语法示例
列表函数（Where、Sum、Average、Count 等）	处理和分析一系列相关的财务数据，如多个月份的财务数据	计算列表中数值总和。存储每月销售额的列表 monthlySales，计算销售总额：totalSales＝[monthlySales].Sum( ) 筛选并计算平均值。计算特定月份（如 1～6 月）销售额平均值，先筛选出 1～6 月的数据，再计算平均值：avgSales＝[monthlySales].Where("x.D( ).Month＞＝1＆＆x.D( ).Month＜＝6").Average( ) 统计符合条件的项目数量。统计销售额大于 100 万元的月份数量：count＝[monthlySales].Where("x.N( )＞1000000").Count( )
字典函数（Keys、List、Where、Sum 等）	处理具有键值对结构的财务数据，如不同部门的财务数据	获取所有键（如部门名称）。存储不同部门预算数据的字典 departmentBudget，获取所有部门名称列表：departments＝[departmentBudget].Keys( ) 筛选并计算值的总和。计算部分部门（如销售部、财务部）预算总和，先筛选出这些部门的预算数据，再求和：[departmentBudget].Where("x.Key＝＝\"销售部\"||x.Key＝＝\"财务部\"").Sum("x.Value.N( )")
表格函数（Where、Average、Sum、OrderBy 等）	处理复杂的二维财务数据，如财务报表、会计凭证数据	筛选数据。筛选出利润大于 100 万元的公司数据：profitableCompanies＝[financialTable].Where("x.N(\"利润\")＞1000000") 计算列平均值。计算"资产负债率"列的平均值：avgDebtRatio＝[financialTable].Average("x.N(\"资产负债率\")") 排序数据。按"净利润"列对表格进行降序排序：sortedTable＝[financialTable].OrderByDesc("x.N(\"净利润\")")

3-15 文档资料：智多星 RPA 嵌入的列表、字典和表格处理函数

延伸阅读 3-7

虚拟参数 x

在列表、字典、表格等集合类型的数据结构中，可以用虚拟参数 x 来表示列表和字典中的项或者表格

中的行；

在列表中 x 表示列表中的项,如[list].Where("x.StartsWith(\"a\")"),表示列表中以"a"开头的项；

在字典中 x.Key 表示键,x.Value 表示值,如[dic].Where("x.Value.StartsWith(\"a\")"),表示字典中的值以"a"开头的项；

在表格中 x 表示表格中的某一行,如[table].Where("x.String(\"姓名\").StartsWith(\"李\")"),表示表格中【姓名】以"李"开头的行。

【案例 3-26】 H 公司对各项费用报销的金额有严格的控制,住宿费、市内交通费/餐费报销都有标准,具体如表 3-43 所示。

表 3-43　　　　　　　　　　　　H 公司差旅报销标准

地区	京沪广深杭地区		其他地区	
类别	住宿费	市内交通费	住宿费	市内交通费
标准	360 元/间/天	75/人/天	240 元/间/天	65 元/人/天

王某出差任务完成后返回,现需进行差旅费用报销,报销数据如表 3-44 所示。

表 3-44　　　　　　　　　报销数据　　　　　　　　　　金额单位:元

目的地	出差天数(天)	高铁/火车交通费	住宿费	市内交通费
上海	1	375	400	150
青岛	2	360	520	260
杭州	2	480	380	180

请设计一个费用报销机器人,实现计算员工的实际报销数据。

【流程设计】

"费用报销机器人"流程设计图如图 3-59 所示。

【RPA 开发操作步骤】

(1) 在智多星 RPA 新建"费用报销机器人"项目。

(2) 创建变量如图 3-60 所示。

(3) 添加【设置变量】命令,将"="北京、上海、广州、深圳、杭州".Split("、")"赋值给变量[citys]。

3-16 员工费用报销机器人脚本

(4) 添加【设置变量】命令,将{'destination':'上海','days':1,'traffic':375,'hotel':400,'taxi':150}、{'destination':'青岛','days':2,'traffic':360,'hotel':520,'taxi':260}、{'destination':'杭州','days':2,'traffic':480,'hotel':380,'taxi':180}赋值给变量[data]。

3-17 视频讲解:员工费用报销机器人

(5) 添加【拆分字符串】命令,"请选择一个变量来拆分"选择[data],"输入分隔符"处输入"、",将结果存储到[data]。通过【拆分字符串】命令将[data]数据拆分为一个列表数据,该列表数据包含三个列表项,每个列表项又是一个 Json 字符串。

(6) 添加【遍历列表元素】命令,"列表变量"选择[data],输出循环项存至变量[singleData]。

(7) 在【遍历列表元素】命令内添加【Json 转字典】命令,将 Json 字符串[singleData]转为字典数据存储至字典变量[expenseDetails]。

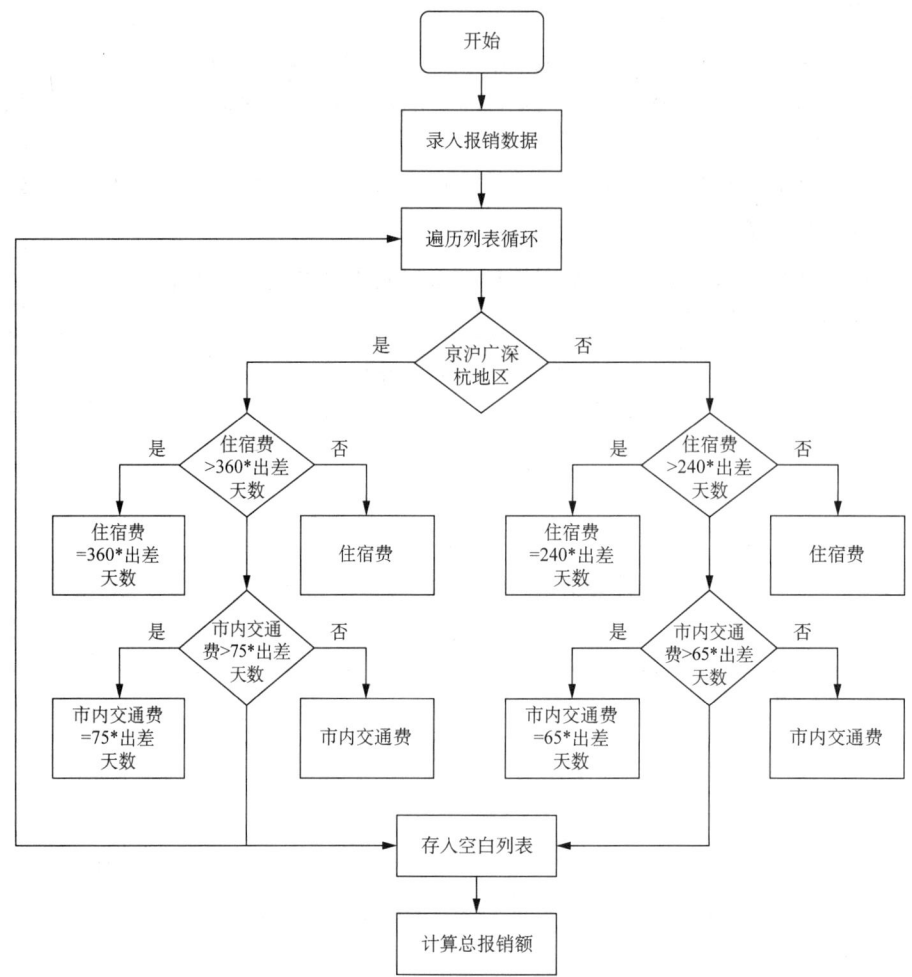

图 3-59 "费用报销机器人"流程设计图

图 3-60 "费用报销机器人"变量

(8) 在【遍历列表元素】命令内添加 5 个【字典取值】命令，获取员工出差的目的地、出差天数、高铁/火车费、住宿费、市内交通费，具体如图 3-61 所示。

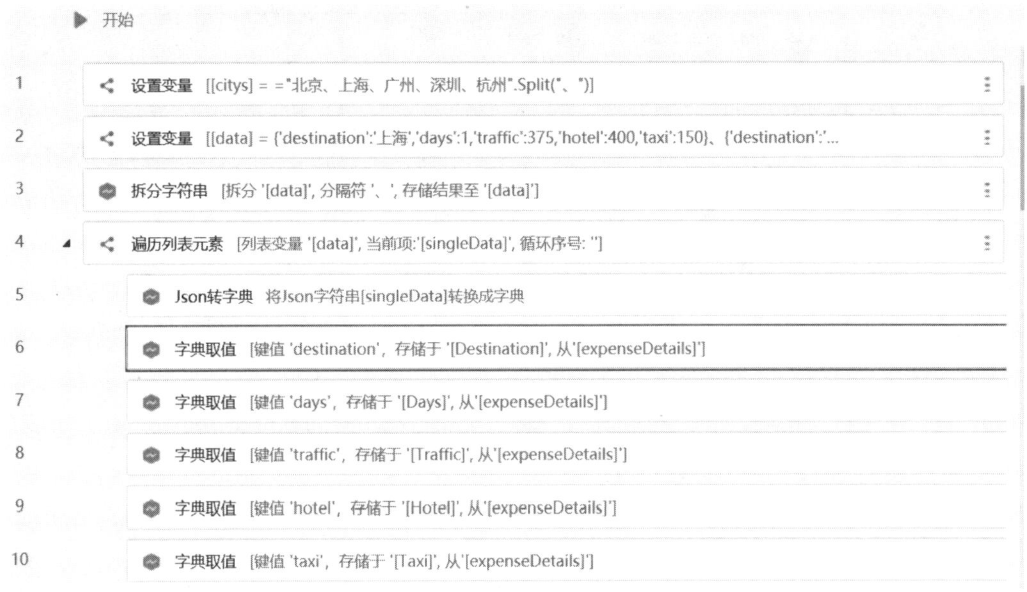

```
▶ 开始
1   设置变量    [[citys] = ="北京、上海、广州、深圳、杭州".Split("、")]
2   设置变量    [[data] = ({'destination':'上海','days':1,'traffic':375,'hotel':400,'taxi':150}、{'destination':'...
3   拆分字符串   [拆分 '[data]',分隔符 '、',存储结果至 '[data]']
4   遍历列表元素  [列表变量 '[data]',当前项:'[singleData]',循环序号: '']
5       Json转字典  将Json字符串[singleData]转换成字典
6       字典取值    [键值 'destination', 存储于 '[Destination]', 从'[expenseDetails]']
7       字典取值    [键值 'days', 存储于 '[Days]', 从'[expenseDetails]']
8       字典取值    [键值 'traffic', 存储于 '[Traffic]', 从'[expenseDetails]']
9       字典取值    [键值 'hotel', 存储于 '[Hotel]', 从'[expenseDetails]']
10      字典取值    [键值 'taxi', 存储于 '[Taxi]', 从'[expenseDetails]']
```

图 3-61 【字典取值】命令设置界面

(9) 在【遍历列表元素】命令内添加【判断列表元素存在】命令，"列表变量"选择[citys]，"比较方式"选择"包含"，"列表元素"选择[Destination]，不区分大小写。在【判断列表元素存在】命令内添加【If 表达式判断】命令，输入"[Hotel]>360＊[Days]"，在【If 表达式判断】命令内添加【设置变量】命令，将"＝360＊[Days]"赋值为[Hotel]。添加【否则】命令，在【否则】命令内添加【设置变量】命令，将"[Hotel]"赋值为[Hotel]。该系列命令表示超出报销标准的金额按照标准金额报销，未超过报销标准的金额按照实际支出金额报销。以同样的方式判断市内交通费是否超出报销标准，具体如图 3-62 所示。

(10) 在【判断列表元素存在】命令内添加【设置变量】命令，将"＝[Traffic]＋[Hotel]＋[Taxi]"赋值给[amount]，如图 3-62 所示。

(11) 在【判断列表元素存在】命令内添加【添加列表项】命令，将计算出的单次报销金额存入[result]列表，如图 3-62 所示。

(12) 在【遍历列表元素】命令内添加【否则】命令，代表出差目的是其他地区，住宿费报销标准为 240 元/间/天，市内交通费报销标准为 65 元/人/天。在 RPA 中添加如图 3-63 所示的命令。

(13) 跳出遍历列表循环，添加【设置变量】命令，将"＝[result].Sum( )"赋值给变量[Tamount]，如图 3-64 所示，计算出三次出差总的报销数据。

(14) 添加【弹出消息框】命令，在"请输入显示内容"处选择变量[Tamount]，如图 3-64 所示。

(15) 运行财务机器人，运行结果如图 3-64 所示。

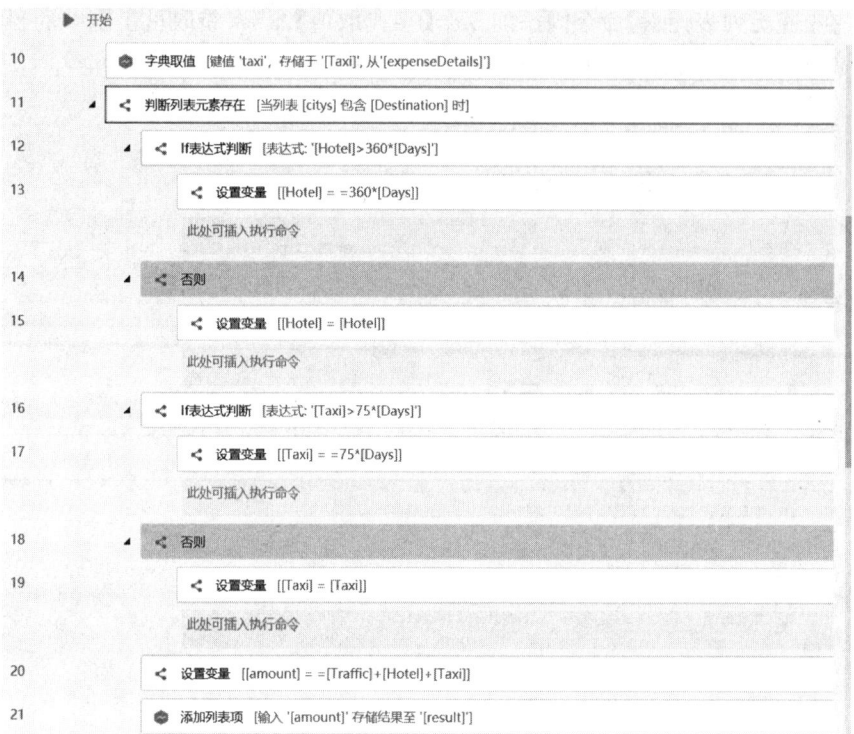

图 3-62 判断是否超出标准命令设置界面

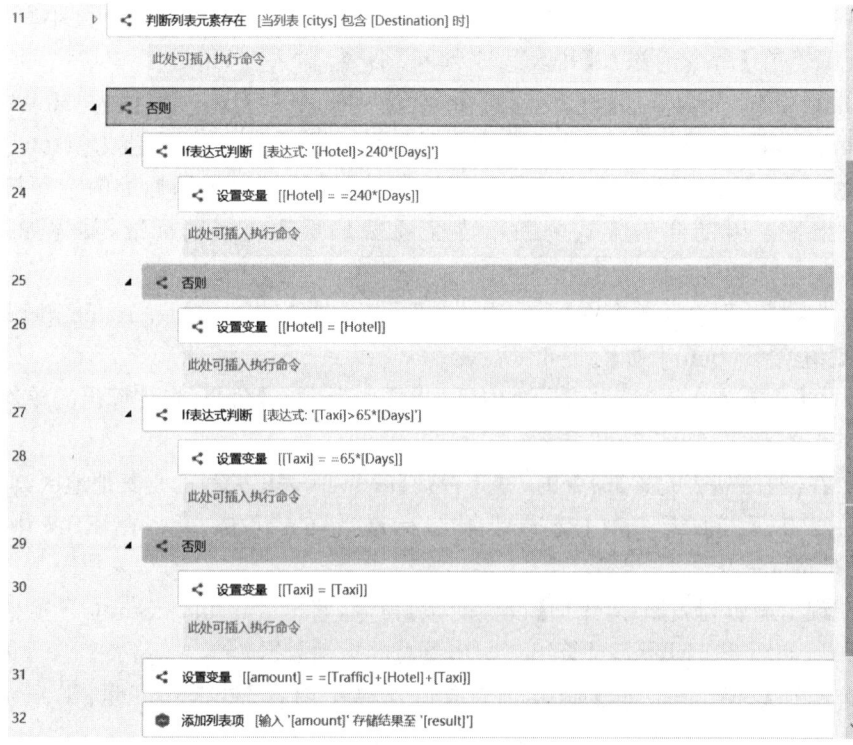

图 3-63 判断目的地是其他地区是否超出标准 RPA 设置界面

图 3-64 "费用报销机器人"运行结果

常见问题集锦

错误 1：[案例 3-1]计算流动比率出现错误提示：没有为类型"System.String"和"System.String"定义二进制运算符 Divide。

原因分析：变量 currentAssets 或变量 currentLiabilitie 的变量类型未设置成 Numeric。

解决措施：将变量 currentAssets 或变量 currentLiabilitie 的变量类型设置成 Numeric。

错误 2：[案例 3-1]错误提示："表达式语法错误：Expression expected(at index 0)"。

原因分析：变量名中间有空格，如 current Assets、current Liabilitie。

解决措施：变量名称中间不能有空格。

错误 3：运用数学函数求和，出现了表达式语法错误：No applicable method ' SUM ' exists in type ' Math '(at index 6)。

原因分析：智多星 RPA 没有嵌套数学函数 SUM，没办法调用该函数。智多星 RPA 嵌套的数学函数见"二维码 3-11 文档资料：智多星 RPA 嵌入的数学函数"，除了该文档之外的数学函数都无法调用。

本 章 小 结

本章主要学习了智多星 RPA 的基本应用。通过本章的学习，学生应对变量与常量、数据运算、程序结构、函数等有了全面的了解，能够掌握智多星 RPA 的基本应用。

本章重要概念

变量　常量　列表　字典　字符串替换　截取字符串　拆分字符串　顺序结构　选

择结构　循环结构　条件循环　次数循环　数学函数　文本函数　日期函数　类型转换

本 章 练 习

一、单项选择题

1. 如果要在智多星 RPA 中进行数值计算,那么需要将变量的类型设置为(　　)。

 A. string   B. Numeric   C. list   D. Boolean

2. 在智多星 RPA 中,(　　)命令可以输出列表变量。

 A. 截取字符串   B. 添加列表项

 C. 设置变量   D. 拆分字符串

3. 图 3-65 为【次数循环】命令的参数设置,那么第一次循环 i 的值和 t 的值分别为(　　),第二次循环 i 的值和 t 的值分别为(　　)。

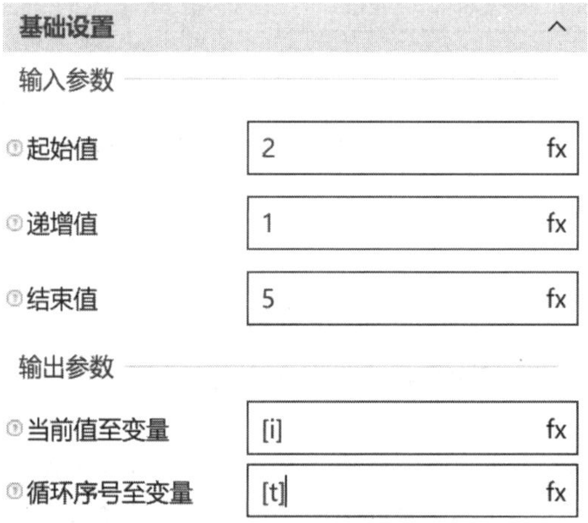

图 3-65　第 3 题

 A. 第一次循环 i＝1　t＝1,第二次循环 i＝2　t＝2

 B. 第一次循环 i＝2　t＝1,第二次循环 i＝3　t＝2

 C. 第一次循环 i＝2　t＝2,第二次循环 i＝3　t＝3

 D. 第一次循环 i＝1　t＝1,第二次循环 i＝3　t＝2

4. 在条件分支中"判断表达式"属性是(　　)类型。

 A. 数值型   B. 字符串型   C. 布尔型   D. 散点图

5. 变量 a 的值为"12"变量 b 的值为"34"二者的数据类型都为 String,当＝a＋b 时,输出的值为(　　)。

 A. 1234   B. 46   C. 12＋34   D. 错误

6. 在智多星 RPA 中,"\"为转义符,"\n"的含义是(　　)。

 A. 转成大写 N   B. 新行

 C. 没有特殊含义   D. 回车

7. 假设 a＝5,在智多星 RPA 中【If 表达式判断】命令中,表达式正确的是(　　)。

A. [a]<10 and [a]>3　　　　　　　　B. 3<[a]<10
C. [a]<10&&[a]>3　　　　　　　　　D. 无法设置复杂表达式

8. "product=甲产品,乙产品,丙产品,丁产品",若是通过拆分字符串将 historical_revenue 拆分成一个列表变量,那么分隔符应为( )。

A. ,　　　　　　B. 、　　　　　　C. 空格　　　　　　D. .

9. 列表变量 array=[北京,上海,广州,深圳,杭州],若是从列表变量 array 中获取"深圳",需用( )命令,以及索引值为( )。

A. 添加列表项,3　　　　　　　　B. 检索列表,4
C. 检索列表,3　　　　　　　　　D. 列表取值,4

10. 字典变量 data={目的地:济南;住宿费:520;交通费:374.5;出差天数:2},若是从字典变量获取"济南",应如何设置( )。

A. 检索字典命令　键(key)设置为目的地
B. 字典取值命令　键(key)设置为济南
C. 检索字典命令　键(key)设置为济南
D. 字典取值命令　键(key)设置为目的地

二、多项选择题

1. 智多星 RPA 变量命名正确的有( )。

A. 1amount　　　B. amount　　　C. 金额　　　D. Time

2. 已知变量:var1=RPA,var1=123。若想得到"RPA123"这个值,要通过( )变量赋值。

A. [var1][var2]　　　　　　　　B. [var1]+[var2]
C. =[var1]&[var2]　　　　　　　D. =[var1]+[var2]

3. 变量赋值的方式为( )。

A. 先定义后赋值　　　　　　　　B. 定义的同时赋值
C. 先赋值后定义　　　　　　　　D. 赋值不定义

4. 小 A 的手机号为 15800001234,获取手机后 4 位的方法有( )。

A. 字符串替换　　　　　　　　　B. 截取字符串
C. Substring(startIndex,length)　D. Replace(oldValue,newValue)

5. "遍历文件"命令的作用为( )。

A. 获取文件名　　　　　　　　　B. 获取文件全路径
C. 获取文件夹名　　　　　　　　D. 获取文件夹全路径

6. "遍历文件夹"命令的作用为( )。

A. 获取文件名　　　　　　　　　B. 获取文件全路径
C. 获取文件夹名　　　　　　　　D. 获取文件夹全路径

7. 下列关于字典的说法中,错误的有( )。

A. 字典里的每一个数据对应的变量名称为"键名",数据称为"键值"
B. 键名可以为字符型的,也可以为非字符型的
C. 键名没有唯一性要求

D. 键值有唯一性要求

8. 在智多星 RPA 中,能够实现循环结构的命令有(　　)。
A. 遍历列表元素　　　　　　　　B. 遍历字典元素
C. 次数循环　　　　　　　　　　D. 条件循环

9. 关于列表,下列说法正确的有(　　)。
A. 列表中的数据是不能重复的
B. 列表中的数据是无序的
C. 列表中的数据类型可以是任意类型
D. 同一个列表中的数据类型可以不同

三、判断题

1. 选择结构又称分支结构,它根据条件判断的结果来确定程序的走向。（　）
2. 列表中的每一个数据称为列表项,列表项的索引值是从 0 开始。（　）
3. 变量取值的类型不能动态变化。（　）
4. 布尔型又称逻辑型,用于逻辑判断,其值为 true(真)和 false(假)。（　）
5. 使用字典输出的数据是按照字典排列的先后顺序输出的。（　）
6. 使用"遍历字典元素"命令可以自动遍历对象中的每一个元素,并将键、值分别放入两个循环变量,直到遍历所有元素为止。（　）
7. 通常在进行关系或逻辑判断时,会出现布尔型的结果值。（　）

四、思考题

1. 请结合智多星 RPA 的变量与常量、数据运算和程序结构,设计一个自动化的财务数据处理流程。
2. 请总结财务机器人开发中遇到的错误。
3. 函数在财务数据处理中的应用场景有哪些?

五、实训题

1. 2024 年 H 公司销售收入为 150 000 元,销售成本为 90 000 元。
要求:设计一个机器人,计算 H 公司 2024 年销售毛利率。
2. H 公司一季度经营费用如表 3-45 所示。

表 3-45　　　　　　　　　　H 公司一季度经营费用

单位:元

月份	职工薪酬	折旧摊销	办公费
1	449 409	27 692	7 164
2	346 407	21 139	9 527
3	459 655	21 828	5 106

要求:设计一个机器人计算出一季度总的经营费用和三个月的职工薪酬费用。

第四章　Excel 自动化

- 内容提要
- 重点难点
- 学习目标
- 知识框架
- 思政育人
- 第一节　智多星 RPA 中的【Excel】组件
- 第二节　费用汇总机器人
- 第三节　付款单汇总机器人
- 本章小结
- 本章重要概念
- 本章练习

内容提要

本章主要介绍了智多星 RPA 中的【Excel】组件常用的命令，包括打开 Excel 文件、获取总行数、获取单元格值、复制单元格区域、单元格赋值、保存等命令；费用汇总机器人流程分析与开发；付款单汇总机器人流程分析与开发。

重点难点

本章重点为【Excel】组件中的常用命令；难点为费用汇总机器人与付款单汇总机器人的开发。

学习目标

通过本章的学习，学生应熟悉如何在智多星 RPA【Excel】组件中打开 Excel 文件、获取总行数、获取单元格值、复制单元格区域、单元格赋值、保存等命令；理解费用汇总机器人和付款单汇总机器人开发流程；掌握费用汇总机器人与付款单汇总机器人的开发。

知识框架

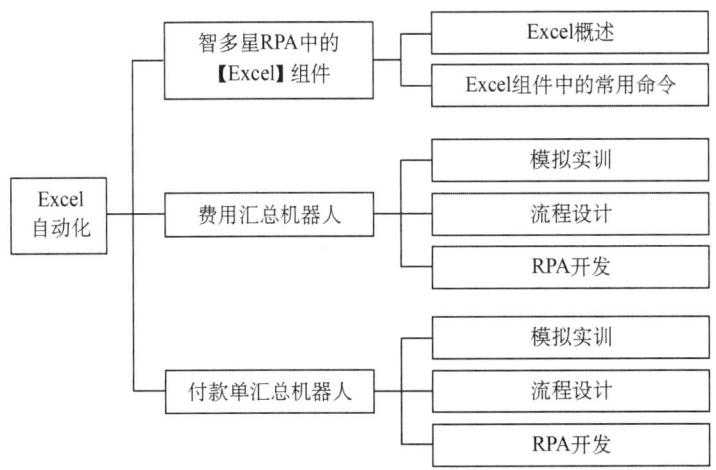

思政育人　　Excel自动化：财务机器人引领的效率革命

当今在数字化飞速发展的时代，办公软件的应用在提升工作效率方面发挥着关键作用。其中，通过财务机器人实现的Excel自动化技术，正深刻地改变着财务工作的方式和思维模式。

Excel作为一款广泛使用的电子表格软件，功能强大、操作简便。但传统的手动操作在处理海量财务数据和复杂业务时，常面临效率低、易出错的问题。而运用财务机器人实现的Excel自动化，则为这些难题提供了出色的解决方案。

借助财务机器人，Excel能够自动完成数据录入、计算、分析以及报表生成等任务。这显著节省了时间和人力成本，极大提高了数据的准确性和一致性。比如，在企业的财务部门，财务机器人驱动的Excel自动化能迅速处理庞大的财务数据，精准生成财务报表，为企业的重大决策提供坚实依据；在金融领域，它可以对复杂的金融数据进行深度剖析，协助金融机构准确评估风险，制定科学合理的投资策略。

财务机器人实现的Excel自动化的发展，不仅代表着技术的重大突破，而且是创新精神的生动体现。它激励着人们持续探索新的工作模式和途径，以实现更高效、更优质的工作成果。

思政寄语

财务机器人推动的Excel自动化发展进程，有力彰显了创新的强大力量和重要价值。它提醒我们，在面对工作和学习中的种种挑战时，要有勇气打破传统思维的局限，大胆尝试前沿的方法和技术。

同时，这一自动化过程也凸显了严谨负责的工作态度的重要性。在设计财务机器人的程序和处理相关数据时，哪怕是细微的差错都可能引发严重后果，所以我们务必保持高度专注。

此外，财务机器人在Excel自动化中的应用还强化了团队协作和知识共享的意义。在实际工作场景中，不同岗位的人员应当通过密切交流与合作，共同优化自动化流程，进而提升整体工作效率。

让我们积极接纳并善用财务机器人实现的Excel自动化这一创新成果，不断提升自身的创新能力和综合素养，以更加高效、负责的姿态投身于工作和学习，为个人的成长进步和社会的发展繁荣贡献积极力量。

第一节　智多星RPA中的【Excel】组件

一、Excel概述

Excel是一款电子表格软件，也是当前最常用、最流行的个人计算机数据处理软件。使用Excel软件，用户可以制作电子表格，完成复杂的数据计算，对数据进行检索、分类、筛选、排序，绘制数据图表等。为实现Excel数据处理的自动化，智多星RPA将Excel操作封装成专门的命令，用户通过这些命令就可以模拟真人对Excel的操作。

二、Excel组件中的常用命令

Excel组件提供了包括打开Excel文件、获取总行数、获取单元格值、复制单元格区域、单元格赋值、保存等命令。

（一）打开Excel文件

4-1 Excel组件命令说明

【打开Excel命令】是智多星RPA在处理Excel文件时的基础且关键的操作，如图4-1所示。此命令允许RPA机器人自动打开指定路径的Excel工作簿，为后续的数据读取、写入、处理等操作提供前提。

RPA 知识链接 4-1

打开 Excel 文件

在智多星 RPA 中【打开 Excel 文件】命令和属性如图 4-1 所示。

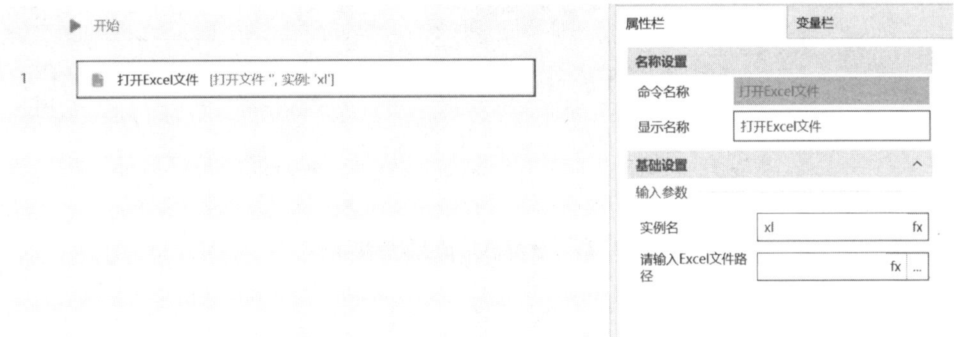

图 4-1 【打开 Excel 文件】命令和属性

1. 功能介绍

命令路径:Office＞Excel＞打开 Excel 文件。

命令描述:自动打开指定路径的 Excel 工作簿。

注意事项:【打开 Excel 文件】命令并非在 Windows 界面上打开 Excel。

2. 属性说明

【打开 Excel 文件】命令的基础设置如表 4-1 所示。

表 4-1　　　　　　　　【打开 Excel 文件】命令的基础设置

属性类型	属性名称	属性说明	数据类型	是否必输
输入参数	实例名	每个打开的 Excel 文件都需要设置实例名,如果打开单一文件,则可使用默认实例名;如果打开多个文件,则需要为每个文件设置不同实例名进行区分	文本	是
	请输入 Excel 文件路径	待打开的 Excel 文件全路径,可通过 ... 按钮选中待打开文件自动填充	文本	是

(二) 获取总行数

【获取总行数】命令是智多星 RPA 在处理 Excel 文件时的一个重要功能,它允许用户快速获取指定 Excel 工作表中有数据的行的总行数。这一功能对于自动化处理财务报表、数据分析等场景尤为重要,能够显著提高工作效率和准确性。例如,在处理大量的财务数据时,了解每个工作表的总行数可以帮助用户规划数据处理流程,确保数据的完整性;在自动化生成财务报表时,通过获取总行数,可以确定报表的生成范围,避免遗漏或重复处理数据;在数据清洗阶段,了解总行数有助于识别并处理空行或无效数据,提高数据质量。

 RPA 知识链接 4-2

获取总行数

在智多星 RPA 中,【获取总行数】命令和属性如图 4-2 所示。

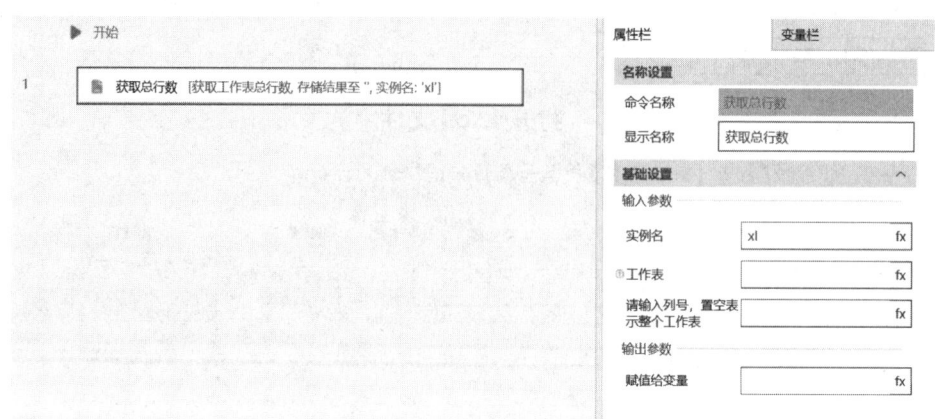

图 4-2 【获取总行数】命令和属性

1. 功能介绍

命令路径：Office＞Excel＞获取总行数。

命令描述：获取指定 Excel 工作表中有数据的行的总行数。

2. 属性说明

基础设置：【获取总行数】命令的基础设置如表 4-2 所示。

表 4-2 【获取总行数】命令的基础设置

属性类型	属性名称	属性说明	数据类型	是否必输
输入参数	实例名	在【打开 Excel 文件】命令中设置的实例名	文本	是
	工作表	输入想要获取总行数的工作表名称或序号。"？2"表示第 2 个工作表，置空表示第 1 个工作表	文本	是
	请输入列号，置空表示整个工作表	输入想要获取总行数的列号，置空表示整个工作表	文本	否
输出参数	赋值给变量	将获取的总行数赋值给提前设置好的变量	数值	是

【**案例 4-1**】 设计一个机器人，实现获取供货商信息表(图 4-3)的总行数，并在屏幕上显示。

4-2 操作数据_供应商信息表

	A	B	C	D	E	F
1	供货商编号	供货商名称	联系人	联系电话	供货地址	供货产品
2	S001	星辰贸易公司	张三	13800138001	上海市虚拟区星河路123号	电子产品
3	S002	辉煌供应链有限公司	李四	13900139002	北京市朝阳区虚拟大厦99层	家居用品
4	S003	智慧图配送中心	王五	13700137003	广州市天河区智慧路1号	图书
5	S004	绿意家电批发部	赵六	13600136004	深圳市南山区虚拟科技园A栋	家电
6	S005	时尚服饰供应链	孙七	13500135005	成都市武侯区虚拟时尚广场	服装
7	S006	美丽人生化妆品库	周八	13400134006	武汉市江汉区虚拟美妆大厦	化妆品
8	S007	丰盛食品商行	吴九	13300133007	南京市鼓楼区虚拟食品市场	食品
9	S008	宝贝天地母婴坊	郑十	13200132008	杭州市西湖区虚拟母婴乐园	母婴用品
10	S009	动力无限运动城	钱一	13100131009	重庆市渝中区虚拟运动广场	运动器材

图 4-3 供应商信息表部分信息展示

【操作步骤】

（1）在智多星 RPA 新建"获取总行数"项目。

（2）在设计面板添加【打开 Excel 文件】命令，设置实例名和 Excel 文件路径，如图 4-4 所示。

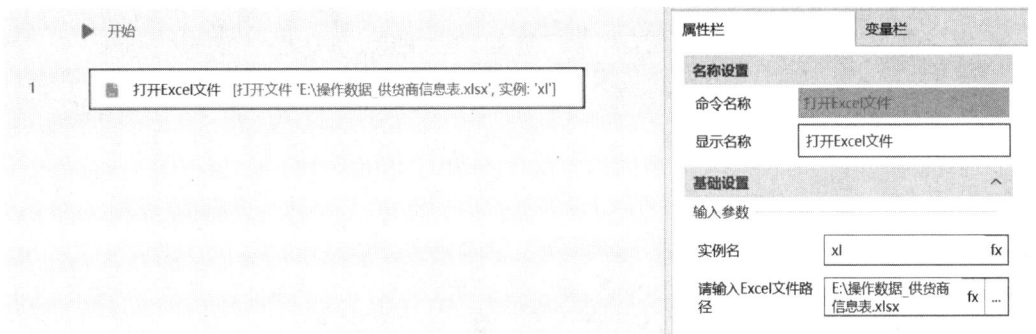

图 4-4　打开供货商信息表

（3）设置存储总行数信息的数值变量 data，如图 4-5 所示。

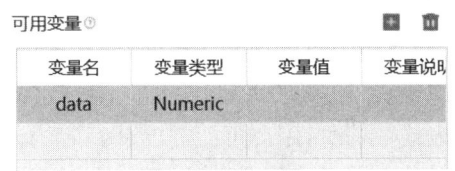

图 4-5　新增变量

（4）在设计面板添加【获取总行数】命令，属性设置如图 4-6 所示。

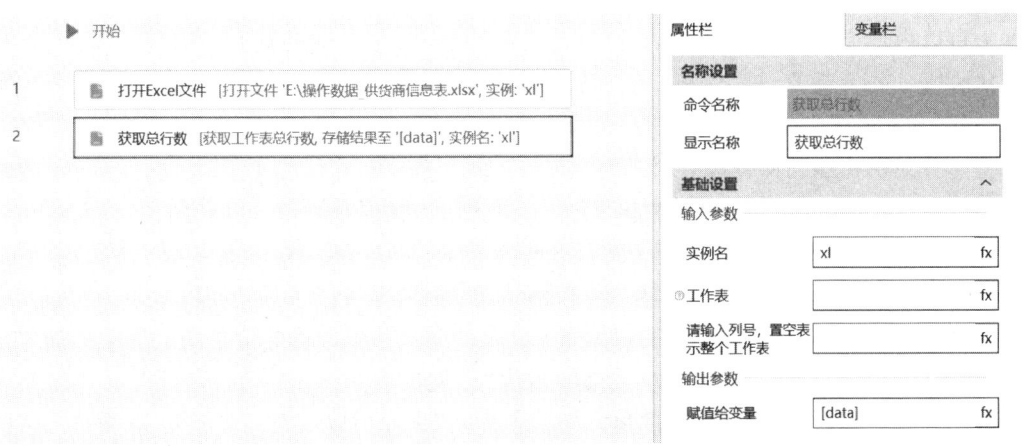

图 4-6　【获取总行数】命令的属性配置

（5）添加【弹出消息框】命令后，运行机器人，运行结果如图 4-7 所示。

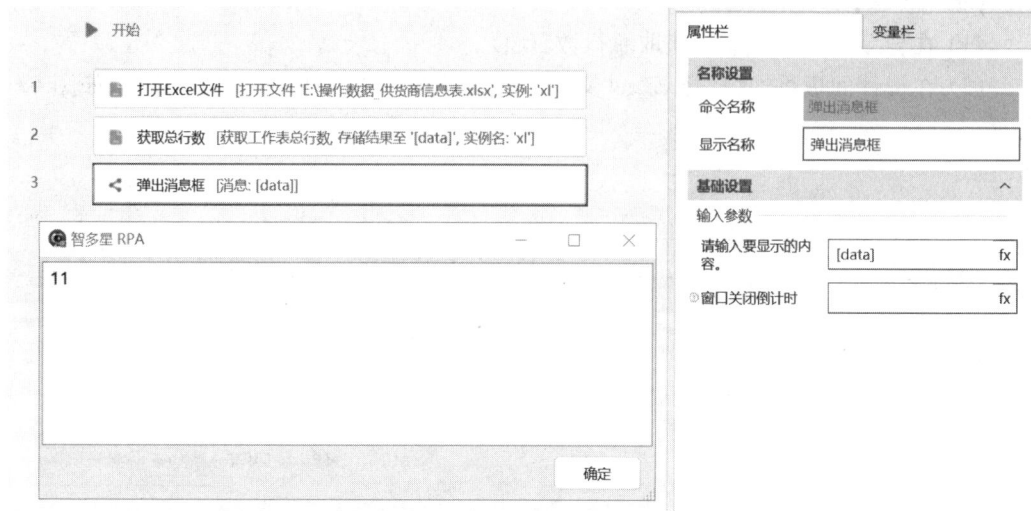

图 4-7　获取总行数运行结果

(三) 获取单元格值

【获取单元格值】命令在智多星 RPA 处理 Excel 文件时扮演着至关重要的角色，它允许用户精确地从指定 Excel 工作表中的特定单元格读取数据值。这一功能在多种财务自动化场景中均有着广泛的应用。

在处理复杂的财务报表或数据时，用户可能需要从特定的单元格中提取关键信息，如销售额、成本、利润等。通过获取单元格值命令，RPA 机器人可以自动读取这些数据，并将其用于后续的分析、汇总或报告生成，从而减轻人工操作的负担并提高数据处理的准确性。

在财务工作中，数据的一致性和准确性至关重要。使用【获取单元格值】命令，RPA 机器人可以自动比较不同工作表、不同单元格中的数据，以验证数据的正确性。例如，在核对应收账款与发票数据时，RPA 可以读取相关单元格的值，并进行自动比对，及时发现并标记任何差异，供财务人员进一步处理。

财务人员在编制财务报表时，经常需要从多个数据源中提取数据并填入模板中的特定位置。通过【获取单元格值】命令，RPA 机器人可以根据预设的规则和路径，自动从原始数据中读取所需的值，并将其填充到报表模板的相应单元格中，从而生成完整的财务报表。这一过程极大地提高了报表生成的效率和准确性，减少了人为错误的发生。

在某些情况下，用户可能需要根据 Excel 文件中某些单元格的值来决定后续的操作或数据处理流程。例如，如果某个单元格的值为"已完成"，则 RPA 机器人可能会跳过对该行数据的进一步处理。通过【获取单元格值】命令，RPA 可以实时读取这些条件单元格的值，并根据其值来动态调整处理逻辑，实现更加灵活和智能的数据处理流程。

 RPA 知识链接 4-3

获取单元格值

在智多星 RPA 中，【获取单元格值】命令和属性如图 4-8 所示。

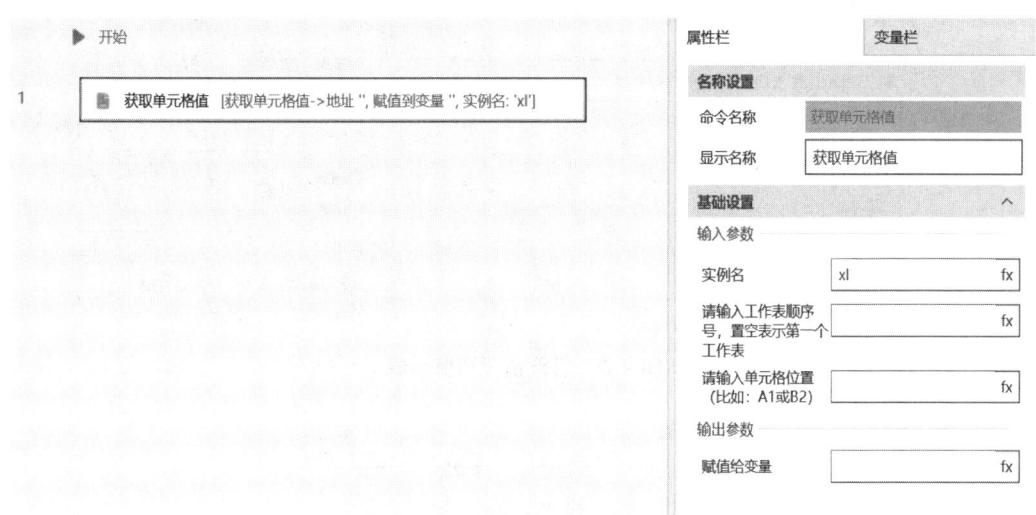

图 4-8 【获取单元格值】命令和属性

1. 功能介绍

命令路径：Office＞Excel＞获取单元格值。

命令描述：从指定 Excel 工作表中的特定单元格读取数据值。

2. 属性说明

基础设置：【获取单元格值】命令的基础设置如表 4-3 所示。

表 4-3 【获取单元格值】命令的基础设置

属性类型	属性名称	属性说明	数据类型	是否必输
输入参数	实例名	在【打开 Excel 文件】命令中设置的实例名	文本	是
	请输入工作表顺序号，置空表示第一个工作表	输入想要获取单元格值的工作表序号，置空表示第一个工作表	文本	否
	请输入单元格位置	输入想要获取单元格值的位置	文本	是
输出参数	赋值给变量	将获取的单元格值给提前设置好的变量	文本/数值	是

【案例 4-2】 沿用上例资料，设计一个机器人，实现获取供货商信息表中星辰贸易公司联系人张三的联系电话，并在屏幕上显示。

【操作步骤】

（1）在智多星 RPA 新建"获取单元格值"项目。

（2）在设计面板添加【打开 Excel 文件】命令，设置实例名和 Excel 文件路径，如图 4-9 所示。

（3）设置存储获取单元格信息的变量 TEL，如图 4-10 所示。

（4）在设计面板添加【获取单元格值】命令，属性设置如图 4-11 所示。

（5）添加【弹出消息框】命令后，运行机器人，运行结果如图 4-12 所示。

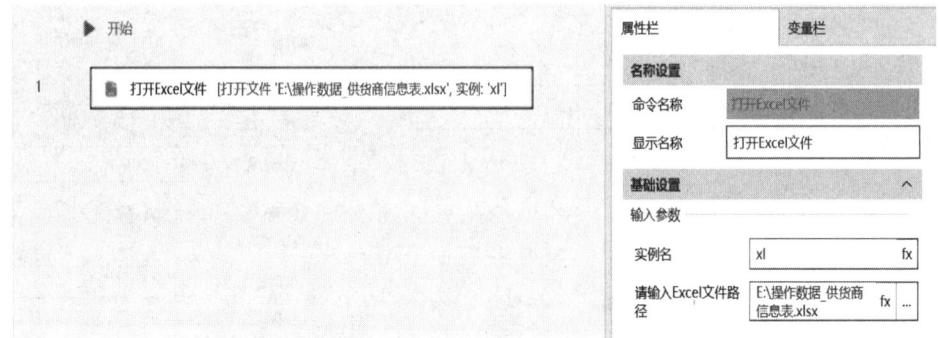

图 4-9　打开供货商信息表

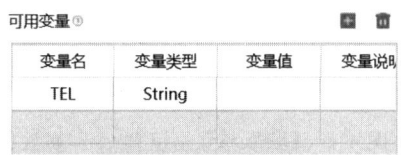

图 4-10　新增变量

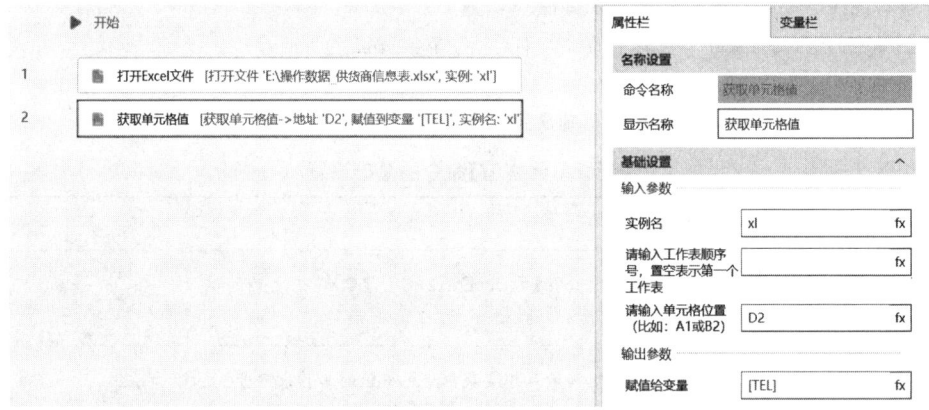

图 4-11　【获取单元格值】命令的属性配置

图 4-12　获取单元格值运行结果

(四)复制单元格区域

【复制单元格区域】命令在智多星 RPA 处理 Excel 文件时同样占据着核心地位,它允许用户以自动化方式,从指定 Excel 工作表中复制选定范围的单元格数据。这一功能在多种财务自动化场景中展现出极高的应用价值,显著提升了工作效率,并保证了数据处理的精确性。

用户在处理涉及大量数据的财务报表或数据整合任务时,经常需要将特定区域的数据从一个工作表复制到另一个工作表或不同的 Excel 文件中。通过【复制单元格区域】命令,RPA 机器人能够迅速准确地完成这一任务,无需人工逐行逐列地复制粘贴,极大地节省了时间和人力成本。

在财务工作中,财务人员常常需要基于标准模板处理数据。利用【复制单元格区域】命令,RPA 机器人可以自动将源数据区域复制到模板中的相应位置,无需手动调整数据布局,从而实现了数据的快速填充和标准化处理。

对于重要的财务数据,定期备份和存档是必不可少的步骤。通过指定需要复制的单元格区域,RPA 机器人能够轻松地将数据复制到备份文件中,确保数据的安全性和可追溯性。同时,这也为历史数据分析提供了便利。

在跨系统或跨平台的数据交换过程中,财务人员可能需要将 Excel 中的特定数据区域复制到其他应用程序或数据库中。RPA 机器人能够将【复制单元格区域】命令作为桥梁,实现数据在不同平台间的无缝流转,提高了数据交换的效率和准确性。

 RPA 知识链接 4-4

复制单元格区域

在智多星 RPA 中,【复制单元格区域】命令和属性如图 4-13 所示。

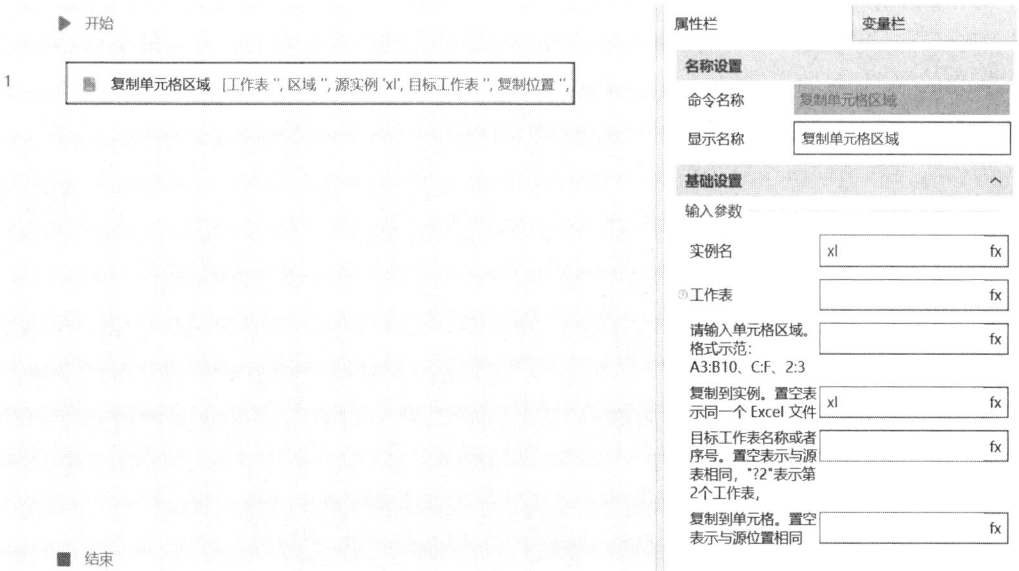

图 4-13 【复制单元格区域】命令和属性

1. 功能介绍

命令路径：Office＞Excel＞复制单元格区域。

命令描述：从指定 Excel 工作表中复制选定范围的单元格数据。

2. 属性说明

基础设置：【复制单元格区域】命令的基础设置如表 4-4 所示。

表 4-4 【复制单元格区域】命令的基础设置

属性类型	属性名称	属性说明	数据类型	是否必输
输入参数	实例名	在【打开 Excel 文件】命令中设置的实例名	文本	是
	工作表	输入想要复制单元格区域的工作表名称或序号。"？2"表示第 2 个工作表，置空表示第 1 个工作表	文本	否
	请输入单元格区域	输入想要复制单元格区域的范围，如 A3:B10、C:F、2:3	文本	是
	复制到实例	选定想要复制到的在【打开 Excel 文件】命令中设置的实例名。置空表示与源表相同	文本	否
	目标工作表名称或者序号	输入想要复制到的工作表名称或序号。置空表示与源表相同，"？2"表示第 2 个工作表	文本	否
	复制到单元格	输入想要复制到的单元格区域范围，置空表示与源位置相同	文本	否

（五）单元格赋值

【单元格赋值】命令是智多星 RPA 在处理 Excel 文件时的一个核心功能，它赋予了用户极高的灵活性，允许用户以自动化方式，修改 Excel 工作表中特定单元格的内容。这一功能在自动化数据录入、报告编制、数据更新等多种业务场景中发挥着关键作用，极大地提升了工作效率和操作的准确性。

在数据录入或更新的场景中，通过【单元格赋值】命令，用户能够轻松地将外部数据源（如数据库、CSV 文件或系统界面中的数据）直接填充到 Excel 的指定单元格中，避免了人工操作的繁琐，减少了错误。例如，在自动化财务对账流程中，可以将银行对账单中的交易数据自动填充到 Excel 模板的对应单元格，省去手动输入的步骤。

在报告编制方面，【单元格赋值】命令使报告的数据更新变得简单快捷。用户可以根据业务规则或分析结果，自动调整报告中关键指标或数据点的值，确保报告的时效性和准确性。例如，在月度销售报告中，可以自动计算并更新销售额、增长率等关键数据，将其直接反映在 Excel 报表的相应单元格中。

此外，在数据清洗和整理阶段，【单元格赋值】命令也扮演着重要角色。通过结合条件判断、循环等 RPA 控制流元素，用户可以自动化地识别并修正数据中的错误或不一致，比如将空值填充为默认值，格式化日期、时间、数据等，从而进一步提升数据质量，为后续的数据分析工作奠定坚实基础。

 RPA 知识链接 4-5

单元格赋值

在智多星 RPA 中，【单元格赋值】命令和属性如图 4-14 所示。

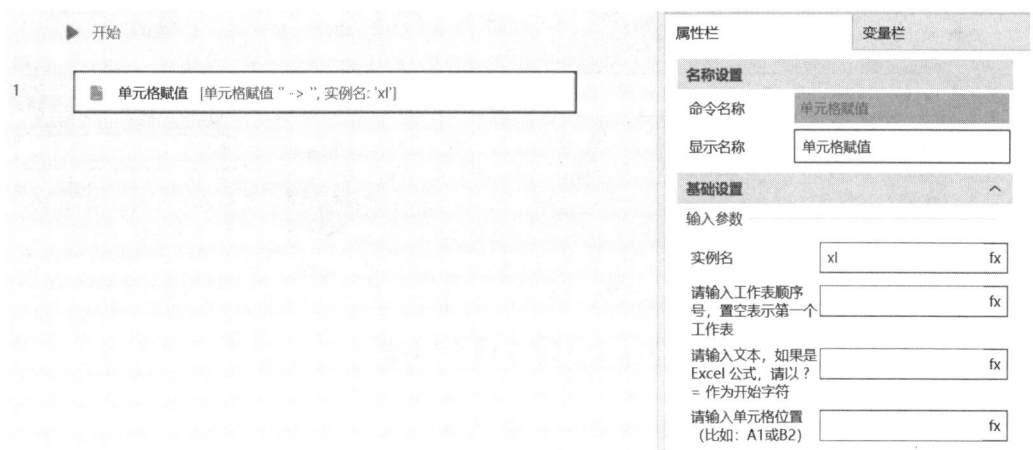

图 4-14 【单元格赋值】命令和属性

1. 功能介绍

命令路径：Office＞Excel＞单元格赋值。

命令描述：对指定的单元格进行赋值。

2. 属性说明

基础设置：【单元格赋值】命令的基础设置如表 4-5 所示。

表 4-5　　　　　　　　　　　【单元格赋值】命令的基础设置

属性类型	属性名称	属性说明	数据类型	是否必输
输入参数	实例名	在【打开 Excel 文件】命令中设置的实例名	文本	是
	请输入工作表顺序号	输入想要赋值的工作表序号，置空表示第 1 个工作表	文本	否
	请输入文本	输入想要赋值的内容，如果是 Excel 公式，以"＝"作为开始字符	文本	是
	请输入单元格位置	输入想要赋值的单元格位置，如 A1 或 B2	文本	是

（六）保存

【保存】命令是智多星 RPA 在处理 Excel 文件时另一个基础且至关重要的操作。此命令使 RPA 机器人能够自动将当前操作过的 Excel 工作簿保存到指定路径，确保所做的更改和新增数据得以安全存储。紧随数据读取、写入、处理等一系列操作，【保存】命令成了保障数据完整性和持久性的关键步骤。如果不进行【保存】命令操作，则前面对 Excel 文件进行的一切操作都将无效。

 RPA 知识链接 4-6

保 存

在智多星 RPA 中，【保存】命令和属性如图 4-15 所示。

图 4-15 【保存】命令和属性

1. 功能介绍

命令路径：Office>Excel>保存。

命令描述：对指定的 Excel 文件进行保存。

2. 属性说明

基础设置：【保存】命令的基础设置如表 4-6 所示。

表 4-6 【保存】命令的基础设置

属性类型	属性名称	属性说明	数据类型	是否必输
输入参数	保存	在【打开 Excel 文件】命令中设置的实例名	文本	是

【案例 4-3】 沿用[案例 4-2]资料，设计一个机器人，将第五个供货商的名称、联系人、联系电话和供货产品粘贴到新建的 Excel 文件供应商名录中。

【RPA 开发】

（1）在本地电脑新建空白工作簿命名为"供应商名录.xlsx"工作簿，在智多星 RPA 新建"单元格赋值"项目。

（2）在设计面板添加两个【打开 Excel 文件】命令，设置实例名和 Excel 文件路径，用来打开供应商信息表和供应商名录两个文件。在设置实例名时，注意两个文件的实例名要有所区分，如图 4-16 所示。

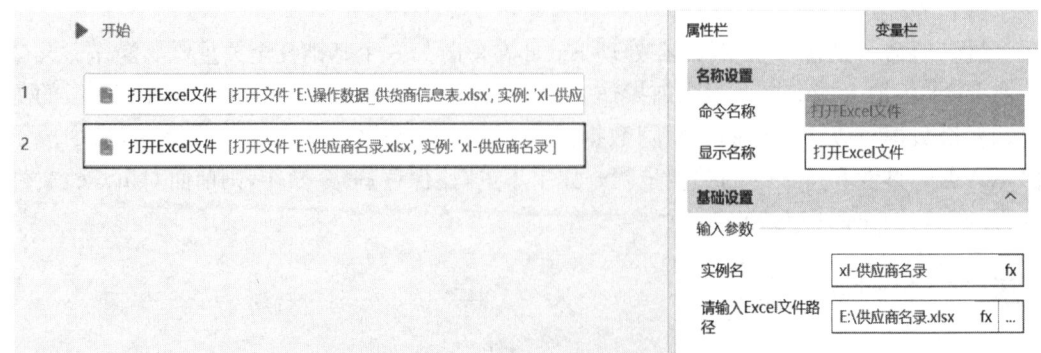

图 4-16 打开供货商信息

（3）在设计面板添加【复制单元格区域】，属性设置如图 4-17 所示。

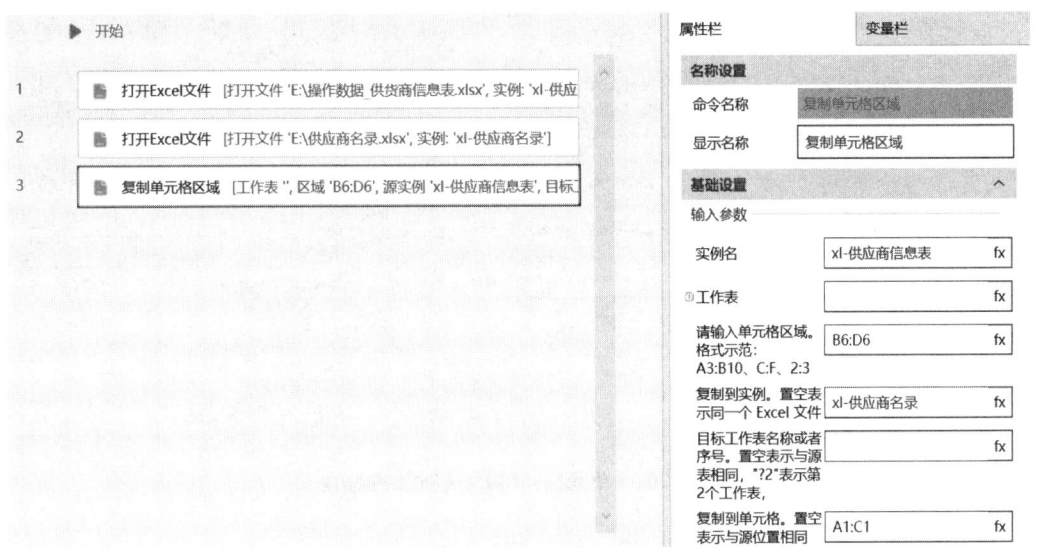

图 4-17　【复制单元格区域】命令的属性配置

（4）设置存储获取单元格信息的变量 product，如图 4-18 所示。

图 4-18　新增变量

（5）在设计面板添加【获取单元格值】命令，属性设置如图 4-19 所示。

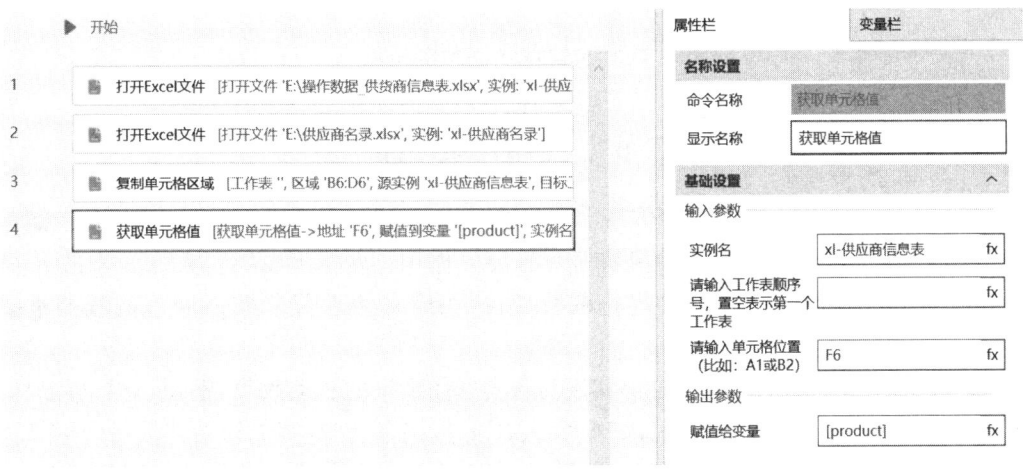

图 4-19　【获取单元格值】命令的属性配置

(6) 在设计面板添加【单元格赋值】命令，属性设置如图 4-20 所示。

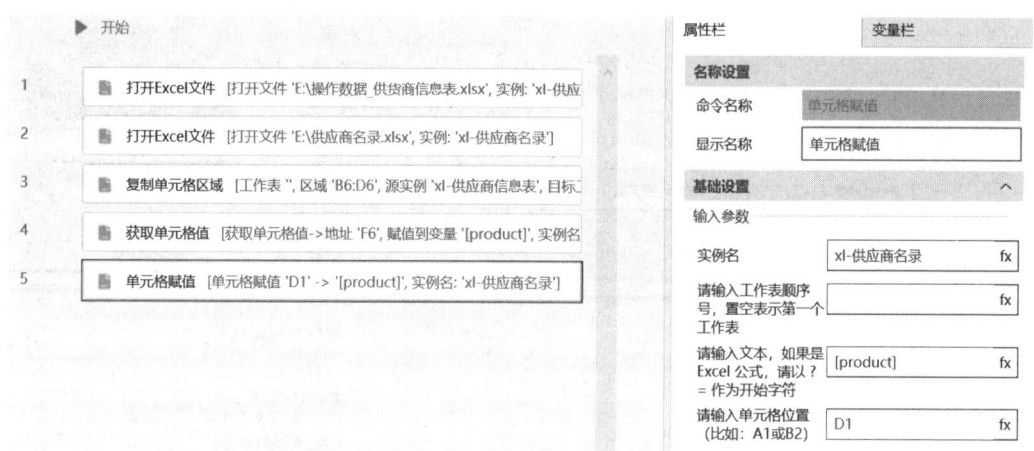

图 4-20 【单元格赋值】命令的属性配置

(7) 在设计面板添加【保存】命令，属性设置如图 4-21 所示。

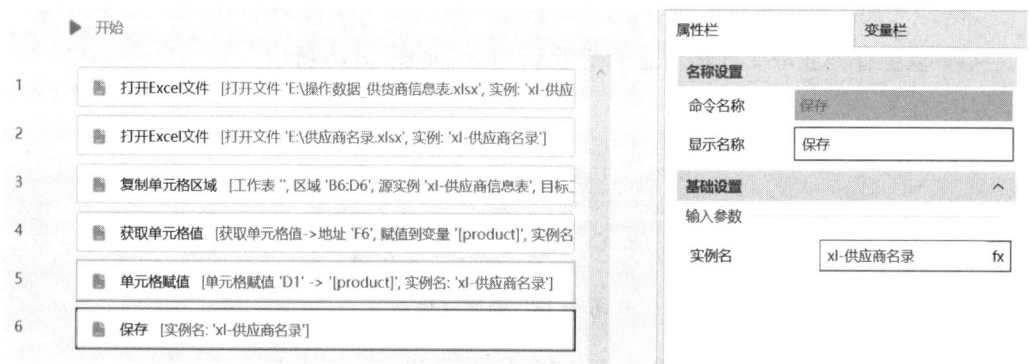

图 4-21 【保存】命令的属性配置

运行后即可查看供应商名录表验证是否成功粘贴信息。

第二节 费用汇总机器人

费用汇总作为企业财务管理体系中的关键一环，对于确保资金流动的透明度、控制运营成本以及制定精准的财务决策具有至关重要的作用。费用汇总机器人作为先进 RPA 技术的结晶，以其高效、准确、自动化的特性，成为现代企业优化费用管理流程的重要工具。

通过费用汇总机器人，企业能够实现对各类费用数据的自动收集、整理、分类与汇总。该机器人能够深入企业内部系统，如 ERP、CRM、报销平台等，智能识别并提取费用相关的关键信息，如费用项目、金额、发生时间、关联部门等。随后，根据预设的规则和逻辑，机器人将自动完成费用的分类、审核及汇总工作，生成清晰、准确的费用报表，为企业管理层提供全面的费用分析数据。

企业采用费用汇总机器人进行费用管理，不仅可以显著提升工作效率，减少人工操作的时间和成本，还能有效防止人为错误和遗漏，确保费用数据的真实性和准确性。此外，机器人的标准化工作流程和灵活的配置能力，使企业能够根据自身需求快速调整费用管理策略，实现财务管理的个性化与精细化。

一、模拟实训

【案例 4-4】 因工作需要，需将亚邦集团各子公司的管理费用明细汇总到管理费用汇总表中，已知各子公司管理费用明细表的费用项目、顺序和格式完全一致，且与汇总表的费用项目、顺序、格式也完全相同。请设计一个 RPA 机器人，将各子公司的管理费用明细自动汇总到管理费用汇总表中。

二、流程设计

费用汇总机器人流程图如图 4-22 所示。

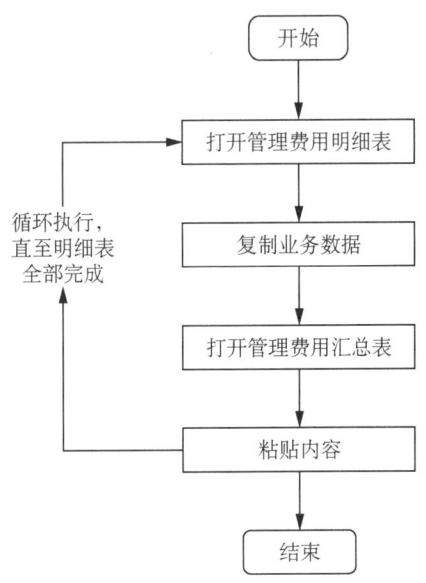

4-3 操作数据：管理费用明细表及汇总表

4-4 RPA 流程分析视频：费用汇总机器人

图 4-22 费用汇总机器人流程图

本案例流程设计如表 4-7 所示。

表 4-7 费用汇总机器人流程设计

步骤		命令
	打开"亚邦集团(管理费用)明细汇总主表.xlsx"工作簿	打开 Excel 文件
遍历文件	打开子公司(管理费用)明细表	打开 Excel 文件
	调整循环序号确定粘贴在汇总表中的位置	加法
	将明细表中的信息复制粘贴到汇总表中	复制单元格区域
	保存"亚邦集团(管理费用)明细汇总主表.xlsx"工作簿	保存

三、RPA 开发

（1）在智多星 RPA 新建"费用汇总机器人"项目。

（2）创建变量如表 4-8 所示。

表 4-8　　　　　　　　费用汇总机器人的变量

变量名	变量类型	变量值	变量说明
Path	List		子公司管理费用明细表文件全路径
i	Numeric		循环序号

4-5 RPA 开发视频：费用汇总机器人

（3）在设计面板添加【打开 Excel 文件】命令，设置实例名"xl-汇总表"和 Excel 文件路径，用来打开亚邦集团（管理费用）明细汇总主表.xlsx 文件，如图 4-23 所示。

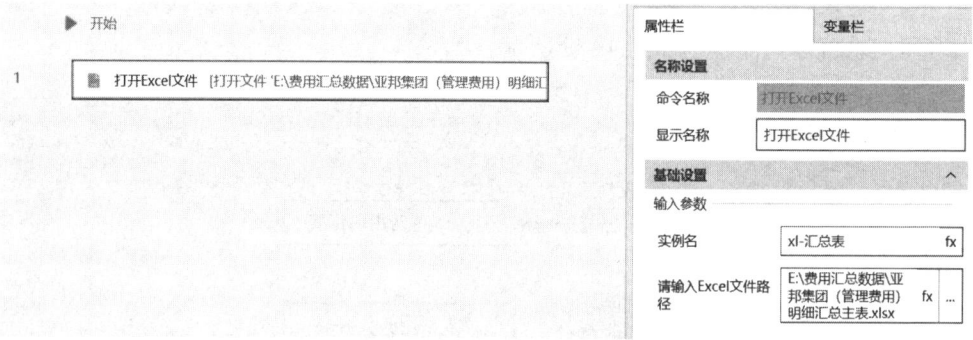

图 4-23　【打开 Excel 文件】命令的属性配置

（4）添加【遍历文件】命令，获取子公司（管理费用）明细表的文件全路径，将结果赋值给变量[path]，将循环序号赋值给变量[i]，如图 4-24 所示。

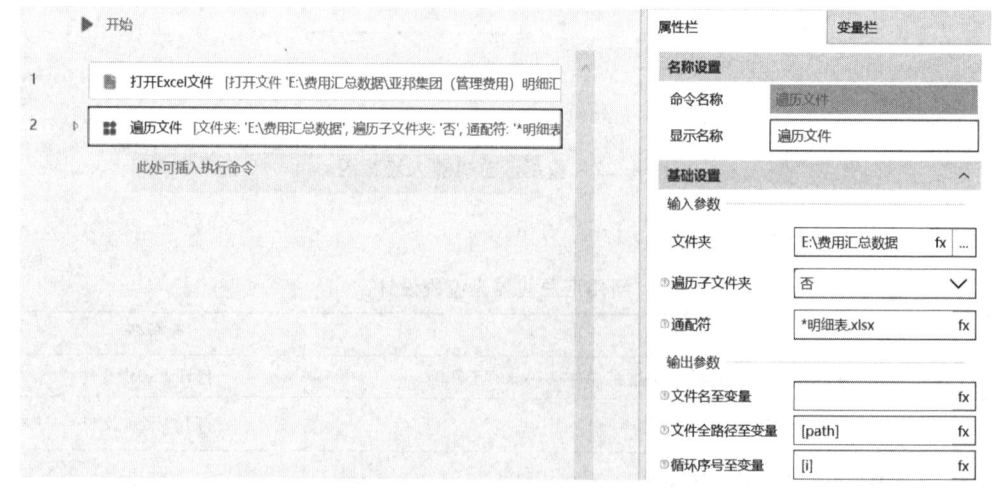

图 4-24　【遍历文件】命令的属性配置

（5）在【遍历文件】命令下添加子命令【打开 Excel 文件】，实例名设置为"xl-明细表"，文件路径为变量[path]，如图 4-25 所示。

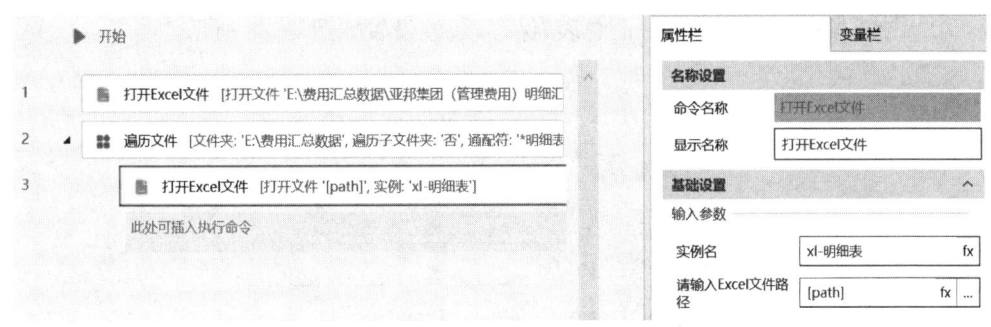

图 4-25 【打开 Excel 文件】命令的属性配置

（6）添加【加法】命令，属性设置如图 4-26 所示，通过对变量[i]赋值的调整，确保将子公司的管理费用明细粘贴在汇总表正确的位置。

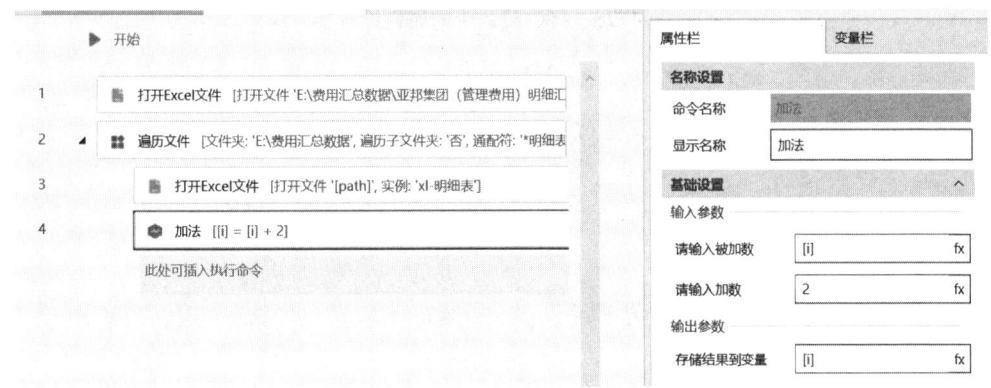

图 4-26 【加法】命令的属性配置

（7）添加【复制单元格区域】命令，将子公司明细表中的管理费用明细粘贴到汇总表中，具体见图 4-27。

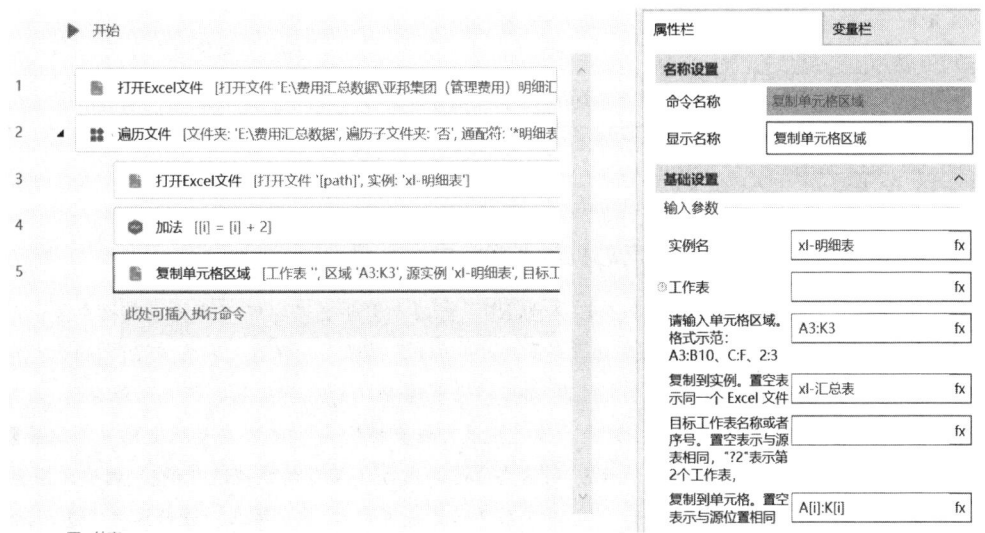

图 4-27 【复制单元格区域】命令的属性配置

(8) 添加【保存】命令,将"xl-汇总表"保存,属性设置如图 4-28 所示。

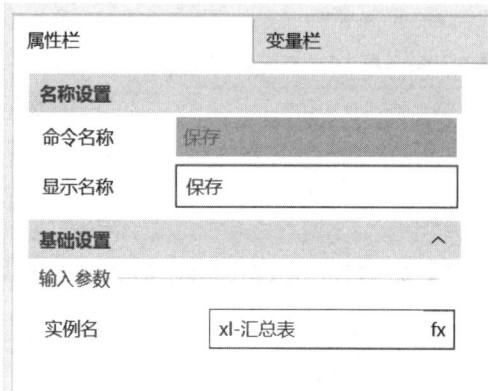

图 4-28 【保存】命令的属性设置

4-6 开发文档：费用汇总机器人

4-7 费用汇总机器人开发脚本及运行结果

RPA 知识链接 4-7

加　法

1. 功能介绍

命令路径：数据＞数值＞加法。

命令描述：对数值型变量进行加法处理。

2. 属性说明

基础设置：【加法】命令的基础设置如表 4-9 所示。

表 4-9　　　　　　　　　　　　【加法】命令的基础设置

属性类型	属性名称	属性说明	数据类型	是否必输
输入参数	请输入被加数	被加数	数值	是
	请输入加数	加数	数值	是
输出参数	存储结果到变量	将结果储存到提前设置好的变量中	数值	是

相关思考 4-1

为什么在费用汇总机器人开发中需要用到【加法】命令

在将多个表格中的内容汇总到一个表格中时,RPA 机器人需要自动按照顺序将子表格中复制的内容粘贴到汇总表指定的位置。虽然在【遍历文件】命令中通过将循环序号保存到指定变量[i]的方式得到了初步的位置顺序,例如,获取第一个子文件内容时[i]为 1,如果汇总表是从第一行开始储存信息,那在【复制单元格区域】命令中"复制到单元格"这个参数设置可以直接使用[i]这个变量确定位置。但如果汇总表存储信息是从第二行或者其他行开始的,则需要通过加法将[i]变量的赋值进行调整,调整方法为[i]变量加汇总表中已被占用的行数。例如,汇总表中前两行已被占用,需要从第三行开始储存信息,则加法为[i]加 2。

📁 **延伸阅读 4-1**

常见问题集锦

错误1:运行"费用汇总机器人"后汇总表中只有一行汇总信息,不是全部子公司的费用汇总信息。

原因分析:【遍历文件】命令下的子命令【打开 Excel 文件】命令输入 Excel 文件路径设置错误,设置了具体的文件路径。

解决措施:将【打开 Excel 文件】命令中输入 Excel 文件路径设置为【遍历文件】获取的文件路径储存变量[path]。

错误2:运行"费用汇总机器人"后汇总表中没有任何子公司费用的信息。

原因分析:【保存】命令中实例名没有写对。

解决措施:核对第一步【打开 Excel 文件】命令中给费用汇总表设置的实例名,将其录入为【保存】命令中实例名的输入参数。

第三节 付款单汇总机器人

银行对账作为企业财务管理流程中的核心环节,对于保障资金安全、提升财务透明度以及实现高效的资金运作具有不可忽视的作用。付款单汇总机器人,作为 RPA(机器人流程自动化)技术的杰出应用,凭借其高效、精准、自动化的处理能力,已成为现代企业优化银行对账流程的重要推手。

通过付款单汇总机器人,企业能够实现对银行账户交易数据的自动获取、核对、匹配与记录。该机器人能够智能识别并提取交易记录的关键信息,如交易日期、金额、对方账户、摘要描述等。随后,依据预设的对账规则和业务逻辑,机器人将自动完成交易的核对与匹配工作,生成详尽、准确的银行对账报告,为财务管理人员提供清晰的资金流动概览。

企业采用付款单汇总机器人进行对账操作,不仅大幅提升了工作效率,降低了人工对账的时间成本和错误风险,还确保了对账结果的准确性和一致性。此外,机器人的自动化工作流程和灵活的配置选项,使企业能够轻松应对不同银行的对账要求,实现银行对账流程的标准化与智能化。

在数字化转型的浪潮中,付款单汇总机器人以其显著的优势,正逐步成为企业财务管理体系中的关键组成部分。它不仅能够强化企业的资金安全管理,还能为企业的财务分析和战略决策提供坚实的数据支撑,助力企业实现更加稳健和可持续的发展。

一、模拟实训

【案例4-5】 因银行对账需要,企业财务人员需将各部门付款申请单中的内容汇总到付款申请汇总主表中,已知各部门付款申请单的格式完全一致,但与付款汇总主表的格式不一致。请设计一个 RPA 机器人,将各部门付款申请单中需要的内容提取出来并汇总到付款申请汇总主表中。

二、流程设计

付款单汇总机器人流程图如图4-29所示。

4-8 操作数据:各部分付款申请单及付款申请汇总表

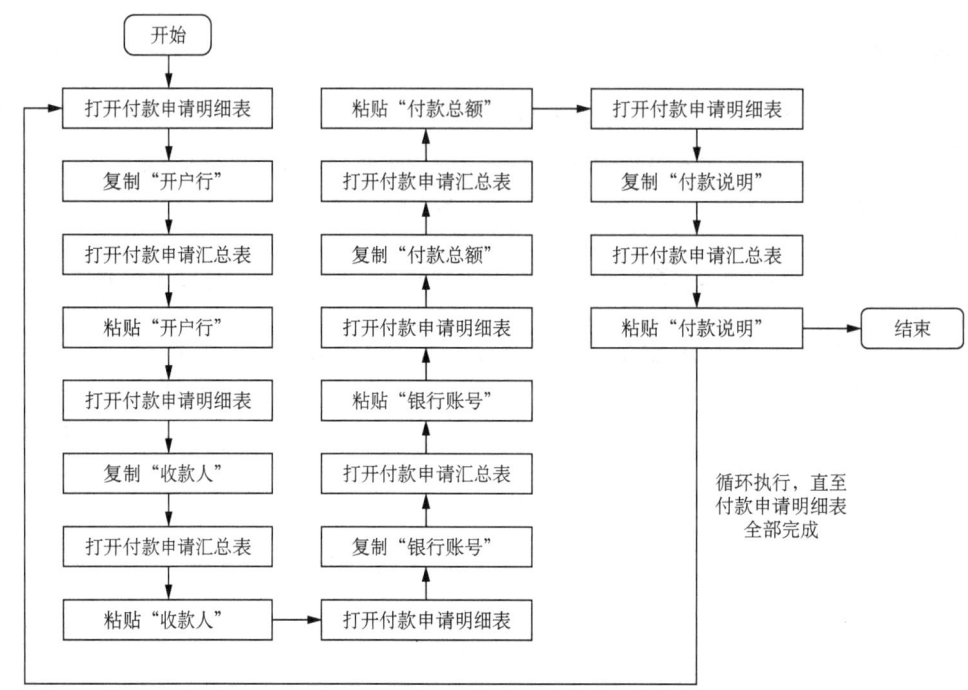

图 4-29 付款单汇总机器人流程图

4-9 RPA 流程分析视频：付款申请单汇总机器人

本案例流程设计如表 4-10 所示。

表 4-10　　　　　付款单汇总机器人流程设计

步骤			命令
打开"付款申请汇总主表.xlsx"工作簿			打开 Excel 文件
遍历文件	If 数值判断	当次数小于或等于1时	继续循环
	否则	打开付款申请明细表	打开 Excel 文件
		获取开户行信息，并赋值给变量"开户行"	获取单元格值
		获取收款人信息，并赋值给变量"收款人"	获取单元格值
		获取银行账号信息，并赋值给变量"银行账号"	获取单元格值
		获取付款总额信息，并赋值给变量"付款总额"	获取单元格值
		获取付款原因及说明信息，并赋值给变量"付款原因及说明"	获取单元格值
		将开户行信息粘贴到汇总表中	单元格赋值
		将收款人信息粘贴到汇总表中	单元格赋值
		将银行账号信息粘贴到汇总表中	单元格赋值
		将付款总额信息粘贴到汇总表中	单元格赋值
		将付款原因及说明信息粘贴到汇总表中	单元格赋值
		保存"付款申请汇总主表.xlsx"工作簿	保存

4-10 RPA 开发视频：付款申请单汇总机器人

三、RPA 开发

（1）在智多星 RPA 新建"付款单汇总机器人"项目。

（2）创建变量如表 4-11 所示。

表 4-11　　　　　　　　　　付款单汇总机器人的变量

变量名	变量类型	变量值	变量说明
Path	List		各部门付款申请单文件全路径
i	Numeric		循环序号
开户行	String		付款申请单中"开户行"信息
收款人	String		付款申请单中"收款人"信息
银行账号	String		付款申请单中"银行账号"信息
付款总额	Numeric		付款申请单中"付款总额"信息
付款原因及说明	String		付款申请单中"付款原因及说明"信息

（3）在设计面板添加【打开 Excel 文件】命令，设置实例名"xl-汇总表"和 Excel 文件路径，用来打开付款申请汇总主表.xlsx 文件，如图 4-30 所示。

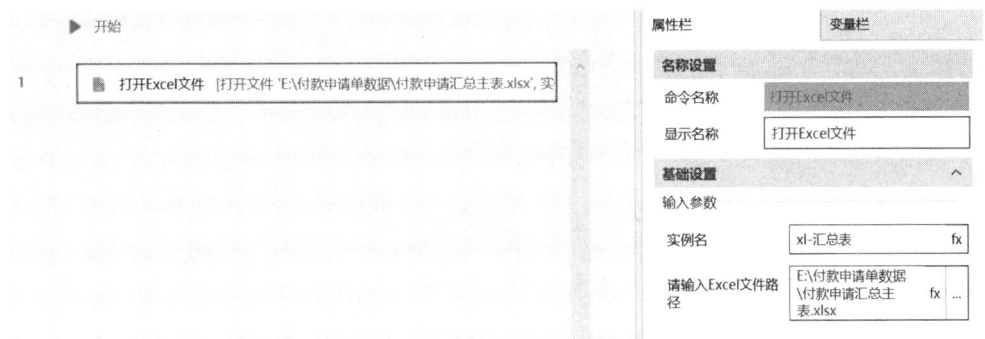

图 4-30　【打开 Excel 文件】命令的属性配置

（4）添加【遍历文件】命令，获取各部门付款申请单的文件全路径，将结果赋值给变量[path]，将循环序号赋值给变量[i]，如图 4-31 所示。

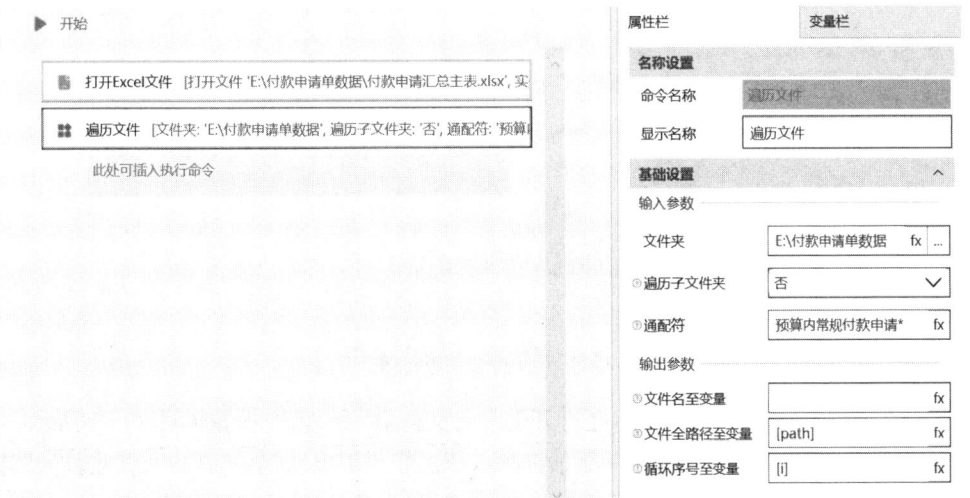

图 4-31　【遍历文件】命令的属性配置

(5)【遍历文件】命令下添加子命令【If 数值判断】,属性配置如图 4-32 所示。

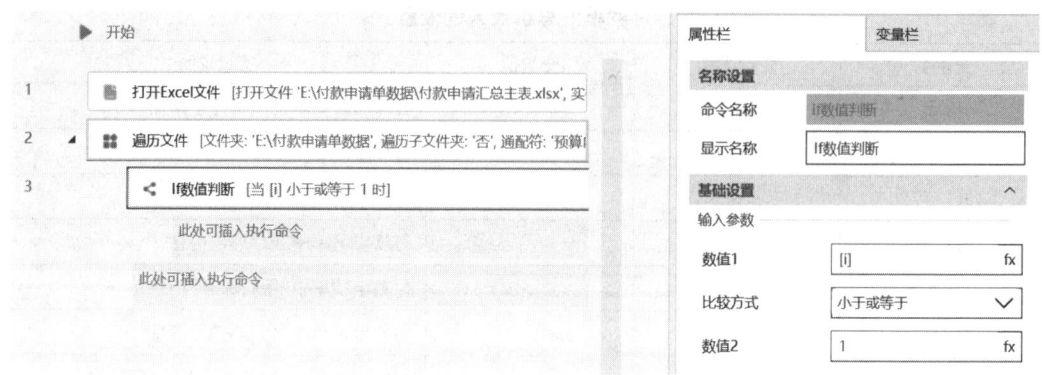

图 4-32　【If 数值判断】命令的属性配置

(6)【If 数值判断】命令下添加子命令【继续循环】,如图 4-33 所示。

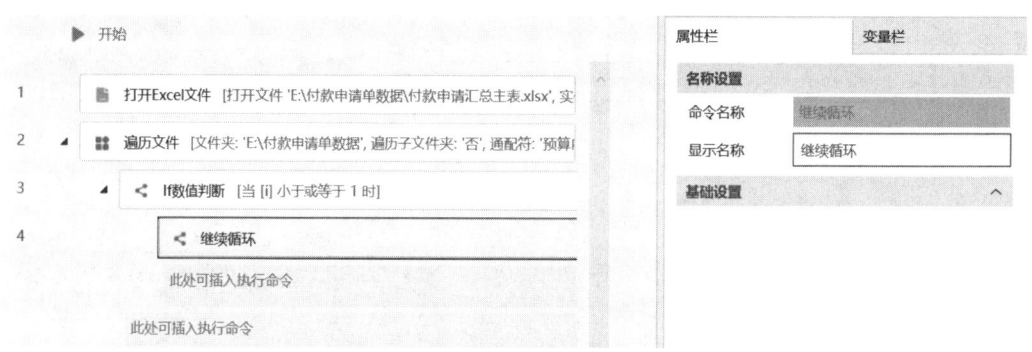

图 4-33　添加【继续循环】命令

(7)【遍历文件】命令下添加子命令【否则】,如图 4-34 所示。

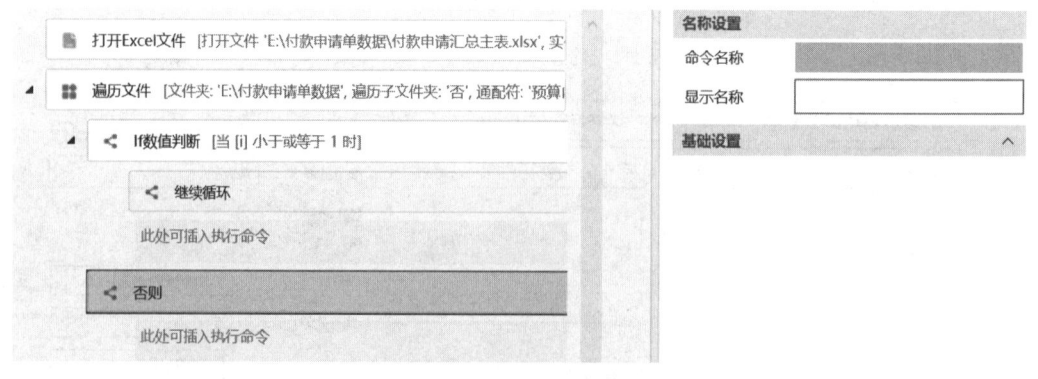

图 4-34　添加【否则】命令

(8)【否则】命令下添加子命令【打开 Excel 文件】命令,属性设置如图 4-35 所示。
(9)继续添加子命令【获取单元格值】命令,依次将付款申请单中"开户行""收款人""银行账号""付款总额""付款原因及说明"的相关信息赋值给对应的变量,属性设置如图 4-36 所示。

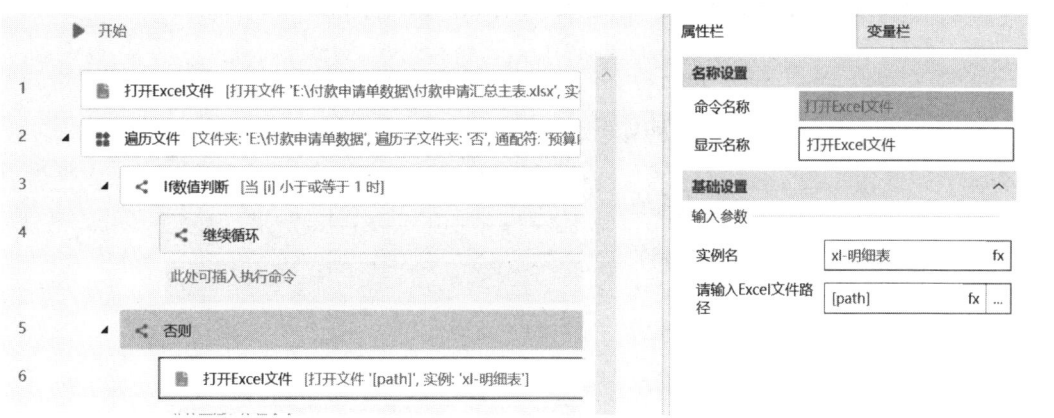

图 4-35 【打开 Excel 文件】命令的属性设置

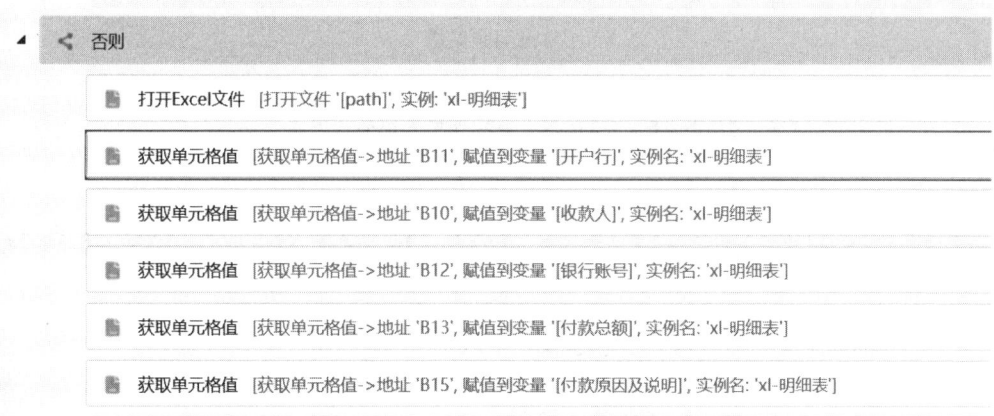

图 4-36 【获取单元格值】命令的属性设置

（10）继续添加子命令【单元格赋值】命令，依次将付款申请单中"开户行""收款人""银行账号""付款总额""付款原因及说明"的相关信息粘贴到汇总表对应的位置，属性设置如图 4-37 所示。

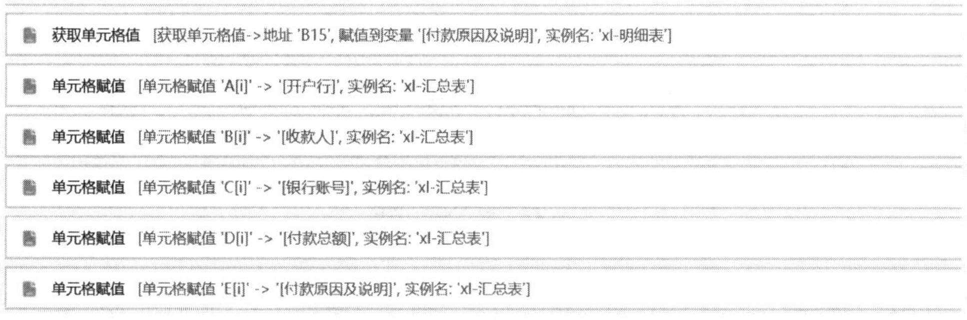

图 4-37 【单元格赋值】命令的属性设置

(11) 添加【保存】命令,将"xl-汇总表"保存,属性设置如图4-38所示。

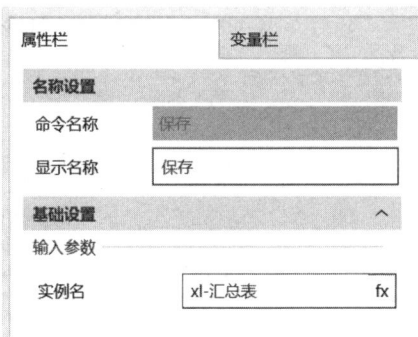

图4-38 【保存】命令的属性设置

常见问题集锦

错误:运行"付款单汇总机器人"后打开汇总表为空表。

原因分析1:没有【保存】命令或【保存】命令中没有设置正确的实例名。

解决措施:最后设置【保存】命令,并确保实例名为打开汇总表时设置的实例名。

原因分析2:子命令设置的位置不对。

解决措施:确保【获取单元格值】、【单元格赋值】及【保存】命令都是在【遍历文件】子命令【否则】之下的子命令,如图4-39所示。

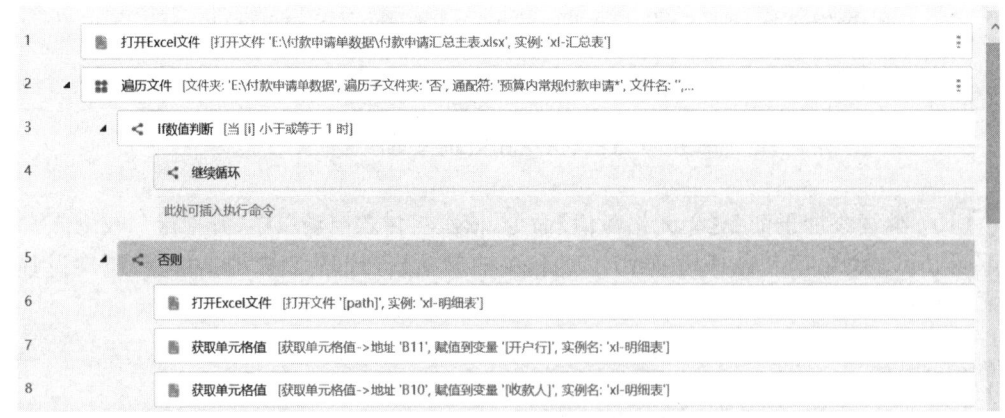

图4-39 付款单汇总机器人命令位置示意图

本 章 小 结

本章主要学习了 Excel 自动化相关命令。通过本章的学习,我们对 Excel 命令的组成,如何打开 Excel 文件、获取总行数、获取单元格值、复制单元格区域、单元格赋值、保存等命令有了全面的了解,应当能够掌握费用汇总机器人、付款单汇总机器人的开发。

本章重要概念

打开 Excel 文件　复制单元格区域　单元格赋值　获取总行数　获取单元格值　保存

本章练习

一、单项选择题

1. 在智多星 RPA 中,【打开 Excel 文件】命令的"实例名"属性(　　)。
   A. 可随意设置,无特殊要求
   B. 打开单一文件时必须使用默认实例名
   C. 打开多个文件时,需为每个文件设置不同实例名进行区分
   D. 不是必输项

2. 若要获取指定 Excel 工作表中有数据的行的总行数,应使用(　　)命令。
   A.【获取单元格值】　　　　　　　　B.【获取总行数】
   C.【复制单元格区域】　　　　　　　D.【打开 Excel 文件】

3.【复制单元格区域】命令中,"复制到单元格"属性置空表示(　　)。
   A. 不进行复制操作　　　　　　　　B. 复制到源表的第一个单元格
   C. 复制到与源位置相同的位置　　　D. 复制到目标表的第一个单元格

4. 在费用汇总机器人开发中,使用【加法】命令的主要目的是(　　)。
   A. 计算费用总和　　　　　　　　　B. 调整循环序号以确定粘贴位置
   C. 对费用数据进行分类　　　　　　D. 验证数据准确性

5. 在付款单汇总机器人开发过程中,若运行后汇总表为空表,可能的原因之一是(　　)。
   A.【遍历文件】命令设置错误
   B.【获取单元格值】命令中单元格位置设置错误
   C. 没有【保存】命令或【保存】命令中实例名设置错误
   D. 变量类型设置错误

二、多项选择题

1. 智多星 RPA 中【Excel】组件的常用命令包括(　　)。
   A. 打开 Excel 文件　　　　　　　　B. 获取总行数
   C. 数据透视　　　　　　　　　　　D. 复制单元格区域
   E. 单元格赋值

2. (　　)场景适用于使用【获取单元格值】命令。
   A. 从财务报表中提取关键数据　　　B. 验证不同工作表数据的一致性
   C. 根据单元格值决定后续操作流程　D. 复制整个工作表的数据
   E. 在 Excel 文件中创建新的工作表

3. 在设计费用汇总机器人时,涉及的操作步骤有(　　)。
   A. 打开管理费用明细表和汇总表

B. 遍历子公司管理费用明细表文件
C. 使用【加法】命令调整粘贴位置
D. 利用【复制单元格区域】命令复制粘贴数据
E. 保存管理费用汇总表

4. 付款单汇总机器人能够实现的功能有（　　）。
A. 自动获取银行账户交易数据　　B. 对交易记录进行核对与匹配
C. 生成银行对账报告　　D. 自动进行账务处理
E. 识别并提取交易记录的关键信息

5. 关于【单元格赋值】命令，以下说法正确的是（　　）。
A. 可用于自动化数据录入　　B. 能在报告编制时更新数据
C. 在数据清洗阶段可修正数据错误　　D. 只能对数值型数据进行赋值
E. 赋值内容如果是 Excel 公式，需以"？＝"作为开始字符

三、判断题

1. 在智多星 RPA 中，【Excel】组件和【Word】组件都属于【Office】组件。（　　）
2. 【保存】命令在处理 Excel 文件时不是必需的，不保存也不会影响数据。（　　）
3. 在费用汇总机器人开发中，子公司管理费用明细表和汇总表的格式必须完全一致才能进行汇总操作。（　　）
4. 付款单汇总机器人在获取各部门付款申请单数据时，不需要进行格式转换就可直接汇总到主表中。（　　）
5. 【获取总行数】命令中，"请输入列号，置空表示整个工作表"，所以该属性不是必输项。（　　）

四、思考题

1. 请简述财务机器人实现的 Excel 自动化对财务工作的重要意义，至少列举三点。
2. 在使用智多星 RPA 开发 Excel 自动化机器人时，可能会遇到各种错误。以费用汇总机器人为例，除了文档中提到的错误，再列举一种可能出现的错误，并分析其原因及解决措施。

五、实训题

某公司每月需要对员工的差旅费报销数据进行汇总分析。现有多个部门的差旅费报销明细表（格式一致），需要将这些明细表中的数据汇总到一个差旅费汇总表中。差旅费报销明细表包含员工姓名、部门、出差日期、出差地点、报销金额等信息，差旅费汇总表的格式与明细表类似，但需要在汇总表中新增一列"部门总报销金额"，用于统计每个部门的差旅费报销总额。使用智多星 RPA 设计一个差旅费汇总机器人，实现将各部门差旅费报销明细表的数据汇总到差旅费汇总表中，并计算每个部门的总报销金额。

4-13 操作数据

操作要求：
1. 流程命名：本人姓名-Excel 自动化；
2. 录制流程运行过程。视频中必须体现流程名字。录制流程图界面和每一个流程块界面。然后运行该流程。在录制过程中可以加入适当的讲解。

第五章　Email 自动化

- 内容提要
- 重点难点
- 学习目标
- 知识框架
- 思政育人
- 第一节　智多星 RPA 中的【Email】组件
- 第二节　发送邮件机器人
- 第三节　接收邮件机器人
- 本章小结
- 本章重要概念
- 本章练习

 内容提要

本章主要介绍了电子邮件概述、开启 SMTP/POP3 传输协议的方式、智多星 RPA 中的【Email】组件及操作方法、发送邮件机器人与接收邮件机器人流程分析与开发。

 重点难点

本章重点为发送邮件机器人、接收邮件机器人流程分析与开发;难点为发送邮件机器人、接收邮件机器人的开发。

 学习目标

通过本章的学习,学生应掌握开启 SMTP/POP3 传输协议的方式,并开通自己 QQ 邮箱的 SMTP/POP3 传输协议,获取授权码、了解 RPA 操作 Email 的原理;理解接收邮件机器人、发送邮件机器人的开发流程;掌握接收邮件机器人、发送邮件机器人的开发。

知识框架

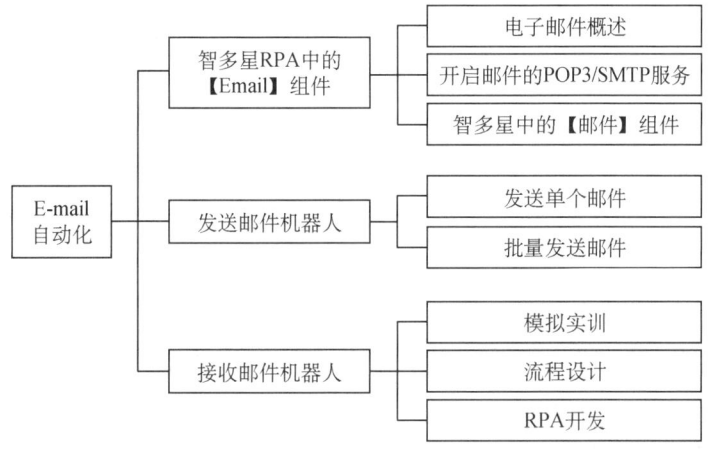

121

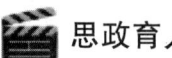 **思政育人**　　　　**RPA 如何帮助日常运营**

在当今数字化时代,机器人流程自动化成为许多企业追求高效率和降低成本的重要工具。RPA 通过将重复性任务自动化,提高工作效率,并为员工节省时间,使其能够专注于其他更重要的任务。目前,RPA 已成为企业实现降本增效的首要途径。你知道它是如何帮助企业开展日常运营工作的吗?

RPA 是以软件机器人及人工智能(AI)为基础的业务过程自动化科技,也就是说,RPA 系统是一种应用程序,它通过模仿最终用户在电脑上的手动操作方式,提供了另一种方式来使最终用户手动操作流程自动化。这项先进的技术适用于所有在数字化设备中完成的具有高重复性、强规则性的流程与工作任务,具体包括以下试用场景。

1. 网页上的数据批量采集

从指定网站上爬取外汇指标、中标数据和客户信息等数据。在业务处理过程中,必须依赖外部系统来获取数据。有些系统只提供客户端而没有接口,比如人行征信检查和发票防伪查询。

2. 重复繁琐的工作自动化完成

(1) 系统内部操作自动化:RPA 可以通过模拟人工操作的方式,自动完成系统内部的各种操作任务。这包括登录、数据输入、数据查询、报告生成等。通过 RPA,可以减少人工操作的时间和错误率,提高工作效率。

(2) 邮件、OA 工单处理:RPA 可以集成到邮件和办公自动化(office automation,OA)系统中,自动处理接收到的邮件和工单。例如,RPA 可以自动解析邮件内容,根据预设规则分类、转发或回复邮件。对于 OA 工单,RPA 可以自动分配、处理和跟踪工单状态,减少人工干预。

(3) 外部系统报备:RPA 可以与外部系统进行集成,自动完成报备任务。例如,对于需要定期向政府或其他机构报备数据的工作,RPA 可以自动从内部系统中提取数据,生成报表,并将报表自动提交给相应的外部系统。这样可以减少人工报备的工作量和错误风险。

随着 AIGC 时代的到来,RPA 正成为日常运营中不可或缺的核心力量。它与人工智能、大数据和云计算相辅相成,为企业带来了前所未有的机遇与挑战。通过 RPA 的应用,企业能够实现高效、精确、可靠的流程自动化,从而提高生产力、降低成本、优化资源利用。未来,随着 AIGC 的不断演进,RPA 将与 AI 融合互补,自动学习并适应不同的环境和需求,进一步提升其应用的灵活性和适应性,推进企业的数字化转型。

资料来源:RPA 星球. 机器人流程自动化(RPA)如何帮助日常运营? [EB/OL]. (2023-09-28)[2024-08-17]. https://mp.weixin.qq.com/s/1htAcmqKoy0FMVIypVgTuw.

 **思政寄语**

虽然机器人流程自动化可以为企业带来诸多好处,但它也并非没有挑战。如果使用不当,它可能会对企业的业务产生负面影响。机器人流程自动化需要处理大量的数据,确保数据的质量、准确性、安全和合规性对企业而言有重要意义。因此,企业需要制定数据管理策略,并利用数据分析和机器学习技术来优化决策;业务人员需要确保 RPA 系统的安全性,防止数据泄露和非法访问。同时,业务人员需要了解相关法规和标准,释放机器人流程自动化的巨大潜力。

第一节 | 智多星 RPA 中的【Email】组件

一、电子邮件概述

电子邮件(Email,以下简称邮件)是一种用电子手段提供信息交换的通信方式,是最广泛的互联网应用。常用的邮件有 Outlook、Exchange、Gmail、网易 163 邮件、新浪邮件等。

人们在因特网上传送邮件是通过邮件服务器及其程序进行的。与个人计算机不同，这些邮件服务器及其程序必须每天 24 小时不停地运行，否则就不能收发邮件了。简单邮件传输协议（simple mail transfer protocol，SMTP）和邮局传输协议（post office protocol-verion 3，POP3）是负责用客户端/服务器模式发送和检索邮件的协议。互联网信息访问协议（internet message access protocol，IMAP）是一种优于 POP3 的新协议。

延伸阅读 5-1

电子邮件

电子邮件是人们日常工作和生活沟通的重要方式之一，在电子邮件发送和接收的过程中，人们要遵循一些基本协议和标准，这些协议主要有 SMTP、POP3、IMAP 等。

（1）SMTP（simple mail transfer protocol，简单邮件传输协议）是用于发送 Email 的协议。

（2）POP3（post office protocol-version 3，邮局传输协议）是用于接收 Email 的协议。

（3）IMAP（internet message access protocol，互联网邮件访问协议）是用于接收 Email 的协议。

出于安全等因素的考虑，绝大多数 Email 服务商在你开通账户时，默认关闭这些协议。RPA 就相当于一种客户端，要想使用 RPA 来发送和接收 Email，就必须先开启这些协议。

不同邮件服务商的服务器名称、端口号不同，如表 5-1 所示。

表 5-1　　　　　　　　　不同邮件服务商的服务器名称、端口号

邮件服务商	协议类型	协议功能	服务器名称	非 SSL 端口号	SSL 端口号
腾讯 QQ 邮箱	SMTP	发送邮件	smtp.qq.com	25	465/587
	POP3	接收邮件	pop.qq.com	110	995
	IMAP	接收邮件	imap.qq.com	143	993
网易 163 邮箱	SMTP	发送邮件	smtp.163.com	25	465/994
	POP3	接收邮件	pop.163.com	110	995
	IMAP	接收邮件	imap.163.com	143	993
谷歌 Gmail 邮箱	SMTP	发送邮件	smtp.gmail.com	25	465
	POP3	接收邮件	pop.gmail.com	110	995
	IMAP	接收邮件	imap.gmail.com	143	993

二、开启邮件中的 POP3/SMTP 服务

本书以 QQ 邮箱为例，演示如何开启 POP3/SMTP 服务，其他邮箱服务商的开通思路基本与此类似。

（1）打开 QQ 邮箱首页，输入账号密码、登录邮箱。

（2）单击【设置】|【账户】，如图 5-1 所示。

（3）向下拖至界面 POP3/IMAP/SMTP/Exchange/CardDAV/CalDAV 服务的位置，单击【开启服务】，如图 5-2 所示。

5-1 文档资料：开启 POP3/SMTP 服务

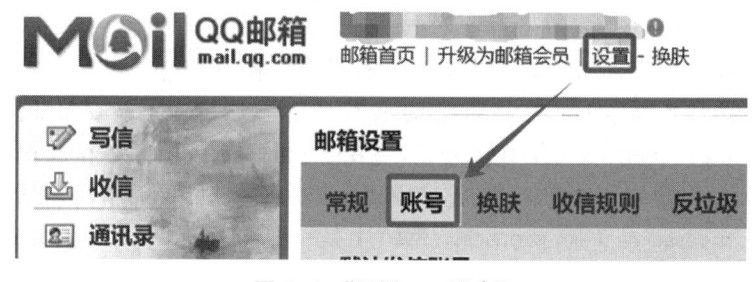

图 5-1 "设置——账户"

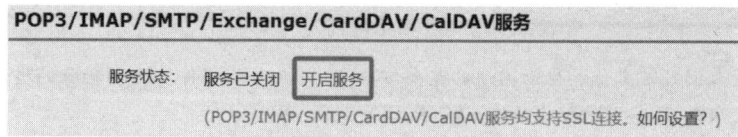

图 5-2 【开启服务】界面

（4）弹出如图 5-3 所示的窗口，单击【前往验证】，完成身份验证。

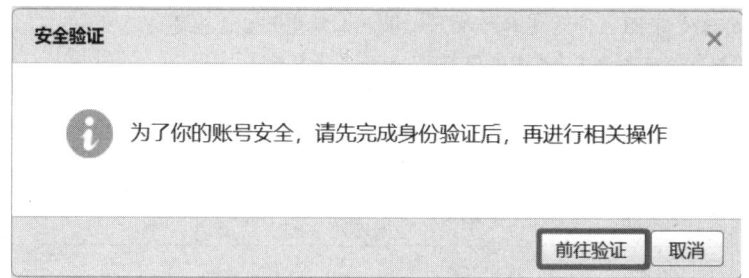

图 5-3 "安全验证"界面

（5）通过绑定的密保手机编辑短信："配置邮件客户端"，发送至 1069070069，发送完毕后，单击【我已发送】，如图 5-4 所示，会弹出一个 16 位的授权码窗口，如图 5-5 所示。

图 5-4 "短信验证"界面

POP3/IMAP/SMTP/Exchange/CardDAV 服务已开启

在第三方客户端登录时,密码框请输入以下授权码:

图 5-5　验证成功界面

延伸阅读 5-2

(1) Email 客户端是计算机上的一个软件。人们在操作网页 Email 时,需要通过一定的协议,如 SMTP(发送邮件)、POP3(接收邮件)、IMAP(接收邮件)。

(2) 在默认情况下邮件传输协议是关闭的,人们在用客户端之前,要手动开启邮件传输协议,通常在登录网页 Email 之后,在设置选项卡中开启。

(3) RPA 类似一个邮件客户端。因此,在使用 RPA 操作 Email 之前,也要开启邮件传输协议。

(4) 授权码是给客户端使用的,用户登录 Email 网站时仍然使用原用户密码。

三、智多星中的【邮件】组件

智多星 RPA 提供发送邮件、检索邮件等命令,可供 Email 自动化使用。

(一) 发送邮件

智多星 RPA 中的【发送邮件】命令能自动化完成邮件编写与发送,不仅能够提高工作效率和准确性,还能满足多样化的邮件发送需求,显著提高办公效率并减少人为错误,实现更加高效、智能的工作体验。

RPA 知识链接 5-1

发送邮件

1. 功能介绍

命令路径:邮件＞发送邮件。

命令描述:向指定邮箱发送一封邮件。

注意事项:使用【发送邮件】时要设置必填的参数:服务器名称、端口、收件人的 Email 地址、发件人的 Email 地址、登录密码(授权码);添加邮件附件需要填写的是附件文件的路径,可以是字符串,可以使用变量。

2. 属性说明

常规配置:【发送邮件】命令的常规配置如表 5-2 所示。

表 5-2　　　　　　　　　　　　　【发送邮件】命令的常规配置

属性类型	属性名称	属性说明	是否必输
输入参数	跟随系统参数	选择"是"，则使用设计器的邮箱配置发送邮件；选择"否"，则使用下方配置的邮箱信息发送邮件	是
	SMTP 服务器	发送邮件的 SMTP 服务器地址	是
	使用 SSL	是否使用 SSL 加密协议	是
	端口号（默认 25/SSL 465）	发件服务器端口号	是
	邮箱地址	发件人的邮箱地址	是
	密码	发件人邮箱的密码或授权码	是
	称呼	发件人称呼	否
	收件人 Email 地址	收件人的邮箱地址	否
	主题	发送邮件的主题	否
	正文	发送邮件的正文	是
	添加附件	附件的文件全路径	是

（二）检索邮件

检索邮件命令能够自动连接到邮件服务器，根据预设的条件（如发件人、主题、日期等）搜索并检索邮件。这一功能使用户无需手动登录邮箱、逐页浏览或搜索邮件，即可快速定位到其所需的邮件信息，从而大大提高了工作效率。

 RPA 知识链接 5-2

检索邮件

1. 功能介绍

命令路径：邮件＞检索邮件。

命令描述：按条件检索满足条件的所有邮件。

注意事项：使用 IMAP 收取邮件时需要设置的必填参数有服务器名称、端口、收件人的 Email 地址、登录密码（授权码）、创建变量。将收取的邮件信息赋值给该变量，获取的邮件信息通常有多条，要使用【遍历循环】，针对每一条邮件信息进行对应的操作。

2. 属性说明

常规配置：【检索邮件】命令的常规配置如表 5-3 所示。

表 5-3　　　　　　　　　　　　　【检索邮件】命令的常规配置

参数类型	参数名称	参数说明	是否必输
输入参数	接收邮件的协议	使用不同的协议收取邮件，支持 IMAP 和 POP3	是
	主机名	收件邮件服务器地址	是
	使用 SSL	是否使用 SSL 加密协议	是
	端口号（默认 POP3 端口号 110、SSL995，默认 IMAP 端口号 143、SSL993）	收件服务器端口号	是
	用户名	收件人邮箱	是

（续表）

参数类型	参数名称	参数说明	是否必输
输入参数	密码	收件人密码或授权码	是
	检索的关键字	检索邮件的关键字	否
	检索时间范围（置空表示今天）	检索邮件的时间范围：今天、一周内、一个月以内	否
	检索位置（置空表示主题）	支持选择在主题、正文、收件人或者发件人中检索关键字	否
	仅检索未读邮件	只检索未读邮件	是
	正文保留HTML代码	邮件正文保留HTML代码格式	是
	附件下载路径	将附件下载到指定路径	否
	标记为已读（仅IMAP方式可用）	IMAP协议收取邮件时，可以将邮件标记为已读。对于POP3协议，该参数不生效	否
输出参数	发件人存储到变量	将检索到的邮件的发件人保存到变量	可选
	标题存储到变量	将检索到的邮件的标题保存到变量	可选
	正文存储到变量	将检索到的邮件的正文保存到变量	可选
	附件文件路径存储到列表变量	将附件下载后的全路径保存到列表变量	可选
	检索结果存储到变量（0=未检索到；1=检索到）	将检索结果保存到变量	可选

第二节 发送邮件机器人

在日常办公中，邮件是沟通必不可少的一环。例如，人资专员给同事发工资单、报表文件，销售人员给客户发邀请函、对账单，HR给求职候选人发面试通知……如果周期性地处理大量邮件，仅靠纯手工操作，不但十分耗时，而且还容易漏发、错发邮件，导致工作效率低下。将RPA应用到电子邮件的分发处理上，可以极大提高电子邮件处理的效率。本节主要阐述如何运用智多星RPA设计发送邮件机器人。

一、发送单个邮件

（一）模拟实训

【案例5-1】 H公司工作人员小郭每天需要将行业日报发送到指定的邮箱，现拟设计一个RPA机器人帮助小郭发送每日的行业日报，其中邮件标题为"行业日报"，正文是"领导您好，这是××××日行业新闻日报，请查收！"，邮件附件是"行业日报.pdf"。

（二）流程设计

发送单个邮件机器人流程图如图5-6所示。
本案例流程设计如表5-4所示。

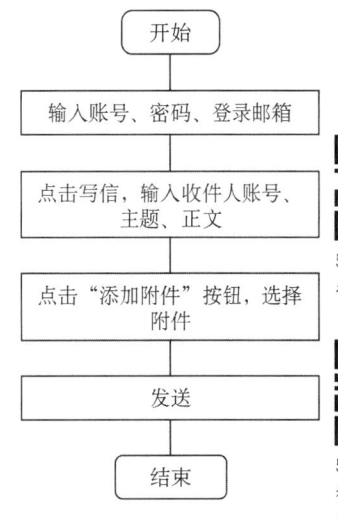

图5-6 发送单个邮件机器人流程图

5-2 操作数据：行业日报

5-3 RPA流程分析视频：发送单个邮件机器人

表 5-4　　　　　　　　　发送单个邮件机器人的流程设计

步骤	命令
输入账号、密码、登录邮箱	发送邮件
输入收件人账号、主题、正文	
单击"添加附件"按钮,选择附件	
发送	

(三) RPA 开发

(1) 在智多星 RPA 新建"发送单个邮件机器人"项目。

(2) 创建变量,如表 5-5 所示。

表 5-5　　　　　　　　　发送单个邮件机器人的变量

变量名	变量类型	变量值	变量说明
address	String	1059＊＊＊25@qq.com	发件人邮箱地址
password	String	lhb＊＊＊	发件人邮箱授权码
Remail	String		收件人的 Email 地址

(3) 添加【发送邮件】命令,属性设置如图 5-7 所示。

属性栏	变量栏
跟随系统参数	否
SMTP服务器:	smtp.qq.com　fx
使用 SSL	是
端口号（默认25/SSL 465）	465　fx
邮箱地址:	[address]　fx
密码:	[password]　fx
称呼:	fx
收件人Email地址	[Remail]　fx
主题:	行业日报　fx
正文	领导您好,这是xxxx日行业新闻日报,请查收!　fx
添加附件	C:\Users\lenovo\Desktop\行业日报.pdf　fx　…

图 5-7　【发送邮件】命令的属性设置

二、批量发送邮件

(一) 模拟实训

【案例 5-2】 H 公司工作人员小郭需要设计一个 RPA 机器人,给"收件人信息表"中的每个人发送一封邮件。邮件主题为"202407 资金收支计划表",正文为"这是由 RPA 发送的邮件",邮件附件为"人事部 202407 资金收支计划表.xlsx"。

注意：先在下载的"收件人信息表.xlsx"中填入两个以上的姓名、邮箱。

（二）流程设计

批量发送邮件机器人流程图如图 5-8 所示。

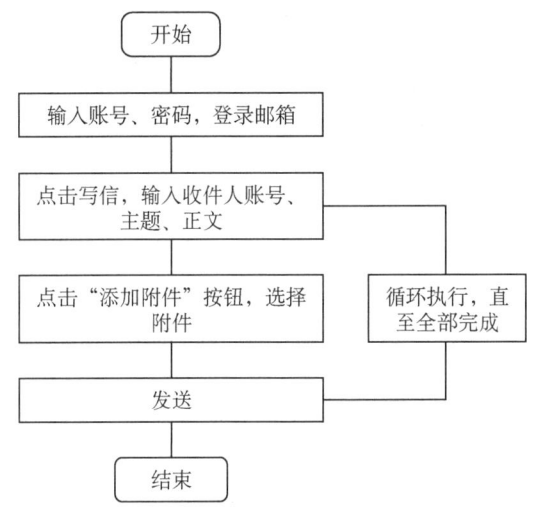

图 5-8 批量发送邮件机器人流程图

5-4 操作数据：业务资料

本案例流程设计如表 5-6 所示。

表 5-6　　　　　　　　　　批量发送邮件机器人的流程设计

步骤		命令
	打开"收件人信息表.xlsx"工作簿	打开 Excel 文件
	获取"收件人信息表.xlsx"工作簿的总行数	获取总行数
次数循环	获取收件人邮箱地址	获取单元格值
	编辑邮件内容	发送邮件
	i 从第 2 行开始循环，每次递增 1，直到结束	自增

5-5 RPA 流程分析视频：批量发送邮件机器人

（三）RPA 开发

（1）在智多星 RPA 新建"发送单个邮件机器人"项目。

（2）创建变量如表 5-7 所示。

表 5-7　　　　　　　　　批量发送邮件机器人的变量

变量名	变量类型	变量值	变量说明
address	String		邮箱地址
password	String		密码
Remail	String		收件人 Email 地址
i	Numeric		
rows	String		"收件人信息表.xlsx"的总行数

（3）添加【打开 Excel 文件】命令，打开"收件人信息表.xlsx"，属性配置如图 5-9 所示。

图 5-9 【打开 Excel 文件】命令的属性设置

(4) 添加【获取总行数】命令,获取"收件人信息表.xlsx"工作簿的总行数,并将结果赋值给变量[rows],【获取总行数】命令的属性配置如图 5-10 所示。

(5) 添加【次数循环】命令,从第 2 行开始循环,每次递增 1,结束值为[rows],在输出参数中将当前值赋值给变量[i]。第一次循环时 i=2,第二次循环时 i 递增为 3,第三次循环时 i 递增为 4……每次循环递增值为 1。【次数循环】命令的属性配置如图 5-11 所示。

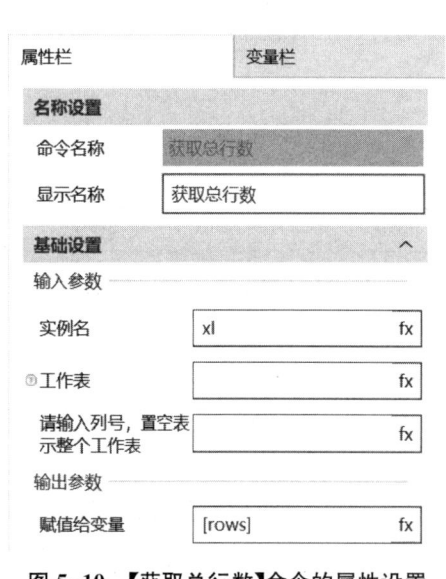

图 5-10 【获取总行数】命令的属性设置

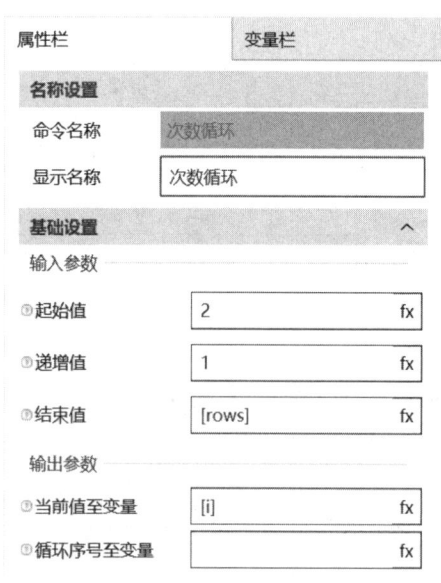

图 5-11 【次数循环】命令的属性设置

(6) 在次数循环内添加 1 个【获取单元格值】命令,获取邮箱信息,具体见图 5-12。

获取单元格值 [获取单元格值->地址 'B[i]', 赋值到变量 '[Remail]', 实例名: 'xl']

图 5-12 获取单元格值界面

（7）在次数循环内添加【发送邮件】命令，属性设置如图 5-13 所示。

图 5-13 【发送邮件】命令的属性设置

（8）在次数循环内添加【自增】命令，属性设置如图 5-14 所示。

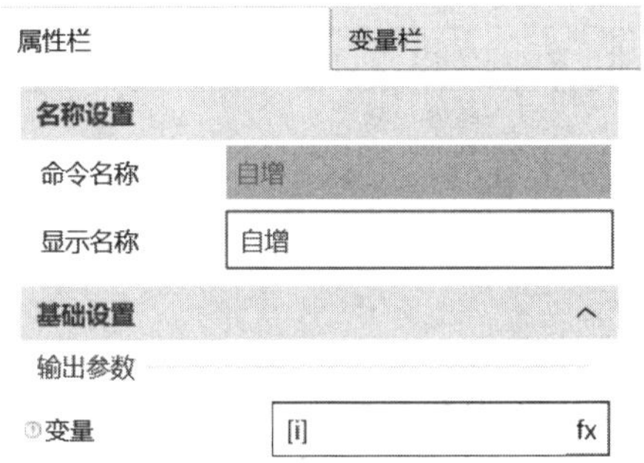

图 5-14 【自增】命令的属性设置

第三节 接收邮件机器人

随着企业规模的扩大和业务的复杂化，商务邮箱中的邮件数量急剧增加，在日常办公中，业务人员需要花费大量时间处理这些邮件，包括阅读、分类、回复等，这严重占用了他们的工作时间和精力。批量检索处理邮件有助于工作人员提高工作效率、减少人为错误、优化资源配置。本节主要阐述如何运用智多星 RPA 设计接收邮件机器人。

一、模拟实训

【案例 5-3】 H 公司工作人员小郭需要设计一个 RPA 机器人，实现从大量邮件中检索需要的邮件信息这一功能，现在小郭需要检索近一个月内邮箱中标题含有资金收支计划表的邮件。

二、流程设计

检索邮件机器人流程图如图 5-15 所示。

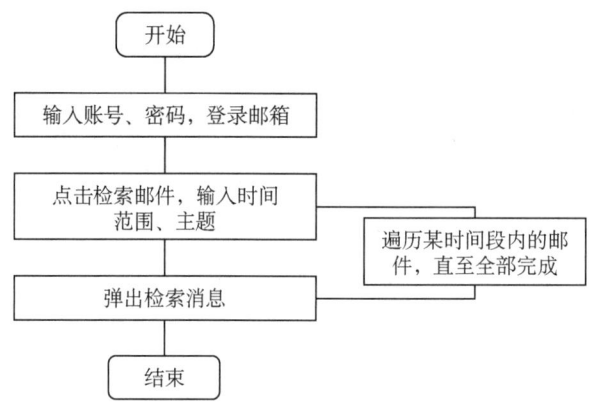

图 5-15　检索邮件机器人流程图

本案例流程设计如表 5-8 所示。

表 5-8　　　　　　　　　　检索邮件机器人的流程设计

步骤		命令
编辑检索邮件要求		检索邮件
遍历列表元素	检索邮件	检索列表
	弹出检索结果	弹出消息框

三、RPA 开发

（1）在智多星 RPA 新建"检索邮件机器人"项目。

（2）创建变量如表 5-9 所示。

表 5-9　　　　　　　　　　检索邮件机器人的变量

变量名	变量类型	变量值	变量说明
host	String	imap.qq.com	服务器名称
address	String	1059＊＊＊@qq.com	邮箱地址
password	String	lhb＊＊＊	授权码
title	String		
titles	String		
concent	String		
concents	String		
index	String		

5-6 RPA 开发视频：检索邮件机器人

(3)添加【检索邮件】命令,检索一个月以内与资金收支计划表相关的邮件,属性设置如图 5-16 所示。

图 5-16 【检索邮件】命令的属性设置

(4)添加【遍历列表元素】命令,属性配置如图 5-17 所示。

(5)在遍历列表元素内添加【检索列表】命令,属性配置如图 5-18 所示。

图 5-17 【遍历列表元素】命令的属性设置　　图 5-18 【检索列表】命令的属性设置

(6)添加【弹出消息框】命令后,运行机器人,运行结果如图 5-19 所示。

图 5-19 检索邮件机器人运行结果

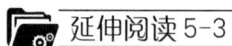

常见问题集锦

错误：运行"发送邮件机器人"时，出现：The SMTP server has unexpectedly disconnected.

原因分析：【发送邮件】命令中的密码是"授权码"，而不是原来的账号密码。

解决措施：输入开通自己QQ邮箱的SMTP/POP3传输协议所获取的授权码作为【发送邮件】命令中的密码。

本 章 小 结

本章主要学习了发送邮件与接收邮件相关命令。通过本章的学习，我们对电子邮件概念、开启SMTP/POP3传输协议的方式、智多星RPA中的【Email】组件及操作方法有了全面的了解，应当能够掌握发送邮件机器人与接收邮件机器人的开发。

本章重要概念

网页Email　客户端　传输协议　POP/SMTP服务　服务器名称　端口　【Email】组件　收件人Email地址　发件人Email地址　登录密码(授权码)　文件路径

本 章 练 习

一、单项选择题

1. 下列关于使用发送SMTP邮件信息自动发送Email的表述中，正确的是(　　)。

A. 服务器和端口是收件人邮箱的服务器和端口

B. 自动发送邮件只能使用"发送SMTP邮件信息"活动

C. 服务器文本需要在双引号中输入

D. 端口输入的是 Int32 类型,需要在双引号中输入

2. 下列关于"获取 POP3 邮件消息"活动的属性设置的说法中,正确的是(　　)。

A. 服务器和端口为必填项,都需要放在双引号中

B. 服务器和端口非必填项,服务器需要放在双引号中,端口可直接填写

C. 密码和电子邮件(邮箱地址)为必填项,都需要放在双引号中

D. 密码和电子邮件(邮箱地址)非必填项,不需要放在双引号中

3. 使用"发送邮件"命令,需要设置的服务器地址为(　　)。

A. HTTP　　　　B. IMAP　　　　C. POP3　　　　D. STMP

4. 在智多星 RPA 中,【发送邮件】命令的属性中的"登录密码"是指(　　)。

A. 发件人邮箱的授权码　　　　　　B. 发件人邮箱的登录密码

C. 手机接收的验证码　　　　　　　D. 收件人邮箱的登录密码

5. 关于登录邮箱的方法,下列表述错误的是(　　)。

A. 添加"输入对话框"活动的方式输入邮箱账号及密码,可以灵活登录不同的账号

B. 可以在【发送邮件】命令属性栏中直接填写登录账号及密码

C. 不管什么邮箱,都可以直接用邮箱账号和密码进行登录

D. 使用 QQ 邮箱发送信息时,输入的密码应该是协议授权码

二、多项选择题

1. 使用【发送邮件】命令时,要设置必填的参数有(　　)。

A. 服务器名称

B. 端口

C. 收件人、发件人 Email 地址

D. 登录密码(授权码)

2. 当发件人使用 QQ 邮箱时,需要获取 QQ 邮箱授权码,下列关于授权码的表述中,正确的有(　　)。

A. 在第三方客户端登录 QQ 邮箱时,可以使用授权码

B. 在"发送 SMTP 邮件信息"活动的属性栏密码区域双引号中输入授权码

C. 在"发送 SMTP 邮件信息"活动中使用 QQ 邮箱发送时,如果没有设置授权码,则用 QQ 邮箱密码也能完成发送

D. 使用任何的邮箱自动发送 Email 都必须要使用授权码

3. 当运行机器人时报错未找到附件,可能的原因有(　　)。

A. 附件路径中没有该附件　　　　　B. 附件路径输入错误

C. 附件后缀输入错误　　　　　　　D. 附件内容错误

4. STMP 服务器端口中,常见的有(　　)。

A. 100　　　　B. 25　　　　C. 465　　　　D. 587

5. Email 客户端是在计算机上的一个软件,在操作网页 Email 时需要通过一定的协议,如(　　)。

A. SMTP　　　　　　　　　　　　B. POP3

C. IMAP　　　　　　　　　　　　D. HTTP

三、判断题

1. "发送 SMTP 邮件信息"活动只是 Email 自动化主要控件之一。（   ）
2. 检索邮件信息时,只能使用 POP3 协议。（   ）
3. "发送邮件"命令的收件人邮箱地址,不能设置多个。（   ）
4. 出于安全等因素考虑,绝大多数 Email 服务商会在开通账户时,默认关闭 SMTP/POP3 协议,想使用 RPA 来发送和接收 Email,就必须要先开启这些协议。（   ）
5. 使用"接收邮件"命令,需要设置 SMTP 服务器地址。（   ）

四、思考题

1. 请简述电子邮件原理。
2. 请绘制批量发送邮件机器人的流程。
3. 请绘制检索邮件机器人的流程。

五、实训题

1. 图 5-20 为 H 公司一月份的工资单,现要求设计一个机器人,实现将每一位员工的工资条发送到员工邮箱的功能,发送完成的在"发送状态"列输入"完成"。

5-7 工资单

5-8 发送工资条机器人脚本

人员编号	姓名	月份	应发合计	扣款合计	代扣税	基本工资	岗位工资	社保基数	养老保险	住房公积金	实发合计	邮箱地址	发送状态
01001	王楠	2025年1月	11000	2529	549	4000	7000	11000	880	1100	8471	1950000025@qq.com	
01002	刘莉	2025年1月	8000	1641	201	3500	4500	8000	640	800	6359	25@qq.com	
01003	陈光明	2025年1月	5000	918	18	3000	2000	5000	400	500	4082	25@qq.com	
02001	王志	2025年1月	8000	1641	201	3500	4500	8000	640	800	6359	25@qq.com	
02002	李力	2025年1月	5000	918	18	3000	2000	5000	400	500	4082	25@qq.com	
02003	张虹	2025年1月	5000	918	18	3000	2000	5000	400	500	4082	25@qq.com	
03001	高斌	2025年1月	8000	1641	201	3500	4500	8000	640	800	6359	25@qq.com	
03002	孙亮	2025年1月	6000	1122.6	42.6	3000	3000	6000	480	600	4877.4	25@qq.com	
03003	郑卓	2025年1月	6000	1122.6	42.6	3000	3000	6000	480	600	4877.4	25@qq.com	
04001	王宁	2025年1月	8000	1641	201	3500	4500	8000	640	800	6359	25@qq.com	

图 5-20 工资单

2. 按照公司报销业务的规定,报销人需将报销的发票通过电子邮件的形式发送到公司指定的报销业务邮箱,电子邮件的附件为"Zip 格式",邮件主题为"姓名+报销单"。财务人员每天需要登录报销业务邮箱,下载附件。

现要求开发一个机器人,实现下载报销业务邮箱的附件,并将其存放到以"姓名+邮件接收时间"命名的文件夹。

第六章　Web 自动化

> ➢ 内容提要
> ➢ 重点难点
> ➢ 学习目标
> ➢ 知识框架
> ➢ 思政育人
> ➢ 第一节　智多星 RPA 中的【Web】组件
> ➢ 第二节　股票分析机器人
> ➢ 本章小结
> ➢ 本章重要概念
> ➢ 本章练习

 **内容提要**

本章主要介绍了智多星 RPA 中的【Web】组件及相关命令,包括创建浏览器、导航至给定的 URL、元素点击、设置文本、获取文本等命令;股票分析机器人流程分析与开发。

 重点难点

本章重点为元素点击、获取文本、设置文本命令;难点为股票分析机器人的开发。

 学习目标

通过本章的学习,学生应了解智多星 RPA 中的【Web】组件构成,智多星 RPA 中的创建浏览器、导航至给定的 URL、元素点击、设置文本、获取文本等命令;理解股票分析机器人的开发流程;掌握股票分析机器人的开发。

 知识框架

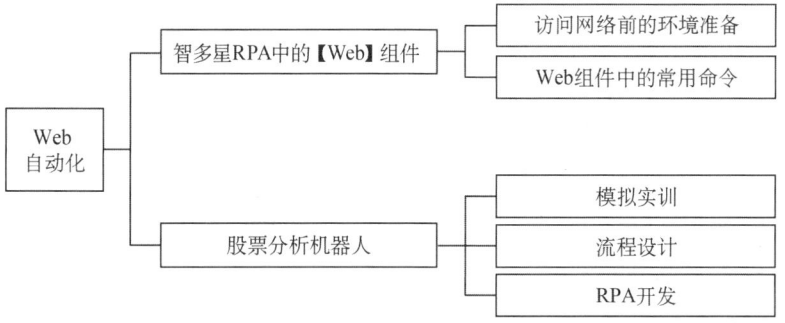

思政育人　股票分析机器人:洞察金融市场的智慧之眼

在当今数字化与智能化深度融合的时代,金融领域也迎来了前所未有的变革。通过 RPA 技术开发的股票分析机器人,正逐渐成为投资者洞察金融市场的得力助手。

股票市场复杂多变,海量的信息和数据让投资者难以迅速作出准确的判断。而股票分析机器人凭借其强大的数据处理能力和精准的算法,能够快速整合、分析各类市场数据,为投资者提供全面、深入的分析报告。例如,它可以实时监测众多股票的价格波动、公司财务状况、行业动态等信息,并通过智能算法进行筛选和评估,为投资者推荐具有潜力的投资标的。同时,还能对市场风险进行预警,帮助投资者及时调整投资策略,降低风险。

股票分析机器人的出现,不仅是技术创新的成果,更体现了对市场规律的深刻理解和把握。

思政寄语

股票分析机器人在金融领域的应用,充分展示了科技与金融结合所带来的巨大潜力。它启示我们,在面对复杂多变的金融市场时,要善于借助科技的力量,不断提升自己的分析和决策能力。

同时,这也提醒我们在投资过程中要保持冷静和理性。尽管股票分析机器人能够提供有价值的信息,但投资决策仍需基于对市场的全面了解和自身的风险承受能力,不能盲目依赖技术。

此外,股票分析机器人的发展还强调了持续学习和创新的重要性。金融市场不断发展变化,我们只有不断更新知识、掌握新的技术和方法,才能在市场中立足。

让我们以开放的心态拥抱财务机器人在金融领域的创新应用,同时坚守道德和法律底线,以稳健、负责的态度参与金融活动,为实现个人的财富增长和金融市场的健康发展贡献力量。

第一节 智多星 RPA 中的【Web】组件

一、访问网络前的环境准备

浏览器是用来检索、展示以及传递 Web 信息资源的应用程序,如 Chrome、Firefox、IE/Edge、360 浏览器等。由于大量实际业务是互联网应用类型的(电子商务、电子政务、信息获取、交流互动、网络娱乐等),这就意味着实现了对浏览器操作的自动化就相当于实现了对这些相关业务的自动化。

在运用智多星 RPA 实现对浏览器操作的自动化之前,需要进行访问网络前的环境准备,具体来说,需要对浏览器进行设置,安装智多星 RPA 自动化插件,接下来以 Chrome 浏览器为例进行演示。

操作顺序为打开 Chrome 浏览器,找到设置,在设置中选择扩展程序,搜索"智多星 RPA",安装并打开,如图 6-1 所示。

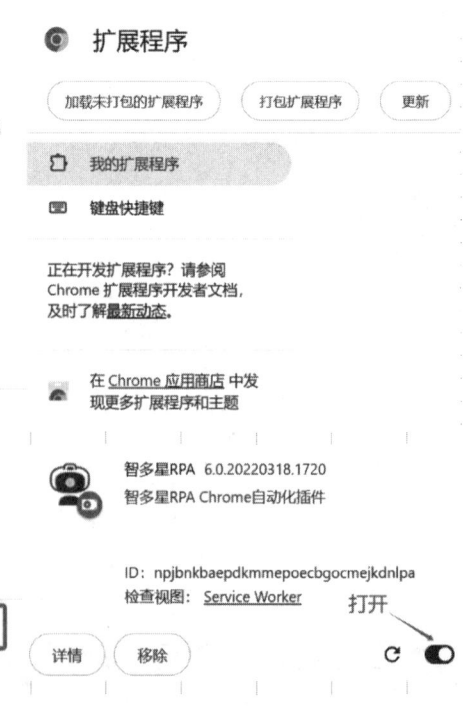

图 6-1 查找并安装智多星 RPA 扩展程序

二、Web 组件中的常用命令

智多星 RPA 提供了 Chrome、IE 和火狐三种浏览器的组件。本节以 Chrome 浏览器为例，对组件中的常用命令进行介绍。

（一）创建浏览器

在智多星 RPA 技术中，创建浏览器是指通过 RPA 软件启动并控制一个 Web 浏览器实例，以模拟用户在网页上的操作行为，如打开网页、填写表单等，从而实现数据采集、表单填写和网页测试等自动化任务，提高工作效率和准确性。

 RPA 知识链接 6-1

创建浏览器

在智多星 RPA 中【创建浏览器】命令和属性如图 6-2 所示。

图 6-2 【创建浏览器】命令和属性

功能介绍

命令路径：浏览器＞Chrome＞创建浏览器。

命令描述：打开 Chrome 浏览器。

（二）导航至给定的 URL

在智多星 RPA 中，"导航至给定的 URL"命令是指让 RPA 机器人自动打开并跳转到指定的网页地址，以执行后续的自动化操作，如数据抓取、信息填写等，从而提高流程执行的效率和准确性。

 RPA 知识链接 6-2

导航至给定的 URL

在智多星 RPA 中，【导航至给定的 URL】命令和属性如图 6-3 所示。

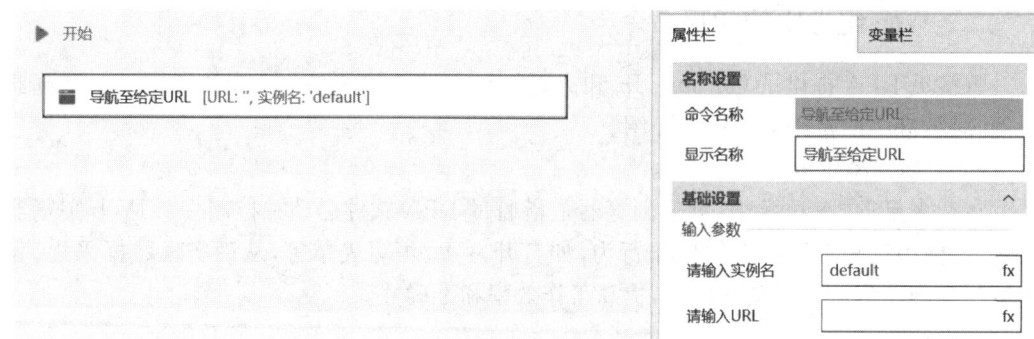

图 6-3 【导航至给定的 URL】命令和属性

1. 功能介绍

命令路径：浏览器＞Chrome＞导航至给定的 URL。

命令描述：跳转到指定的网页地址。

2. 属性说明

常规配置：【导航至给定的 URL】命令的常规配置如表 6-1 所示。

表 6-1 【导航至给定的 URL】命令的常规配置

属性类型	属性名称	属性说明	数据类型	是否必输
输入参数	请输入实例名	浏览器实例名	文本	是
	请输入 URL	指定网页的地址	文本	是

【案例 6-1】 新建项目"网页练习"，添加命令【创建浏览器】【导航至给定 URL】，输入网址 www.baidu.com。运行项目，查看运行的结果。

【RPA 开发】

(1) 在智多星 RPA 新建"网页练习"项目。

(2) 在设计面板添加【创建浏览器】命令。

(3) 在设计面板添加【导航至给定 URL】命令，属性设置如图 6-4 所示。

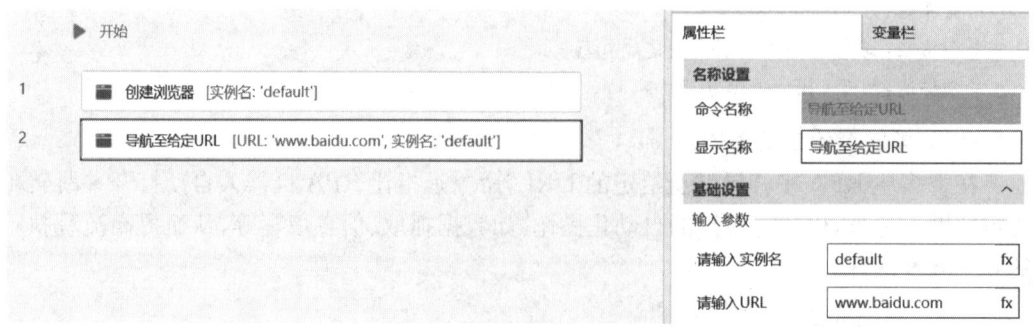

图 6-4 【导航至给定 URL】命令的属性配置

(三) 元素点击

元素点击命令是指在 RPA 流程中，模拟用户操作以点击界面上的特定元素（如按钮、链接或图标），从而触发相应的页面交互或功能执行。

RPA 知识链接 6-3

元素点击

在智多星 RPA 中,【元素点击】命令和属性如图 6-5 所示。

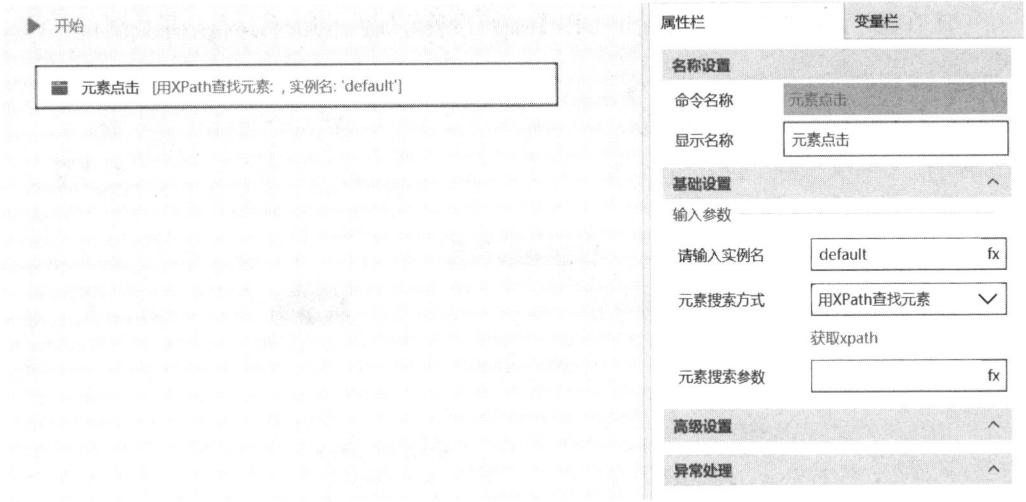

图 6-5 【元素点击】命令和属性

1. 功能介绍

命令路径:浏览器＞Chrome＞元素点击。

命令描述:点击界面上的特定元素。

2. 属性说明

基础设置:【元素点击】命令的基础设置如表 6-2 所示。

表 6-2 【元素点击】命令的基础设置

属性类型	属性名称	属性说明	数据类型	是否必输
输入参数	实例名	浏览器实例名	文本	是
	元素搜索方式	有按 XPath 查找元素、按 ID 查找元素、按 name 查找元素、按标签名查找元素、按 class 查找元素五种方式,首选按 XPath 查找元素	选择	是
	元素搜索参数	输入想要点击元素的 XPath	文本	是

 RPA 知识链接 6-4

XPath 定义

XPath 是一门在 XML 文档中查找信息的语言。XPath 使用路径表达式来选取 XML 文档中的节点或者节点集。这些路径表达式和我们在常规的电脑文件系统中看到的表达式非常相似。

在 XPath 中,有七种类型的节点:元素、属性、文本、命名空间、处理指令、注释以及文档(根)节点。XML 文档是被作节点树。树的根被称为文档节点或者根节点。XPath 使用路径表达式来选取 XML 文档中的节点或节点集。节点是通过沿着路径(path)或者步(steps)来选取的。

【案例 6-2】 创建新项目,实现自动打开 Chrome 浏览器,登录百度首页,并点击上方菜单栏跳转到百度新闻界面,查看运行的结果。

【RPA 开发】

(1) 在智多星 RPA 新建"网页练习"项目。

(2) 在设计面板添加【创建浏览器】命令。

(3) 在设计面板添加【导航至给定 URL】命令,设置好属性并运行,运行结果如图 6-6 所示。

图 6-6　运行结果

(4) 在打开的百度首页,将鼠标指针放到左上角导航栏"新闻",右键单击选择"检查",如图 6-7 所示。

图 6-7　点击"检查"键

（5）找到"新闻"所在的代码行，右键单击，选择 copy，选择 copy XPath，如图 6-8 所示。

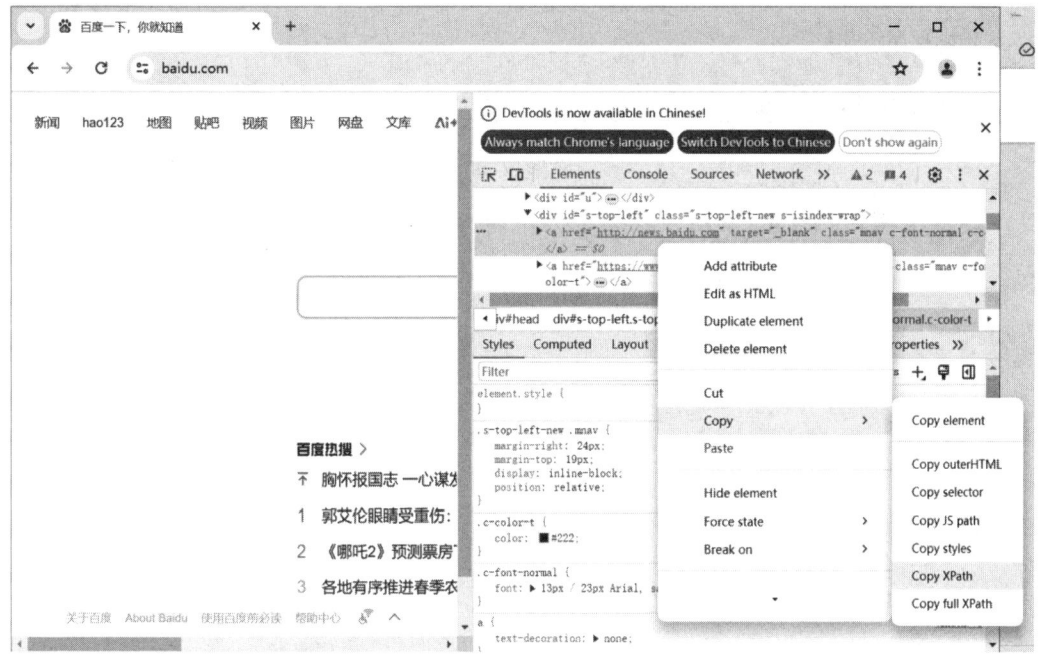

图 6-8　复制 XPath

（6）在设计面板添加【元素点击】命令，将复制的 XPath 填入元素搜索参数，如图 6-9 所示。

图 6-9　【元素点击】命令的属性配置

运行即可自动打开百度新闻界面。

（四）设置文本

【设置文本】命令的主要作用是向指定的 Web 页面元素（如输入框、文本框等）输入或设置预设的文本内容。该命令通过精确定位 Web 页面中的目标控件,并将用户指定的文本内容填充到该控件中,从而实现自动化填写表单、输入数据等操作。这大大提高了数据录入的效率和准确性,尤其在处理大量重复性的文本输入任务时,RPA 机器人能够显著减轻人工操作的负担。

 RPA 知识链接 6-5

设置文本

在智多星 RPA 中【设置文本】命令和属性如图 6-10 所示。

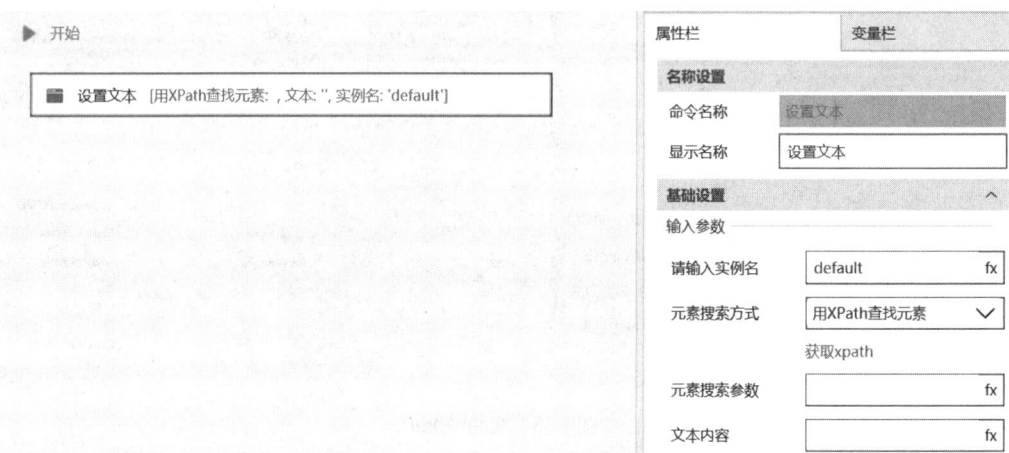

图 6-10 【设置文本】命令和属性

1. 功能介绍

命令路径:浏览器＞Chrome＞设置文本。

命令描述:向指定的 Web 页面元素(如输入框、文本框等)输入或设置预设的文本内容。

2. 属性说明

基础设置:【设置文本】命令的基础设置如表 6-3 所示。

表 6-3　　　　　　　　　【设置文本】命令的基础设置

属性类型	属性名称	属性说明	数据类型	是否必输
输入参数	请输入实例名	创建浏览器时设置的实例名	文本	是
	元素搜索方式	有按 XPath 查找元素、按 ID 查找元素、按 name 查找元素、按标签名查找元素、按 class 查找元素五种方式,首选按 XPath 查找元素	选择	是
	元素搜索参数	输入想要点击元素的 XPath	文本	是
	文本内容	输入想要设置的文本内容	文本	是

(五)获取文本

【获取文本】命令的主要作用是自动化地从指定的 Web 页面元素中提取或捕获文本内容。该命令能够精确定位到页面中的目标控件(如文本框、标签、段落等),并读取其显示的文本信息,进而将这些信息用于后续的数据处理、分析或存储等操作。这一功能极大地提升了信息提取的效率和准确性,尤其适用于需要从大量网页中收集数据的场景。RPA机器人能够迅速完成文本信息的抓取工作,为用户节省大量时间和精力。

 RPA 知识链接 6-6

获取文本

在智多星 RPA 中【获取文本】命令和属性如图 6-11 所示。

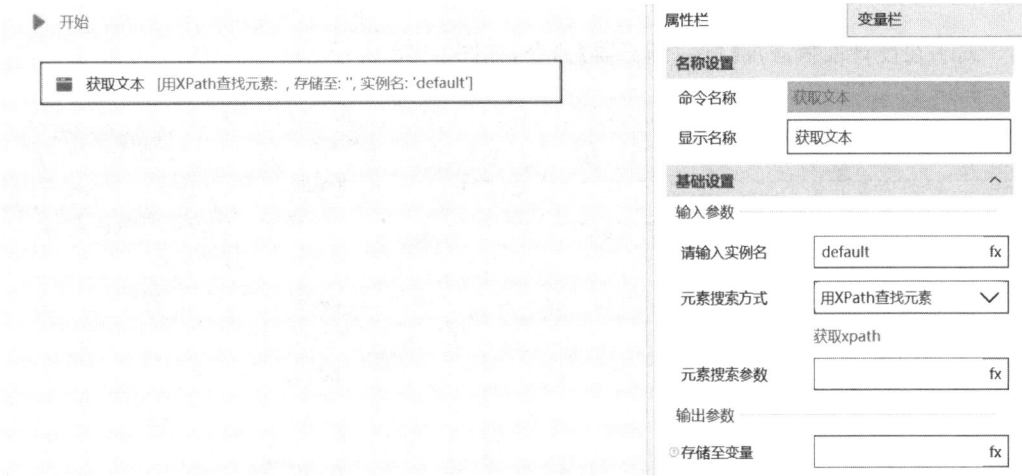

图 6-11 【获取文本】命令和属性

1. 功能介绍

命令路径:浏览器＞Chrome＞获取文本。

命令描述:在指定的 Web 页面中获取文本内容并储存。

2. 属性说明

基础设置:【获取文本】命令的基础设置如表 6-4 所示。

表 6-4 【获取文本】命令的基础设置

属性类型	属性名称	属性说明	数据类型	是否必输
输入参数	请输入实例名	创建浏览器时设置的实例名	文本	是
输入参数	元素搜索方式	有按 XPath 查找元素、按 ID 查找元素、按 name 查找元素、按标签名查找元素、按 class 查找元素五种方式,首选按 XPath 查找元素	选择	是
输入参数	元素搜索参数	输入想要点击元素的 XPath	文本	是
输出参数	储至变量	将获取的文本储存到提前设置的变量中	文本	是

【**案例 6-3**】 设计一个机器人,实现自动打开浏览器,查询当前青岛市的气温,并弹出结果。

【**RPA 开发**】

(1)在智多星 RPA 新建"城市气温查询机器人"项目。

6-1 开发视频:气温查询机器人

(2) 设置存储青岛市气温的变量"气温",如图 6-12 所示。

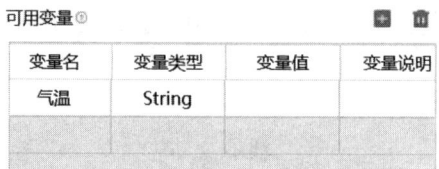

图 6-12 新增变量

(3) 在设计面板添加【创建浏览器】命令,如图 6-13 所示。

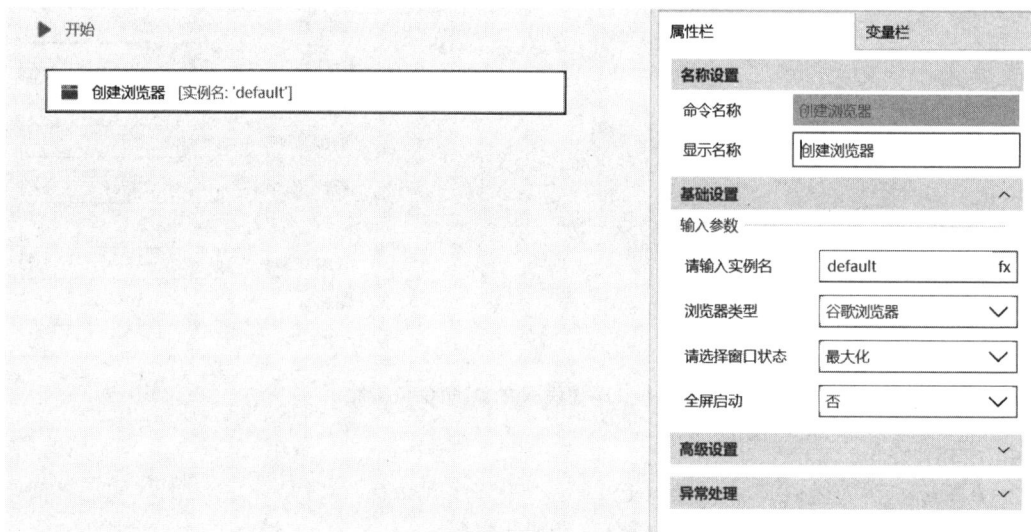

图 6-13 【创建浏览器】命令的属性配置

(4) 添加【导航至给定 URL】命令,输入 URL"www.baidu.com"属性设置,如图 6-14 所示。

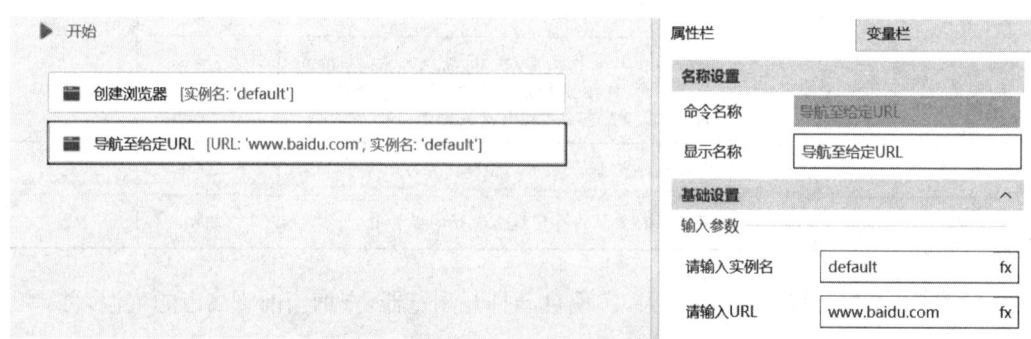

图 6-14 【导航至给定 URL】命令的属性配置

（5）运行命令后，在弹出的百度首页中查找并复制搜索框的 XPath，如图 6-15 所示。

图 6-15　查找并复制搜索框的 Xpath

（6）添加【设置文本】命令，将上一步查找的 XPath 输入元素搜索参数，将文本内容设置为"青岛天气"，如图 6-16 所示。

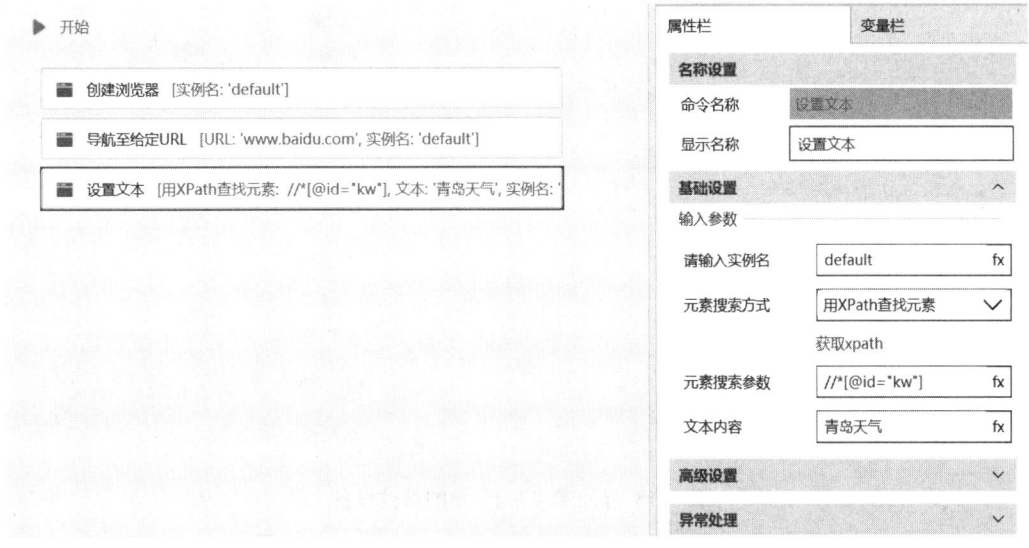

图 6-16　【设置文本】命令的属性设置

(7) 查找并复制"百度一下"的 XPath，如图 6-17 所示。

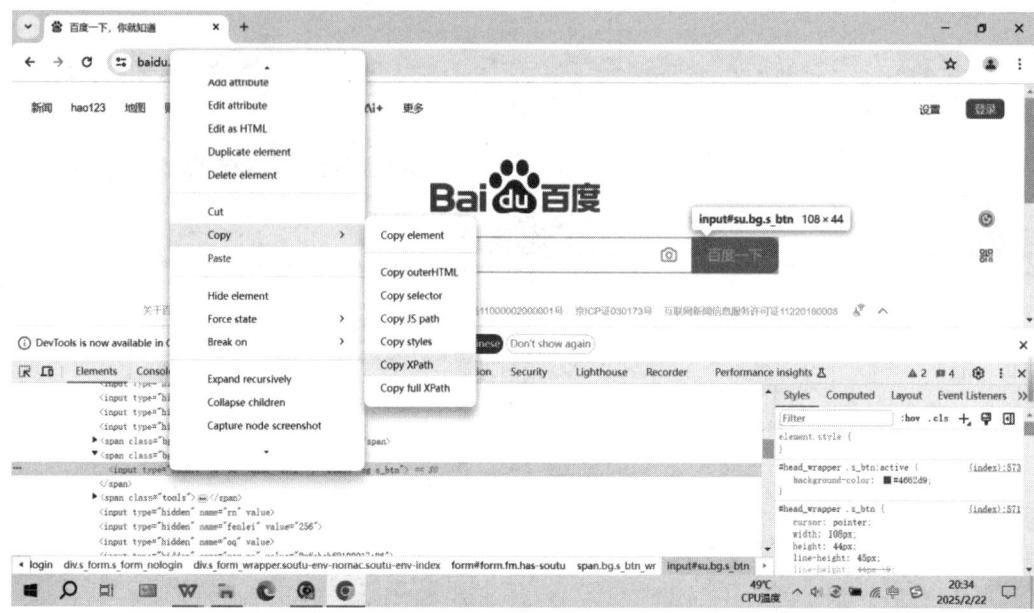

图 6-17　查找并复制"百度一下"的 Xpath

(8) 添加【元素点击】命令，将上一步查找的 XPath 输入元素搜索参数，如图 6-18 所示。

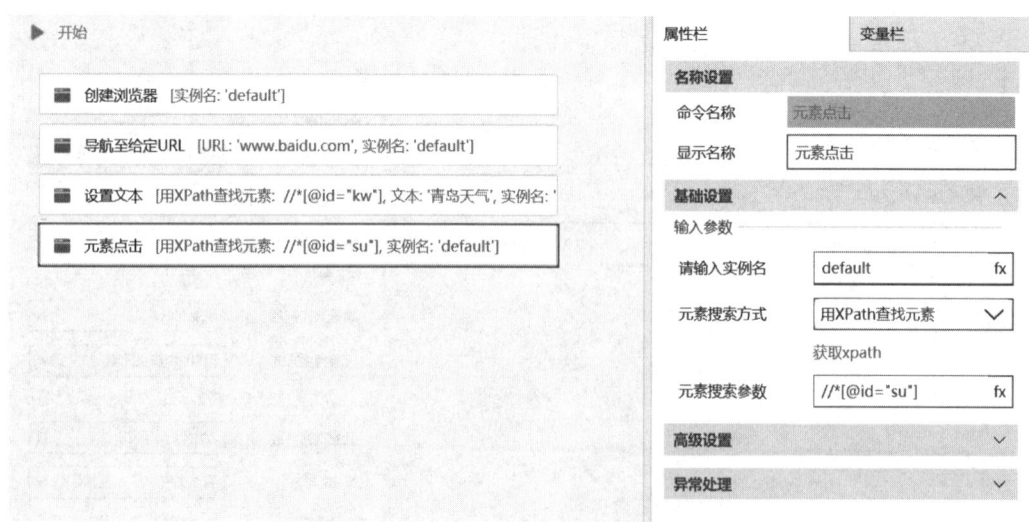

图 6-18　【元素点击】命令的属性设置

(9) 查找并复制当前青岛市的气温的 XPath，如图 6-19 所示。

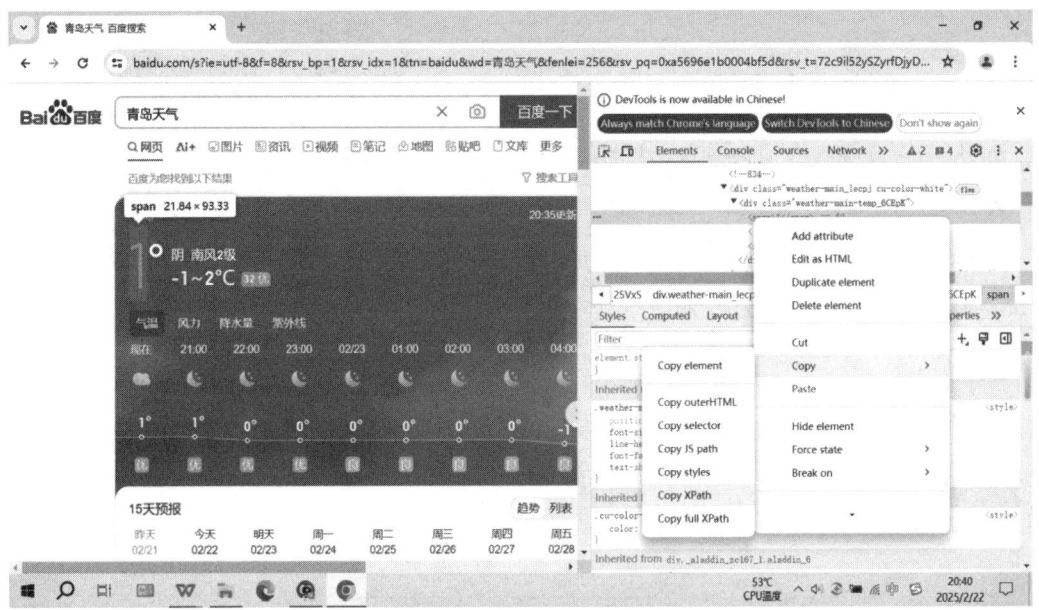

图 6-19　查找并复制当前青岛气温的 Xpath

（10）添加【获取文本】命令，将上一步查找的 XPath 输入元素搜索参数，将获取的文本存储到"气温"变量中，如图 6-20 所示。

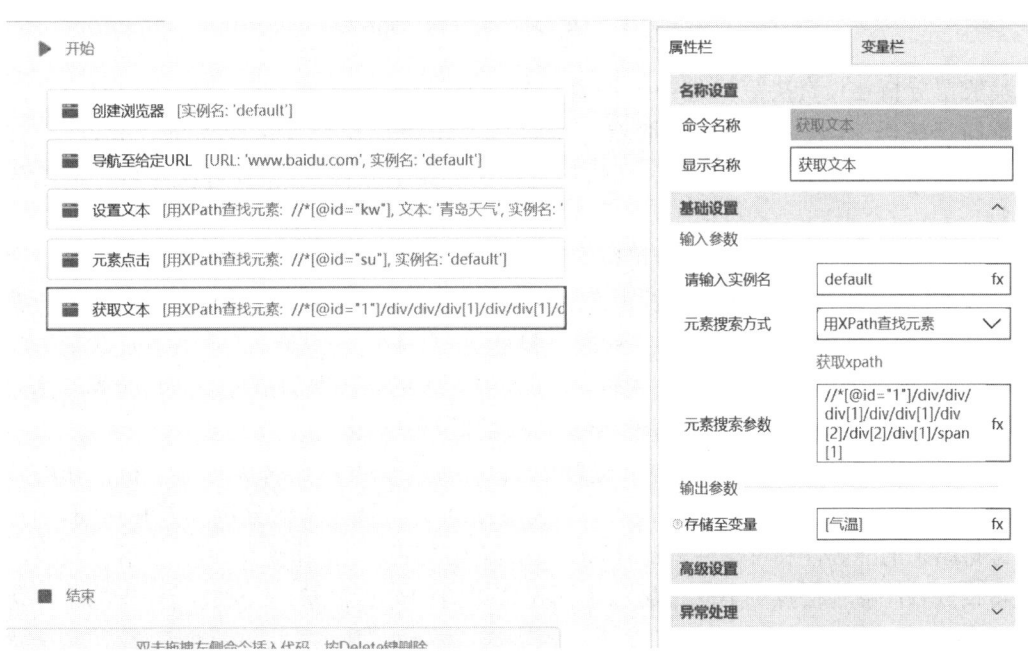

图 6-20　【获取文本】命令的属性设置

（11）添加【弹出消息框】命令，运行后结果如图 6-21 所示。

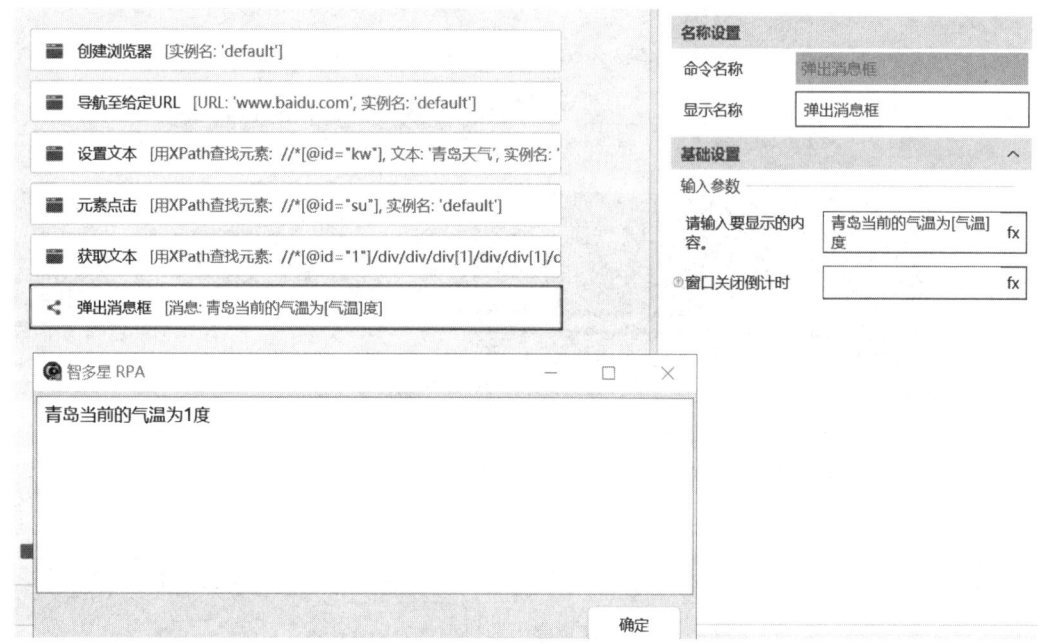

图 6-21 【弹出消息框】命令的属性设置

第二节 股票分析机器人

股票分析在投资决策流程中占据着举足轻重的地位,它直接关系投资者能否精准捕捉市场机遇、有效规避风险。股票分析机器人作为自动化技术的先进代表,以其高效、准确、自动化的处理能力,成为现代投资者优化股票分析流程、提升决策效率的重要工具。

借助股票分析机器人,投资者可以实现对股市海量数据的自动收集、整理与分析。该机器人能够无缝对接各大金融数据平台、证券交易所的官方网站等,智能识别并提取股票的关键数据,包括但不限于股价走势、成交量变化、财务报表细节、行业动态及政策影响等。随后,根据预设的分析规则和逻辑,机器人将自动完成数据的筛选、比对、计算及图表生成等工作,为投资者提供条理清晰、数据详实的股票分析报告。

企业采用股票分析 RPA 机器人进行股票分析,不仅可以显著提升了分析工作的效率,减少了人工操作的时间和成本,还有效避免了人为因素导致的分析误差和遗漏,确保了分析结果的准确性和可靠性。此外,RPA 机器人的标准化工作流程和灵活的配置选项,使得投资者能够轻松应对不同市场和不同投资策略的分析需求,实现股票分析的个性化和精细化。

一、模拟实训

6-2 操作数据:股票交易数据.xlsx

【案例 6-4】 请开发一个股票分析机器人,实现将表格(见二维码 6-2)中保存的 5 只股票的价格更新为最新价这一功能。

二、流程设计

股票分析机器人流程图如图 6-22 所示。

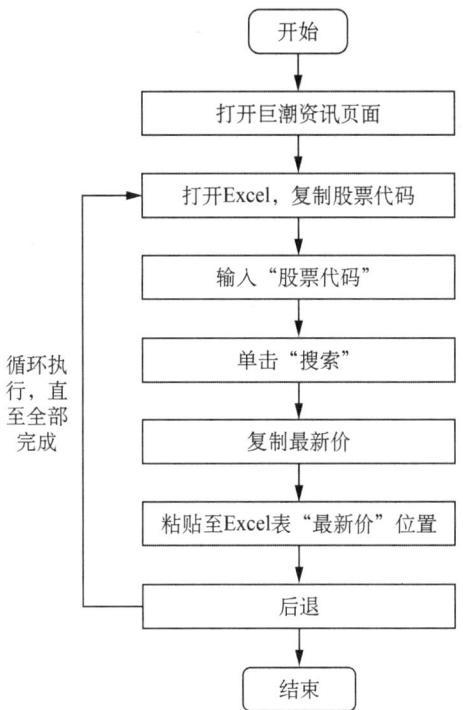

6-3 RPA 流程分析视频：股票分析机器人

图 6-22 股票分析机器人流程图

本案例流程设计如表 6-5 所示。

表 6-5　　　　　　　　　　股票分析机器人流程设计

步骤		命令
打开浏览器		创建浏览器
打开股票交易数据.xlsx 文件		打开 Excel 文件
确定需要查询几只股票的最新价格,确定循环的次数		获取总行数
次数循环	打开巨潮资讯网站首页	导航至给定 URL
	从股票交易数据.xlsx 文件中复制股票代码	获取单元格值
	在搜索框中输入代码	设置文本
	点击搜索	元素点击
	复制股票的最新价格	获取文本
	在表格中粘贴最新价格	单元格赋值
	保存"股票交易数据.xlsx"工作簿	保存
	网页后退到首页	后退
提示程序运行结束		弹出消息框

三、RPA 开发

(1) 在智多星 RPA 新建"股票分析机器人"项目。

(2) 创建变量如表 6-6 所示。

表 6-6　　　　　　　　　股票分析机器人的变量

变量名	变量类型	变量值	变量说明
rowcount	Numeric		获取循环的次数
i	Numeric		当前值
code	String		获取股票代码
最新价	Numeric		股票最新价格

(3) 在设计面板添加【创建浏览器】命令,如图 6-23 所示。

图 6-23　【创建浏览器】命令的属性配置

(4) 在设计面板添加【打开 Excel 文件】命令,设置 Excel 文件路径,用来打开股票交易数据.xlsx 文件,如图 6-24 所示。

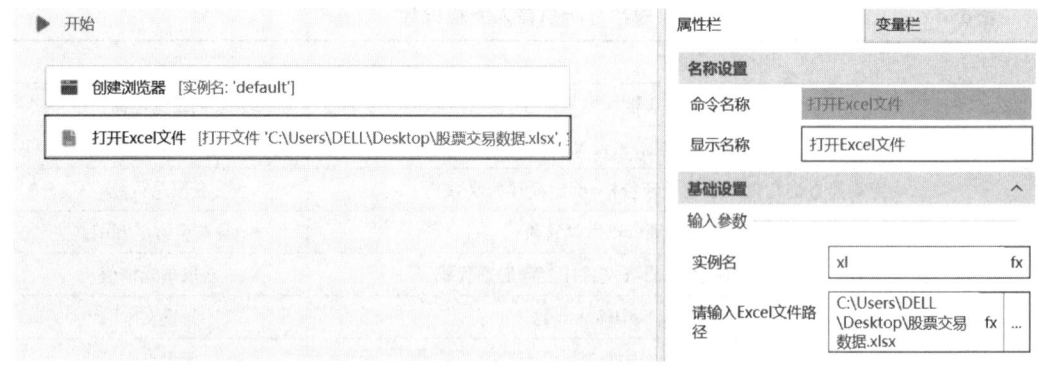

图 6-24　【打开 Excel 文件】命令的属性配置

(5) 在设计面板添加【获取总行数】命令,将结果储存至变量[rowcount],如图 6-25 所示。

(6) 在设计面板添加【次数循环】命令,将当前值储存至变量[i],如图 6-26 所示。

(7) 添加【次数循环】命令的子命令【导航至给定 URL】,输入巨潮资讯的网站,如图 6-27 所示。

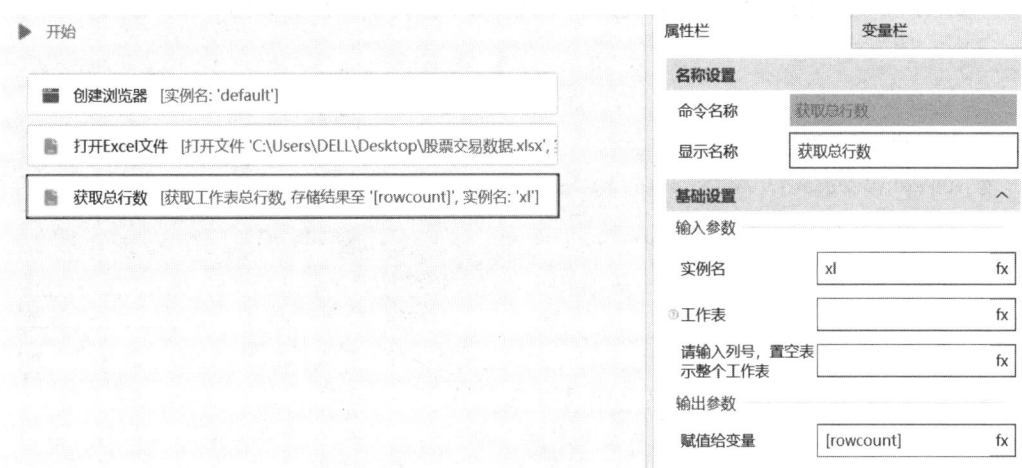

图 6-25 【获取总行数】命令的属性配置

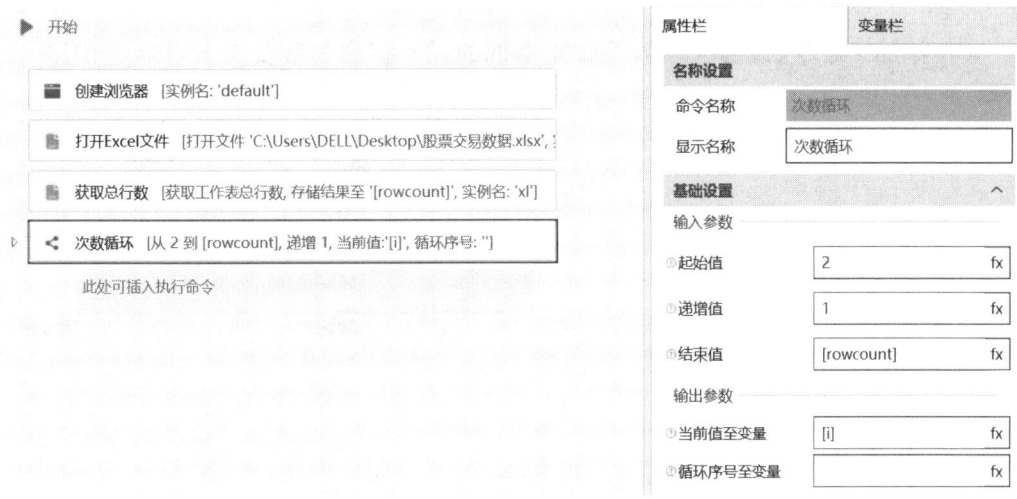

图 6-26 【次数循环】命令的属性配置

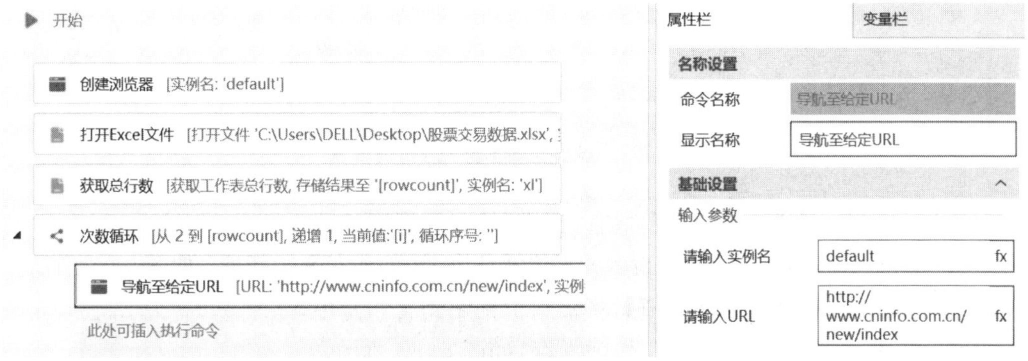

图 6-27 【导航至给定 URL】命令的属性配置

（8）添加子命令【获取单元格值】，从工作簿中复制股票代码，如图 6-28 所示。

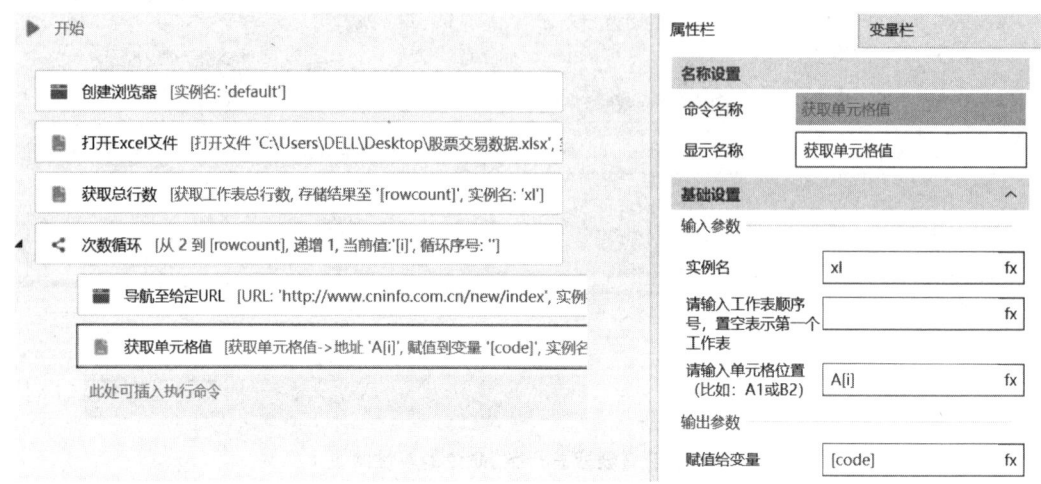

图 6-28 【获取单元格值】命令的属性配置

（9）添加子命令【设置文本】，设置文本框的元素搜索参数及文本内容，如图 6-29 所示。

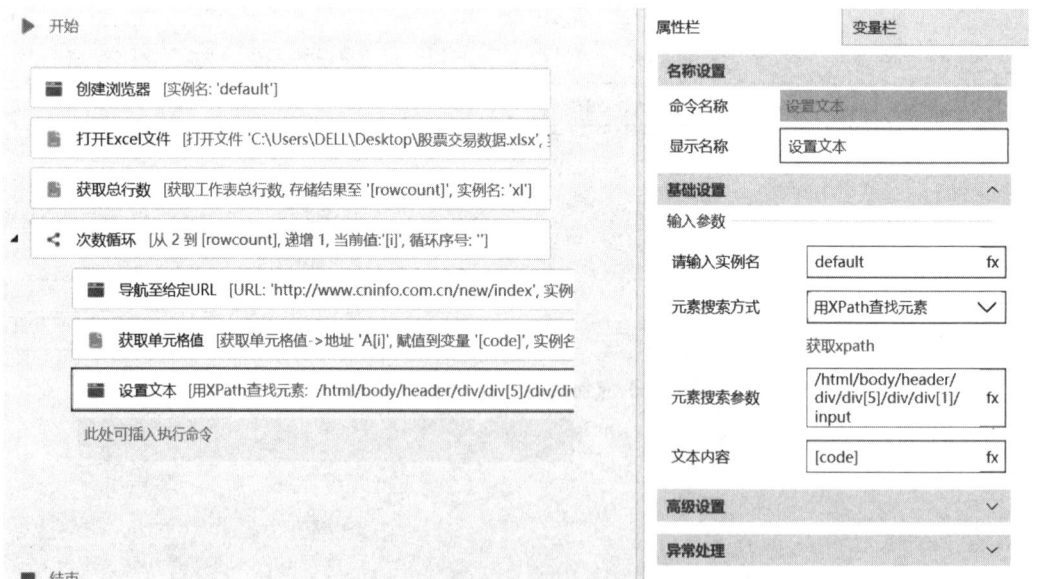

图 6-29 【设置文本】命令的属性配置

（10）添加子命令【元素点击】，设置"搜索"的元素搜索参数，如图 6-30 所示。

（11）添加子命令【获取文本】，设置元素搜索参数、变量储存至[最新价]，如图 6-31 所示。

（12）添加子命令【单元格赋值】，将最新价粘贴到工作簿中，如图 6-32 所示。

（13）添加子命令【保存】，将工作簿保存，如图 6-33 所示。

（14）添加子命令【后退】，将浏览器后退至首页，如图 6-34 所示。

（15）添加命令【弹出消息框】，提示运行结束，如图 6-35 所示。

图 6-30 【元素点击】命令的属性配置

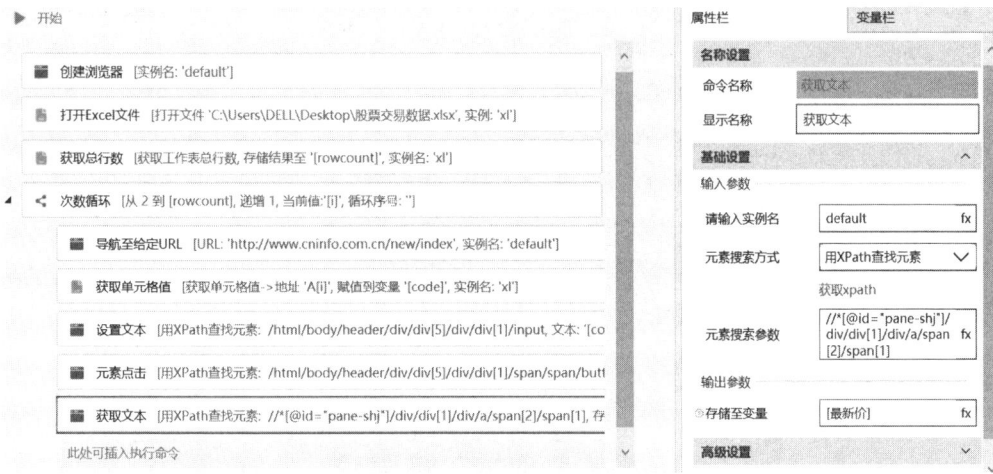

图 6-31 【获取文本】命令的属性配置

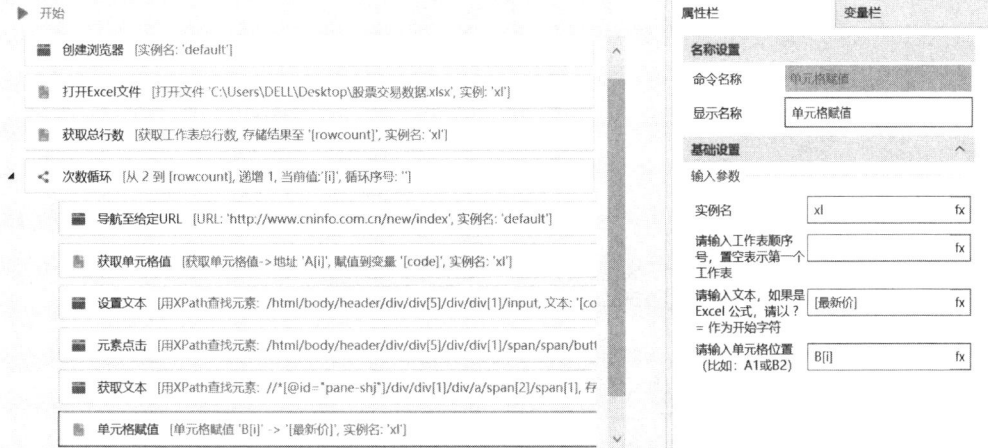

图 6-32 【单元格赋值】命令的属性配置

图 6-33 【保存】命令的属性配置

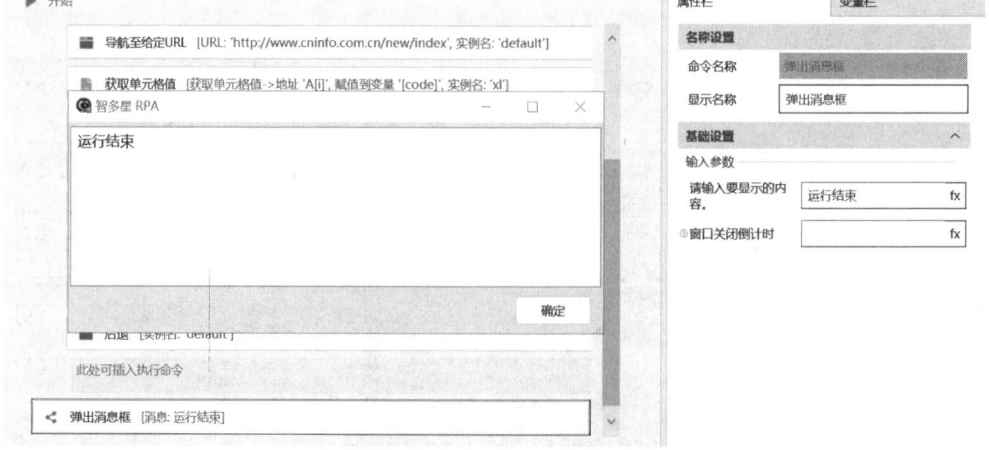

图 6-34 【后退】命令的属性配置

6-5 开发文档：股票分析机器人

6-6 股票分析机器人开发脚本及运行结果

图 6-35 【弹出消息框】命令的属性配置

相关思考 6-1

如何确定次数循环的参数设置

工作簿中从第几行开始是股票代码,次数循环的起始值就设为几。

 延伸阅读 6-1

常见问题集锦

错误 1:运行"股票分析机器人"时出现"未找到元素"。

原因分析:查找 XPath 时复制的地址不对。

解决措施:在网页使用检查命令时,最好当界面弹出后在目标位置再检查一遍,确保复制的 XPath 正确。

错误 2:运行"股票分析机器人"后,打开工作簿,发现没有抓取到最新的股价。

原因分析:运行后没有设置【保存】命令或实例名没有与【打开 Excel】命令设置的实例名一致。

解决措施:最后一定要设置【保存】命令,并确保实例名与【打开 Excel】命令设置的实例名一致。

本 章 小 结

本章主要学习了智多星 RPA 中的【Web】组件及相关命令,包括创建浏览器、导航至给定的 URL、元素点击、设置文本、获取文本、关闭浏览器等命令;股票分析机器人流程分析与开发。

本 章 重 要 概 念

创建浏览器　导航至给定的 URL　元素点击　设置文本　获取文本　关闭浏览器　次数循环

本 章 练 习

一、单项选择题

1. 可以让 RPA 机器人自动打开并跳转到指定的网页地址的命令是(　　)。
   A. 创建浏览器　　　　　　　　　　　B. 导航至给定的 URL
   C. 元素点击　　　　　　　　　　　　D. 设置文本
2. 元素点击命令首选的元素搜索方式是(　　)。
   A. 按 ID 查找元素　　　　　　　　　B. 按 name 查找元素
   C. 按 XPath 查找元素　　　　　　　 D. 按标签名查找元素
3. 在智多星 RPA 中,【设置文本】命令的主要作用是(　　)。
   A. 从 Web 页面元素获取文本
   B. 向 Web 页面元素输入或设置文本内容
   C. 点击 Web 页面元素

D. 打开指定的 Web 页面

4. 若要从指定的 Web 页面元素中提取文本内容,应使用(　　)命令。

A. 获取文本　　　　　　　　　　　B. 设置文本

C. 元素点击　　　　　　　　　　　D. 导航至给定的 URL

5. 在开发股票分析机器人时,用于确定循环次数的命令是(　　)。

A. 获取单元格值　　　　　　　　　B. 获取总行数

C. 次数循环　　　　　　　　　　　D. 打开 Excel 文件

二、多项选择题

1. 以下属于智多星 RPA 中【Web】组件常用命令的有(　　)。

A. 创建浏览器　　　　　　　　　　B. 导航至给定的 URL

C. 元素点击　　　　　　　　　　　D. 设置文本

E. 获取文本

2. 在智多星 RPA 中,【元素点击】命令的元素搜索方式有(　　)。

A. 按 XPath 查找元素　　　　　　　B. 按 ID 查找元素

C. 按 name 查找元素　　　　　　　D. 按标签名查找元素

E. 按 class 查找元素

3. 采用股票分析 RPA 机器人进行股票分析的优势有(　　)。

A. 提升分析效率　　　　　　　　　B. 减少人工成本

C. 避免人为误差　　　　　　　　　D. 实现个性化分析

E. 提高投资收益

4. 在智多星 RPA 中,【设置文本】命令的必输属性有(　　)。

A. 请输入实例名　　　　　　　　　B. 元素搜索方式

C. 元素搜索参数　　　　　　　　　D. 文本内容

E. 异常处理

5. 以下关于 XPath 的说法正确的有(　　)。

A. XPath 是一门在 XML 文档中查找信息的语言

B. XPath 使用路径表达式来选取 XML 文档中的节点或者节点集

C. XPath 中节点类型包括元素、属性、文本等七种

D. 在 RPA 中常用于定位 Web 页面元素

三、判断题

1. 在智多星 RPA 中,创建浏览器后无需其他命令即可自动打开指定网页。(　　)

2. 元素点击命令只能点击按钮,不能点击链接或图标。(　　)

3.【设置文本】命令可以向任何 Web 页面元素输入文本内容。(　　)

4. 股票分析机器人可以完全替代投资者进行投资决策。(　　)

5. 若要从 Web 页面中获取多个元素的文本内容,只能多次使用【获取文本】命令。

(　　)

四、思考题

1. 简述使用智多星 RPA 开发股票分析机器人的流程及每个步骤的关键要点。
2. 在使用智多星 RPA 的【Web】组件进行自动化操作时,经常会遇到元素定位不准确的问题。请分析可能导致元素定位不准确的原因,并提出相应的解决方法。

五、实训题

请使用智多星 RPA 开发一个简单的电商商品信息采集机器人,实现以下功能:

1. 打开某电商平台(如淘宝、京东等)的首页。
2. 在搜索框中输入指定商品名称(如"笔记本电脑")。
3. 点击搜索按钮。
4. 采集搜索结果页面中商品的名称、价格和销量信息,并将这些信息保存到一个 Excel 文件中。

要求:

1. 流程命名:本人姓名-Web 自动化。
2. 录制流程运行过程。视频中必须体现流程名字。录制流程图界面和每一个流程块界面。然后运行该流程。录制过程中可以加入适当的讲解。

6-7 操作数据

第七章 OCR智能识别自动化

- 内容提要
- 重点难点
- 学习目标
- 知识框架
- 思政育人
- 第一节 OCR概述
- 第二节 发票查验机器人
- 本章小结
- 本章重要概念
- 本章练习

 内容提要

本章主要介绍了OCR的概念、OCR技术以及智多星RPA中相关命令,包括营业执照识别、出租车发票识别、表格识别、通用文字识别、增值税发票识别、火车票识别等命令;发票查验机器人流程分析与开发。

 重点难点

本章重点为OCR的概念、增值税发票识别命令;难点为发票查验机器人的开发。

 学习目标

通过本章的学习,学生应了解OCR技术,智多星RPA中的营业执照识别、出租车发票识别、表格识别、通用文字识别、火车票识别等命令;理解发票查验机器人开发流程;掌握增值税发票识别命令以及发票查验机器人的开发。

 知识框架

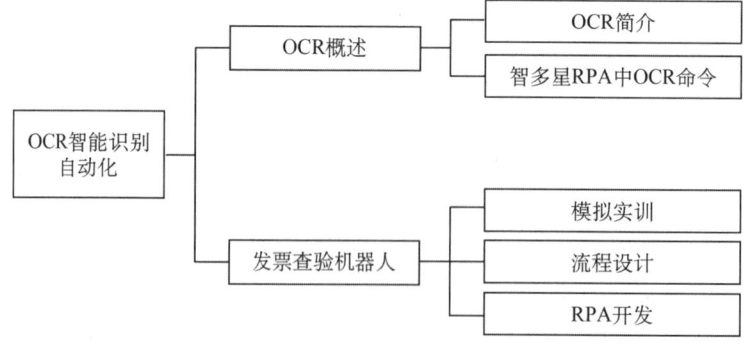

思政育人　　从"纸堆"到"智库"：OCR 助力档案转向电子化保护

2020年，《中华人民共和国档案法》对电子档案的合法要件、地位和作用、安全管理要求和信息化系统建设等方面作出了明确规定，以保障数字资源的安全保存和有效利用。

国家档案局令第22号公布《电子档案管理办法》，该办法自2024年11月1日起施行。《电子档案管理办法》旨在进一步加强和规范电子档案管理工作，确保电子档案真实、完整可用、安全，对电子档案全过程管理提出规范要求。

《电子档案管理办法》出台是贯彻实施《中华人民共和国档案法》《中华人民共和国档案法实施条例》，确保电子档案管理工作依法依规开展的重要举措，标志着我国电子档案管理工作迈入新阶段。其对推动档案事业创新发展和实现档案现代化具有重要意义。

近年来，档案管理领域呈现出显著的发展趋势。过去，多数用户主要依赖档案库房来存储实体档案。如今，借助OCR技术和数字加工系统，档案得以转化为数字影像，实现了电子化存储。在这一转变过程中，那些文档数量庞大的用户进一步构建综合档案管理系统，使档案平台成为业务平台的数据基础资源库。不仅如此，部分用户在档案电子化操作的基础上，掌握了档案智能化的相关技能，能够对文档进行转换、添加水印、压缩等多种智能操作。这一系列举措极大地方便了前端业务人员的使用，同时有效减轻了运维人员的工作压力。

2025年3月5日，十四届全国人大三次会议开幕，国务院总理李强在政府工作报告中首次将"档案"事业与哲学社会科学、新闻出版等并列提出，明确提出"加强智库建设"。这一突破性表述，不仅彰显了档案工作在国家治理现代化中的战略地位，更揭示了其从传统"资料保管"向"智慧赋能"的深刻转型。

资料来源：芊凌扬.档案管理再升级！文字识别OCR助力档案转向电子化保护！[EB/OL].(2024-01-05)[2025-02-15]. https://baijiahao.baidu.com/s?id=1787228440653748214&wfr=spider&for=pc.

 **思政寄语**

OCR技术的出现，标志着档案数字化进程迈入了一个全新的阶段。它能够将纸质档案中的文字信息快速、准确地转化为可编辑、可检索的电子文本，极大地提高了档案处理的效率与质量。这一技术的广泛应用，使大量珍贵的纸质档案得以从繁琐的物理保管中解放出来，转化为便于存储、传播与利用的电子资源，为档案的长期保存与智慧共享奠定了坚实基础。OCR技术的广泛应用，还促使我们深刻认识到信息意识与创新能力的重要性。我们应树立正确的信息观念，培养信息素养与创新能力，进而学会利用现代科技手段获取、分析、利用信息，成为新时代的智慧型人才。

第一节　OCR 概述

一、OCR 简介

OCR通过扫描和摄像等光学输入方式获取纸张上的文字图形信息，利用各种模式识别算法分析文字形态特征，判断出汉字的标准编码，并按通用格式存储在文本文件中。OCR技术被广泛应用于各种领域，如文档数字化、自动化数据输入、无障碍阅读（如将印刷品转换为电子书或音频书供视力障碍者使用）等。

OCR 技术的工作原理大致如下。

图像预处理：OCR 软件会对输入的图像进行预处理，以改善图像质量，使其更适合进行后续的文字识别。预处理步骤可能包括调整图像大小、灰度化、二值化（将图像转换为黑白两色）、去噪、倾斜校正等。

文本定位：接下来，OCR 软件会识别图像中的文本区域。这一步通常通过图像分割技术实现，即将图像划分为包含文本和不含文本的区域。

字符分割：在确定了文本区域后，OCR 软件会将文本区域进一步分割成单个字符或字符组（如单词或词组）。这一步的准确性对后续的字符识别至关重要。

字符识别：OCR 软件会使用模式识别算法（如机器学习算法）来识别每个字符或字符组。这些算法会将图像中的字符与预先训练好的字符模型进行匹配，从而确定字符的身份。

后处理：最后，OCR 软件会进行后处理，以纠正识别错误，调整字符间距和行距，并可能将识别出的文本格式化为易于阅读和处理的格式（如纯文本、PDF、Word 等）。

随着机器学习、深度学习等技术的不断发展，OCR 技术的准确性和效率也在不断提高。现代 OCR 系统能够处理各种复杂场景下的文本识别任务，包括手写体、多种语言的混合文本、低分辨率和模糊图像等。

需要注意的是，OCR 技术并不是完美的，它可能会受到图像质量、字体类型、布局复杂性等多种因素的影响。因此，在实际应用中，我们需要结合人工校对和编辑来提高 OCR 识别的准确性和可靠性。

二、智多星 RPA 中 OCR 命令

智多星 RPA 中提供了营业执照识别、出租车发票识别、表格识别、通用文字识别、增值税发票识别、火车票识别等命令。

（一）营业执照识别

营业执照识别主要指的是对营业执照上的信息进行提取和验证的过程。OCR 技术可以快速准确地提取营业执照上的文字信息，如企业名称、统一社会信用代码、经营范围等关键字段，实现营业执照的自动化识别和信息提取，大大提高了工作效率和准确性。

 RPA 知识链接 7-1

营业执照识别_APILINK

在智多星 RPA 中，【营业执照识别_APILINK】命令和属性如图 7-1 所示。

1. 功能介绍

命令路径：AI OCR＞营业执照识别＞营业执照识别_APILINK。

命令描述：识别营业执照图片，并返回营业执照信息。

使用前提：需要提前购买 APILINK 的 ApiCode 的调用次数。

2. 属性说明

（1）常规配置：【营业执照识别_APILINK】命令的常规配置如表 7-1 所示。

7-1 文档资料：获取 APILINK 的 ApiCode 的调用次数

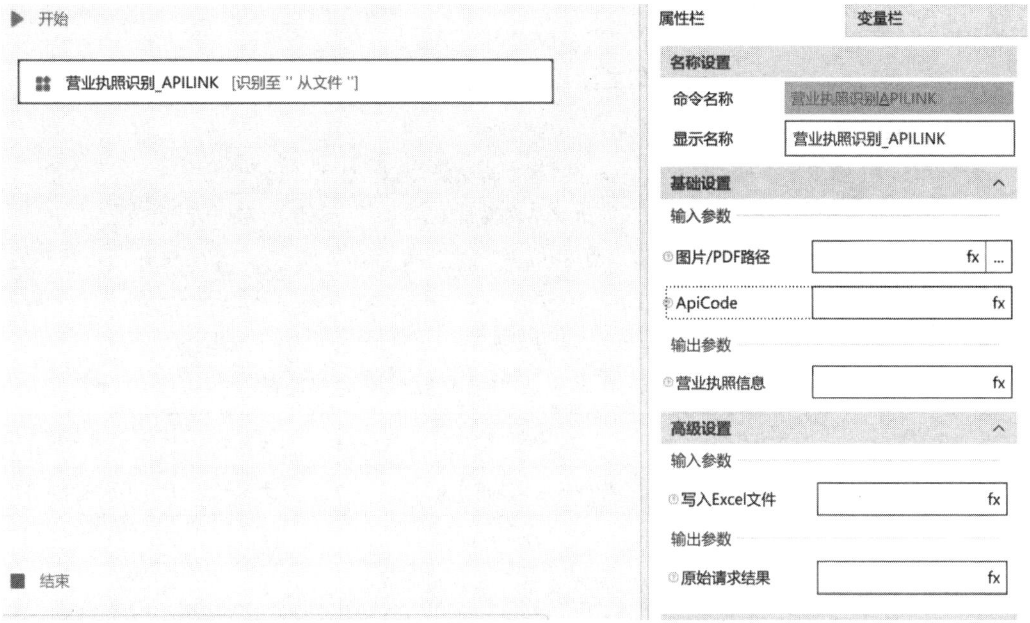

图 7-1 【营业执照识别_APILINK】命令和属性

表 7-1　　　　　　　　【营业执照识别_APILINK】命令的常规配置

属性类型	属性名称	属性说明	数据类型	是否必输
输入参数	图片	待识别的本地图片全路径	文本	是
输入参数	ApiCode	ApiCode	文本	是
输出参数	营业执照信息	将营业执照信息存储至字典变量	文本	是

（2）高级配置：【营业执照识别_APILINK】命令的高级配置如表 7-2 所示。

表 7-2　　　　　　　　【营业执照识别_APILINK】命令的高级配置

属性类型	属性名称	属性说明	数据类型	是否必输
输入参数	写入 Excel 文件	设置本地 Excel 文件的全路径。如果 Excel 文件已存在，则追加写入；如果 Excel 文件不存在，则创建 Excel 并写入	文本	是
输出参数	原始请求结果	将请求返回的原始数据存储到文本变量	文本	否

（二）出租车发票识别

出租车发票识别通常涉及对出租车发票上关键信息的提取和验证。这些关键信息包括但不限于发票号码、发票代码、金额、日期、上下车时间、里程、车牌号等。OCR 技术可以识别发票上的文字和数字信息，将图像中的文本转换为可编辑的文本格式。

智多星 RPA 中提供了 4 种出租车发票识别功能：用友 AI 工作坊、阿里、百度、华为。

RPA 知识链接 7-2

出租车发票识别_用友 AI 工作坊

1. 功能介绍

命令路径：AI OCR＞出租车发票识别＞出租车发票识别_用友 AI 工作坊。

命令描述：识别出租车发票图片，并返回出租车发票信息。

注意事项：需要提前购买 ApiCode 的调用次数。

2. 属性说明

(1) 常规配置：【出租车发票识别_用友 AI 工作坊】命令的常规配置如表 7-3 所示。

表 7-3　　　　　　【出租车发票识别_用友 AI 工作坊】命令的常规配置

属性类型	属性名称	属性说明	数据类型	是否必输
输入参数	图片路径	待识别的本地图片全路径	文本	是
	ApiCode	ApiCode	文本	是
输出参数	出租车发票信息	将出租车发票信息存储至字典变量	文本	是

(2) 高级配置：【出租车发票识别_用友 AI 工作坊】命令的高级配置如表 7-4 所示。

表 7-4　　　　　　【出租车发票识别_用友 AI 工作坊】命令的高级配置

属性类型	属性名称	属性说明	数据类型	是否必输
输入参数	写入 Excel 文件	设置本地 Excel 文件的全路径。如果 Excel 文件已存在，则追加写入；如果 Excel 文件不存在，则创建 Excel 并写入	文本	是
输出参数	原始请求结果	将请求返回的原始数据存储到文本变量	文本	否

(三) 表格识别

表格识别(table recognition)或表格提取(table extraction)是计算机视觉和自然语言处理领域中的一个重要任务，旨在从图像或 PDF 等文档中自动识别和提取表格数据，包括表格的结构、行、列以及单元格内的文本内容。

智多星 RPA 中提供了 3 种表格识别功能：阿里、百度、华为。

RPA 知识链接 7-3

表格识别_华为

1. 功能介绍

命令路径：AI OCR＞表格识别＞表格识别_华为。

命令描述：从图片中提取表格结构内容。

注意事项：需要提前购买华为的 APIKey 的调用次数。

2. 属性说明

(1) 常规配置：【表格识别_华为】命令的常规配置如表 7-5 所示。

7-2 文档资料：开通华为 OCR 识别服务

表 7-5　　　　　　　　【表格识别_华为】命令的常规配置

属性类型	属性名称	属性说明	数据类型	是否必输
输入参数	图片路径	待识别的本地图片全路径	文本	是
	APIKey	华为 API 鉴权参数	文本	是
	Secret Key	华为 API 鉴权参数	文本	是
	项目名称	区域对应的项目名,如 cn-north-4	文本	是
输出参数	所有表格	将识别出的多个表格存储到列表变量	文本	是
	非表格文字	将识别出的非表格文字存储至文本变量	文本	否

(2) 高级配置:【表格识别_华为】命令的高级配置如表 7-6 所示。

表 7-6　　　　　　　　【表格识别_华为】命令的高级配置

属性类型	属性名称	属性说明	数据类型	是否必输
输入参数	写入 Excel 文件	本地 Excel 文件的全路径,生成 Excel 文件并写入表格识别结果	文本	是
输出参数	原始请求结果	将请求返回的原始数据存储到文本变量	文本	否

(四) 通用文字识别

通用文字识别(general text recognition,GTR)是一种应用广泛的计算机视觉技术,旨在从各种图像或视频帧中自动检测和识别出其中的文字内容。这种技术不局限于特定的字体、大小、颜色或布局,而是能够处理多种复杂场景下的文字识别任务,包括文档扫描、照片拍摄、广告海报、街景图片等。

智多星 RPA 中提供了 3 种通用文字识别功能:阿里、百度、华为。

 RPA 知识链接 7-4

通用文字识别_百度

1. 功能介绍

命令路径:AI OCR＞通用文字识别＞通用文字识别_百度。

命令描述:识别图片中的文字内容。

注意事项:需要提前购买百度的 APIKey 的调用次数。

2. 属性说明

(1) 常规配置:【通用文字识别_百度】命令的常规配置如表 7-7 所示。

表 7-7　　　　　　　　【通用文字识别_百度】命令的常规配置

属性类型	属性名称	属性说明	数据类型	是否必输
输入参数	图片路径	待识别的本地图片全路径	文本	是
	API 版本	百度提供了标准版和高精度版的 API。高精度版本在通用文字识别的基础上,提供更高精度的识别服务,支持更多语种识别(丹麦语、荷兰语、马来语、瑞典语、印尼语、波兰语、罗马尼亚语、土耳其语、希腊语、匈牙利语、泰语、越语、阿拉伯语、印地语及部分中国少数民族语言),并将字库从一万多扩展到两万多,能识别所有常用字和大部分生僻字	选择	是

7-3 文档资料:开通百度 OCR 识别服务

(续表)

属性类型	属性名称	属性说明	数据类型	是否必输
输入参数	APIKey	百度 API 鉴权参数	文本	是
	Secret Key	百度 API 鉴权参数	文本	是
输出参数	图片文字	将识别出的文本内容存储到文本变量。多个文本间用＃＃分隔	文本	是

(2) 高级配置:【通用文字识别_百度】命令的高级配置如表 7-8 所示。

表 7-8　　　　　　【通用文字识别_百度】命令的高级配置

属性类型	属性名称	属性说明	数据类型	是否必输
输出参数	原始请求结果	将请求返回的原始数据存储到文本变量	文本	否

(五) 增值税发票识别

增值税发票识别是指通过 OCR 技术对发票图像进行扫描、分析和识别,将发票上的文字信息(如发票代码、发票号码、开票日期、购买方信息、销售方信息、商品或服务名称、金额、税率、税额等)转换为计算机可以理解和处理的文本格式。

智多星 RPA 中提供了 4 种增值税发票识别功能:用友 AI 工作坊、阿里、百度、华为。

RPA 知识链接 7-5

增值税发票识别_阿里

1. 功能介绍

命令路径:AI OCR＞增值税发票识别＞增值税发票识别_阿里。

命令描述:识别图片,并返回增值税发票信息。

注意事项:需要提前购买阿里的 APIKey 的调用次数。

2. 属性说明

(1) 常规配置:【增值税发票识别_阿里】命令的常规配置如表 7-9 所示。

表 7-9　　　　　　【增值税发票识别_阿里】命令的常规配置

7-4 文档资料:开通阿里 OCR 识别服务

属性类型	属性名称	属性说明	数据类型	是否必输
输入参数	图片路径	待识别的本地图片全路径	文本	是
	APIKey	阿里 API 鉴权参数	文本	是
	Secret Key	阿里 API 鉴权参数	文本	是
输出参数	增值税发票信息	将增值税发票信息存储至字典变量	文本	是

(2) 高级配置:【增值税发票识别_阿里】命令的高级配置如表 7-10 所示。

表 7-10　　　　　　　　【增值税发票识别_阿里】命令的高级配置

属性类型	属性名称	属性说明	数据类型	是否必输
输入参数	写入 Excel 文件	本地 Excel 文件的全路径，生成 Excel 文件并写入表格识别结果	文本	是
输出参数	原始请求结果	将请求返回的原始数据存储到文本变量	文本	否

1. 识别单张发票

【案例 7-1】　设计一个机器人，识别图 7-2 的发票信息，并存入"单张发票信息.xlsx"工作簿中，并在屏幕上显示该张发票的发票类型。

7-5 操作数据_单张发票

图 7-2　电子发票 PDF 文件

【RPA 开发】

（1）在本地电脑新建空白工作簿，命名为"单张发票信息.xlsx"工作簿，在智多星 RPA 新建"单张发票识别机器人"项目。

（2）设置存储增值税发票信息的字典变量 data 和存储发票类型的变量 value，如图 7-3 所示。

图 7-3　新增变量

167

(3) 在设计面板添加【增值税发票识别_阿里】命令，属性设置如图 7-4 所示。
(4) 添加【字典取值】命令，属性设置如图 7-5 所示。

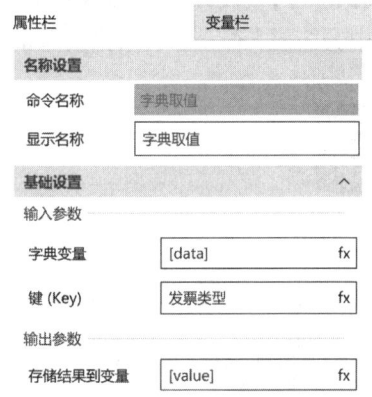

图 7-4 【增值税发票识别_阿里】命令的属性配置　　图 7-5 【字典取值】命令的属性配置

(5) 添加【弹出消息框】命令后，运行机器人，运行结果如图 7-6 所示。

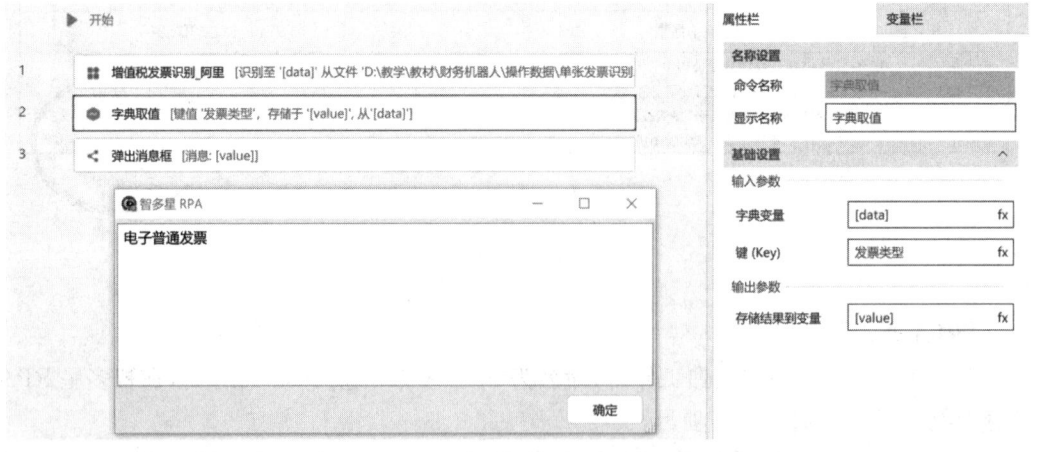

图 7-6 识别单张发票运行结果

相关思考 7-1

如何确定字典变量的键名(Key)

通过【遍历字典元素】命令，可以得到字典变量所有键值和键名。

📁 **延伸阅读7-1**

发票代码的含义

从2004年7月1日起,普通发票的发票代码和发票号码开始实行全国统一分类编制。发票代码为12位数字:第1位代表国家税务局或地方税务局代码,"1"代表国家税务总局,"2"代表地方税务总局,"0"为总局。第2、3、4、5位为地区代码(地、市级),以全国行政区域统一代码为准,总局为0000。第6、7位为年份代码。第8位为统一的行业代码。第9、10、11、12位为细化的发票种类代码,按照保证每份发票编码唯一的原则,由省、自治区、直辖市和计划单列市国家税务总局、地方税务局自行编制。对于2015年12月1日推行的增值税电子普通发票,没有使用条件的小规模纳税人可继续使用普通发票。

从2005年8月1日起,增值税专用发票防伪税控系统升级,一般纳税人使用的普通发票也必须通过防伪税控系统开具,其使用的普票发票随之改版(未使用防伪税控系统的小规模纳税人,继续使用原来的普通发票)。发票代码由原先的12位调整为10位,与专用发票的保持一致:

第1~4位代表省、自治区、直辖市和计划单列市。

第5~6位代表制版年度。

第7位代表批次。

第8位代表发票种类。"1"表示专票,"2"表示货运专票(2014年8月1日之前为"7",2016年1月1日停用),"3"表示普票(2014年8月1日之前为"6")。

第9位代表几联发票。

第10位代表发票的金额版本号。分别用1、2、3、4表示万元版、十万元版、百万元版、千万元版,用"0"表示电脑发票。

从2015年12月1日起,增值税电子普通发票开始推行,可以在防伪税控系统上开具,代码为12位:第1位为0,第2~5位代表省、自治区、直辖市和计划单列市,第6~7位代表年度,第8~10位代表批次,第11~12位代表票种:

"11"代表增值税电子普通发票,开始于2015年12月1日。

"06"代表57 mm×177.8 mm增值税普通发票(卷票),"07"代表76 mm×177.8 mm增值税普通发票(卷票),开始于2017年1月1日。

"04"代表二联增值税普通发票(折叠票),"05"代表五联增值税普通发票(折叠票),开始于2018年1月1日。

"17"代表二手车销售统一发票,开始于2018年4月1日。

"12"代表通行费电子发票,开始于2020年5月6日。

从2020年9月1日起,增值税电子专用发票(简称电子专票)开始在部分地区试行,专票代码由10位调整为12位,编码规则与电子普通发票相同:第11~12位为"13"的,代表电子专票。

自2023年12月1日起,全国36个省市除港澳台地区外,已经实现了数电票开票试点的全覆盖。数电票的发票号码为20位,其中:第1~2位代表公历年度后两位,第3~4位代表各省、自治区、直辖市和计划单列市行政区划代码,第5位代表数电票开具渠道等信息,第6~20位代表顺序编码等信息。数电票没有发票代码。

2. 识别多张发票

【**案例7-2**】 某企业将收到的发票存储在"发票汇总"文件夹,如图7-7所示。请设计一个发票汇总机器人,实现将收到的发票信息汇总填入"第七章 发票汇总表.xlsx"工作簿中,需要汇总的信息有开票日期、开票单位、发票代码、发票号码、校验码、发票明细、金额等,具体如图7-8所示。

7-6 操作数据:发票汇总

```
Data (D:) > 发票汇总
名称
    发票5.pdf
    发票4.pdf
    发票3.pdf
    发票2.pdf
    发票1.pdf
```

图 7-7　待识别的多张发票

发票汇总表							
序号	开票日期	开票单位	发票代码	发票号码	校验码	发票明细	金额
1							
2							
3							
4							

图 7-8　发票汇总表

【流程设计】

本案例的流程设计如表 7-11 所示。

表 7-11　　　　　发票汇总机器人流程设计

流程	步骤		命令
发票识别	获取"发票汇总"文件夹中每张发票路径		遍历文件
	识别每张发票信息		增值税发票识别_阿里
发票汇总	打开"第七章 发票汇总表.xlsx"工作簿		打开 Excel 文件
	打开"第七章 增值税发票识别结果.xlsx"工作簿		打开 Excel 文件
	获取"第七章 增值税发票识别结果.xlsx"工作簿的总行数		获取总行数
	次数循环	获取开票日期、开票单位、发票代码、发票号码、发票明细、金额等信息	获取单元格值
		获取精确的发票信息	正则匹配
		将获取的发票信息存入"第七章 发票汇总表.xlsx"工作簿	单元格赋值
	保存"第七章 发票汇总表.xlsx"工作簿		保存

7-8 RPA 开发视频：增值税发票汇总机器人

【RPA 开发】

（1）在本地电脑新建空白工作簿，命名为"第七章 增值税发票识别结果.xls"。

（2）在智多星 RPA 新建"发票汇总机器人"项目，绘制流程图，如图 7-9 所示。

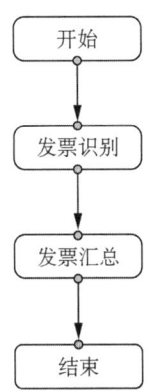

图 7-9　发票汇总机器人流程图

（3）新增变量如表 7-12 所示。

表 7-12　　　　　　　　　　　发票汇总机器人的变量

变量名	变量类型	变量值	变量说明
path	String		发票全路径
AccessKey ID	String	阿里 API 鉴权参数	
AccessKey Secret	String	阿里 API 鉴权参数	
data	Dictionary		增值税发票信息
RowsCount	String		"增值税发票识别结果.xls"的总行数
i	String		
InvoiceDate	String		开票日期
InvoiceEntity	String		开票单位
InvoiceCode	String		发票代码
InvoiceNum	String		发票号码
InvoiceDetail	String		开票明细
Figure	String		开票金额

（4）在"发票识别"设计面板，添加【遍历文件】命令，属性设置如图 7-10 所示。文件夹为存放发票汇总文件夹的全路径"D:\发票汇总"，无需遍历子文件夹，通配符为"发票?.pdf"，将文件全路径存至[path]变量。

（5）在【遍历文件】命令内添加【增值税发票识别_阿里】命令，属性配置如图 7-11 所示。图片路径为[path]变量，APIKey 为[AccessKey ID]变量，Secret Key 为[AccessKey Secret]变量，增值税发票信息为[data]变量，写入 Excel 文件为"D:\发票汇总\第七章 增值税发票识别结果.xls"。

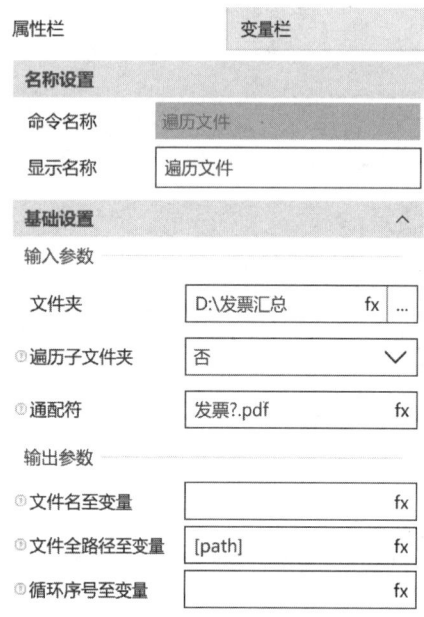

图 7-10 【遍历文件】属性设置　　　　图 7-11 【增值税发票识别_阿里】属性设置

（6）在"发票汇总"设计面板，添加两个【打开 Excel 文件】命令，分别打开"第七章 发票汇总表.xlsx"工作簿和"第七章 增值税发票识别结果.xlsx"工作簿。为了区分两个工作簿，将第一个【打开 Excel 文件】命令的实例名改为"xl_汇总表"，如图 7-12 和图 7-13 所示。

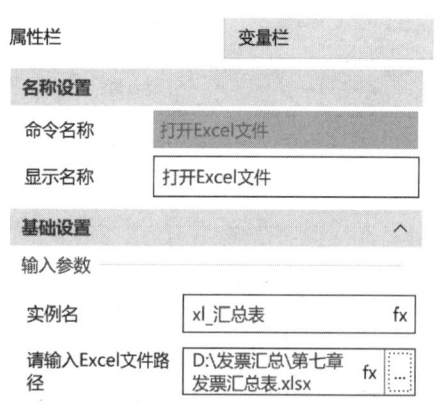
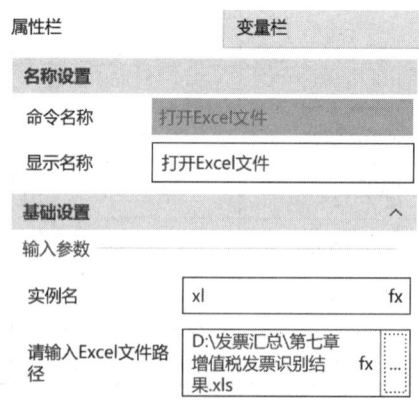

图 7-12 打开发票汇总表属性设置　　　　图 7-13 打开发票识别结果属性设置

（7）添加【获取总行数】命令，获取"第七章 增值税发票识别结果.xlsx"工作簿的总行数，并将结果赋值给变量[RowsCount]，【获取总行数】命令的属性配置如图 7-14 所示。

（8）添加【次数循环】命令，属性设置如图 7-15 所示。从第 2 行开始循环，每次递增 1，结束值为[RowsCount]，在输出参数中将当前值赋值给变量[i]。第一次循环 i＝2，第二次循环 i 递增为 3，第三次循环 i 递增为 4……每次循环递增值为 1。

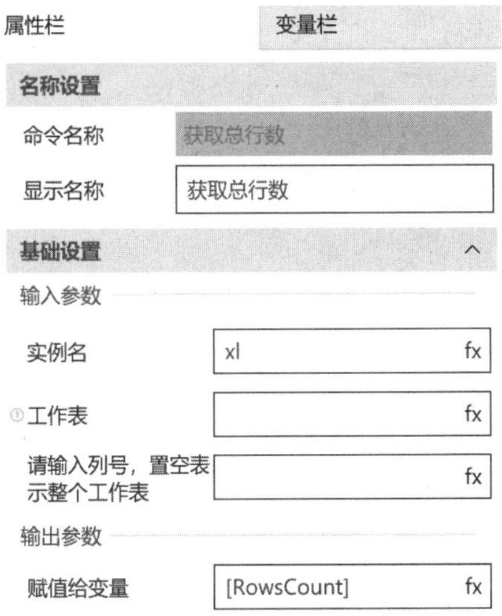

图 7-14 【获取总行数】属性设置 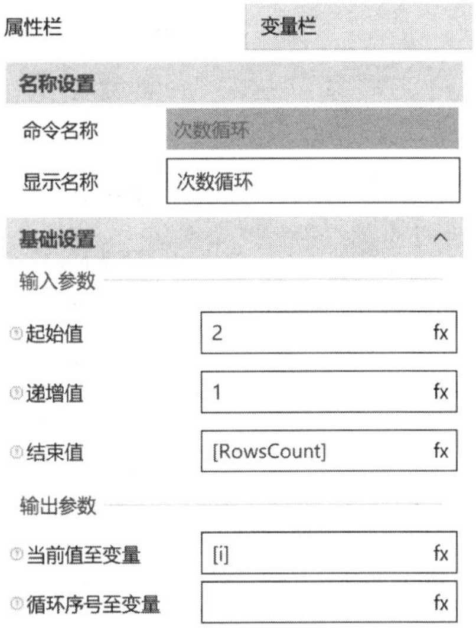　　图 7-15 【次数循环】属性设置

(9) 在次数循环内添加 6 个【获取单元格值】命令，分别获取开票日期、开票单位、发票代码、发票号码、开票金额和开票信息，具体见图 7-16。

图 7-16　获取单元格值界面

(10) 由于[InvoiceDetail]＝[{"itemName":"＊信息技术服务＊信息服务费","specification":"","unit":"","quantity":"1","unitPrice":"26.42000","amount":"26.42","taxRate":"6％","tax":"1.58"}]，为了从[InvoiceDetail]变量中提取"信息服务费"发票明细，需在次数循环内添加【正则匹配】命令，属性配置如图 7-17 所示。正则匹配表达式为"[\u4e00-\u9fa5]＋"，匹配的索引值为 1，并将存储结果赋值给变量[InvoiceDetail]。

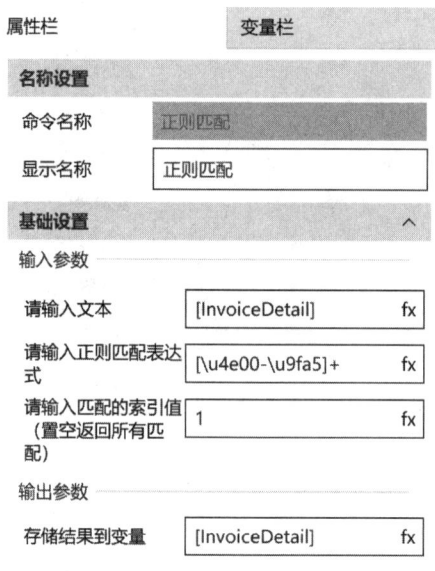

图 7-17 【正则匹配】命令的属性设置

(11) 在次数循环内添加 6 个【单元格赋值】命令,将开票日期、开票单位、发票代码、发票号码、开票金额和开票信息写入"第七章 发票汇总表.xlsx"工作簿,如图 7-18 所示。

12	单元格赋值 [单元格赋值 'B[i]' -> '[InvoiceDate]', 实例名: 'xl_汇总表']
13	单元格赋值 [单元格赋值 'C[i]' -> '[InvoiceEntity]', 实例名: 'xl_汇总表']
14	单元格赋值 [单元格赋值 'D[i]' -> '[InvoiceCode]', 实例名: 'xl_汇总表']
15	单元格赋值 [单元格赋值 'E[i]' -> '[InvoiceNum]', 实例名: 'xl_汇总表']
16	单元格赋值 [单元格赋值 'F[i]' -> '[InvoiceDetail]', 实例名: 'xl_汇总表']
17	单元格赋值 [单元格赋值 'G[i]' -> '[Figure]', 实例名: 'xl_汇总表']

图 7-18 单元格赋值界面

7-9 开发文档:增值税发票汇总机器人

7-10 RPA 运行视频:发票汇总机器人

7-11 增值税发票汇总机器人的 RPA 脚本及运行结果

(12) 添加【保存】命令,保存"第七章 发票汇总表.xlsx"工作簿。

(13) 单击【运行】,运行结果如图 7-19 所示。

A	B	C	D	E	F	G	H
序号	开票日期	开票单位	发票代码	发票号码	发票明细	金额	备注
1	2022年07月01日	深圳微果信息技术有限责任公司	044032100311	53620746	笔记本支架	34.83	
2	2022年06月30日	北京京东世纪信息技术有限公司	011002200111	53789800	财务管理从入门到精通	63.90	
3	2022年02月10日	当当数媒(武汉)电子商务有限公司	042002100411	04526544	信息服务费	28.00	
4	2022年02月10日	新华书店北方图书城有限公司	021002100111	09927565	财税机器人开发与应用	34.20	
5	2022年02月19日	青岛顺丰速运有限公司	037022000311	70415654	收派服务费	110.00	

图 7-19 运行结果

RPA知识链接 7-6

正则匹配

1. 功能介绍

命令路径：数据＞字符串＞正则匹配。

命令描述：使用正则表达式匹配传入的文本。

2. 属性说明

【正则匹配】命令的常规配置如表 7-13 所示。

表 7-13　　　　　　　　　　【正则匹配】命令的常规配置

属性类型	属性名称	属性说明	是否必输
输入参数	请输入文本	需要被匹配的文本	是
	请输入正则匹配表达式	正则表达式	是
	请输入匹配的索引值	返回索引值位置的匹配内容，置空返回所有匹配	否
输出参数	存储结果到变量	存储结果到变量	是

（六）火车票识别

火车票识别主要涉及对火车票上的各种信息进行提取和验证。利用OCR技术，可自动识别火车票上的文字信息，如出发站、到达站、车次等，提高识别效率和准确性。

智多星RPA中提供了4种出租车发票识别功能：用友AI工作坊、阿里、百度、华为。

RPA知识链接 7-7

火车票识别_百度

1. 功能介绍

命令路径：AI OCR＞火车票识别＞火车票识别_百度。

命令描述：识别图片，并返回火车票信息。

注意事项：需要提前购买百度的APIKey的调用次数。

2. 属性说明

（1）常规配置：【火车票识别_百度】命令的常规配置如表 7-14 所示。

表 7-14　　　　　　　　　　【火车票识别_百度】命令的常规配置

属性类型	属性名称	属性说明	数据类型	是否必输
输入参数	图片路径	待识别的本地图片全路径	文本	是
	APIKey	百度API鉴权参数	文本	是
	Secret Key	百度API鉴权参数	文本	是
输出参数	火车票信息	将火车票信息存储至字典变量	文本	是

（2）高级配置

【火车票识别_百度】命令的高级配置如表 7-15 所示。

表 7-15　【火车票识别_百度】命令的高级配置

属性类型	属性名称	属性说明	数据类型	是否必输
输入参数	写入 Excel 文件	设置本地 Excel 文件的全路径。如果 Excel 文件已存在，则追加写入；如果 Excel 文件不存在，则创建 Excel 并写入	文本	否
输出参数	原始请求结果	将请求返回的原始数据存储到文本变量	文本	否

第二节　发票查验机器人

发票是企业进行财务核算和税务申报的重要依据。通过发票查验，可以确认发票的真实性，防止虚假发票或伪造发票流入企业财务系统，确保企业财务数据的真实性和准确性。当前查验发票的方式有多种，本节主要阐述如何运用智多星 RPA 在全国增值税发票查验平台（教学版）查验。

一、模拟实训

【案例 7-3】 某公司采购业务频繁，每月都能收到大量的发票，这些发票已经汇总到"待查验发票数据.xlsx"工作簿中，如图 7-20 所示。现需要财务人员登录国家税务总局全国增值税发票查验平台，如图 7-21 所示，查验发票真伪。请设计一个 RPA 机器人，实现电子发票的自动验真，并将结果写入"待查验发票数据.xlsx"工作簿的第 I 列。

	A	B	C	D	E	F	G	H	I
1	*发票代码	*发票号码	*开票日期	*校验码	*开票种类	开具金额（不含税）	*单价	*税率	结果
2	1200002105	01838615	2020年03月28日	50291459833793123456	增值税专用发票	1698.11	1698.11	0.13	
3	011002000411	55651116	2020年11月23日	50291459833793123456	增值税普通发票	204.21	204.21	0.00	
4	011001900311	31774714	2021年04月27日	50291459833793123456	增值税普通发票	205.00	205.00	0.00	
5	011002000911	53768067	2021年05月06日	50291459833793123456	增值税普通发票	244.33	244.33	0.03	
6	013002030011	21768612	2021年11月24日	50291459833793556199	增值税电子普通发票	97.00	97.00	0.13	

图 7-20　待查验发票数据

图 7-21　发票查验平台（教学版）

二、流程设计

增值税发票查验机器人流程图如图 7-22 所示。

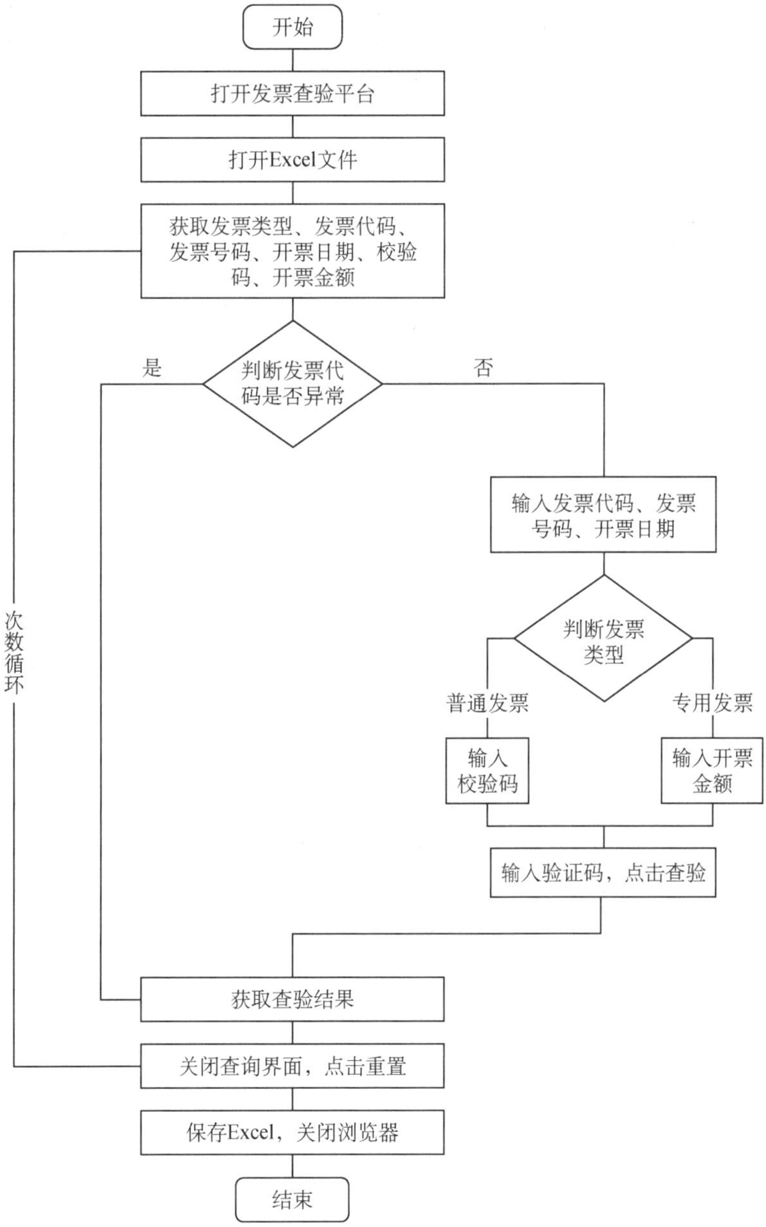

7-13 RPA 流程分析视频：发票查验机器人

图 7-22　增值税发票查验机器人流程图

本案例流程设计如表 7-16 所示。

表 7-16　　　　　　　　　　　发票查验机器人流程设计

步骤			命令
		打开发票查验平台(教学版)	创建浏览器 导航至 URL
		打开"待查验发票数据.xlsx"工作簿	打开 Excel 文件
		获取"待查验发票数据.xlsx"工作簿的总行数	获取总行数
次数循环		获取开票日期、发票类型、发票代码、发票号码、校验码、金额等信息	获取单元格值
		替换开票日期中"年、月、日"	字符串替换
		截取校验码的后六位	截取字符串
	开始 Try	将获取的发票代码、发票号码、开票日期分别输入发票查验平台	设置文本
		模拟〈ENTER〉键	模拟按键
		判断发票类型	If 字符串判断
		增值税专用发票输入开票金额	设置文本
		增值税普通发票输入校验码后六位	否则、设置文本
		识别验证码	获取属性
		输入验证码	设置文本
		单击【查验】按钮	元素单击
		获取查验结果	获取文本
		判断查验结果是否"第 1 次"	If 字符串判断
		查验结果为"第 1 次",将查验结果改为"查验通过"	设置变量
		否则查验结果则为获取文本的值	设置变量
		将查验结果写入"待查验发票数据.xlsx"工作簿	单元格赋值
		关闭查验结果界面,并置空查验界面	元素单击
	开始 Catch	将"发票代码错误"赋值给查验结果	设置变量
		将查验结果写入"待查验发票数据.xlsx"工作簿	单元格赋值
		置空查验界面	元素单击
		保存"第七章 发票汇总表.xlsx"工作簿	保存
		"待查验发票数据.xlsx"工作簿	关闭浏览器

三、RPA 开发

(1) 在智多星 RPA 新建"发票查验机器人"项目。

(2) 创建变量如表 7-17 所示。

7-14 RPA
开发视频:
发票查验机
器人

表 7-17　　　　　　　　　　　发票查验机器人的变量

变量名	变量类型	变量值	变量说明
RowsCount	String		"待查验发票数据.xlsx"的总行数
i	String		
InvoiceDate	String		开票日期

178

(续表)

变量名	变量类型	变量值	变量说明
Code	String		校验码
InvoiceCode	String		发票代码
InvoiceNum	String		发票号码
Type	String		发票类型
Figure	String		开票金额
VerificationCode	String		验证码
Result	String		查验结果

(3) 添加【创建浏览器】命令和【导航至 URL】命令,【创建浏览器】命令的属性按照默认设置,【导航至 URL】命令在"请输入 URL"对话框中输入发票查验平台(教学版)的网址:https://edu.seentao.com/bus_commonbiz_web/invoice?qs。

(4) 添加【打开 Excel 文件】命令,在"请输入 Excel 文件路径"处输入"D:\待查验发票数据.xlsx"。

(5) 添加【获取总行数】命令,获取"待查验发票数据.xlsx"工作簿的总行数,并将结果赋值给变量[RowsCount]。

(6) 添加【次数循环】命令,属性设置如图 7-15 所示。从第 2 行开始循环,每次递增 1,结束值为[RowsCount],在输出参数中将当前值赋值给变量[i]。

(7) 在次数循环内添加 6 个【获取单元格值】命令,分别获取开票日期、发票代码、发票号码、开票金额、校验码、发票类型,具体见图 7-23。

图 7-23 获取发票查验相关的信息命令

(8) 添加【截取字符串】命令,属性设置如图 7-24 所示。从"待查验发票数据.xlsx"工作簿获取的校验码为 20 位,而发票查验平台(教学版)只需输入校验码的后 6 位,因此需要【截取字符串】命令截取校验码的后 6 位。

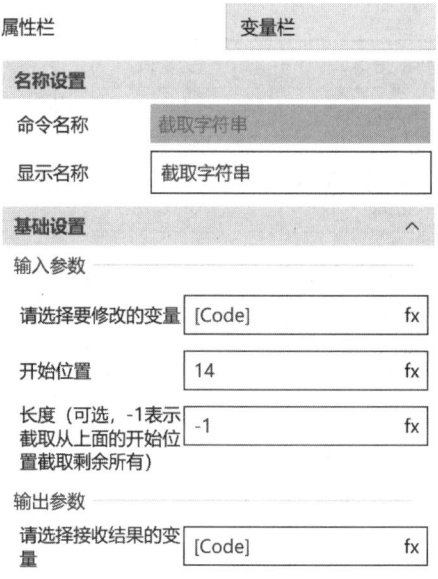

图 7-24 【截取字符串】命令的属性设置

(9) 添加三个【字符串替换】命令替换"年、月、日",属性设置如图 7-25 所示。从"待查验发票数据.xlsx"工作簿获取的开票日期的格式为"××××年××月××日",而发票查验平台(教学版)开票日期的格式为 YYYYMMDD,因此需要用【字符串替换】命令逐个替换掉"年、月、日"三个字。

图 7-25 【字符串替换】命令的属性设置

(10) 添加【开始 Try】命令。待查验的发票中存在错误的发票代码,RPA 运行时会报错,故需添加【开始 Try】命令,以捕获异常。

(11) 在【开始 Try】命令内添加三个【设置文本】命令,将获取的发票代码、发票号码、开票日期分别输入发票查验平台,如图 7-26 所示。

(12) 添加【模拟按键】命令,模拟{ENTER}键,属性设置如图 7-27 所示。在发票查验平台(教学版)中输入开票日期,平台会弹出日历框,如图 7-28 所示。通过模拟{ENTER}键确认输入的开票日期,进而自动关闭日历框。

图 7-26 输入发票信息的相关命令

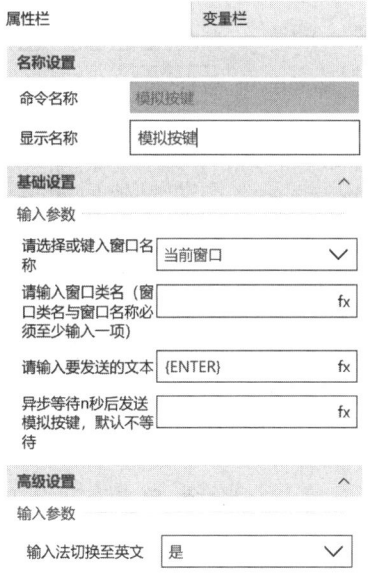

图 7-27 【模拟按键】命令的属性设置

图 7-28 输入开票日期界面

(13) 添加【If 字符串判断】命令和【否则】命令,判断发票类型是否为增值税专用发票。如果待查验发票是增值税专用发票,那么需要在发票查验平台(教学版)输入"开票金额(不含税)",否则输入"校验码"。智多星 RPA 中的开发命令如图 7-29 所示。【If 字符串判断】命令属性设置如图 7-30 所示。由于发票类型包含"增值税专用发票""增值税电子专用发票""增值税专用发票(成品油)""增值税普通发票""增值税电子普通发票"等类型,故将条件表达式设置为[Type]"包含"专用发票。

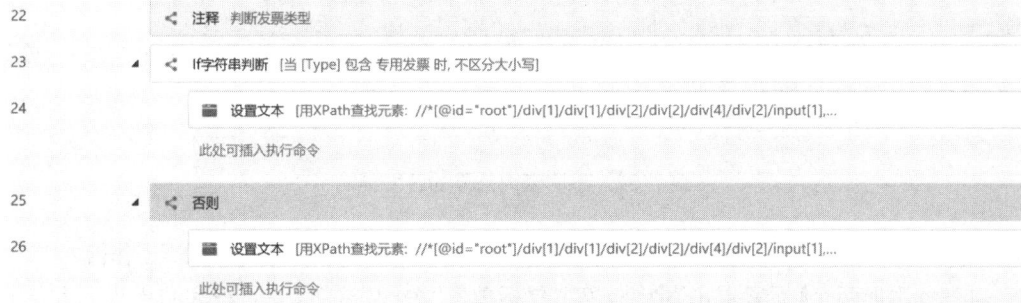

图 7-29 不同发票类型开发界面

（14）添加【获取属性】命令,获取验证码,属性设置如图 7-31 所示。

属性栏	变量栏
名称设置	
命令名称	If字符串判断
显示名称	If字符串判断
基础设置	∧
输入参数	
字符串1	[Type]　　fx
①比较方式	包含　　∨
字符串2	专用发票　　fx
区分大小写	否　　∨

图 7-30 【If 字符串判断】命令的属性设置

属性栏	变量栏
名称设置	
命令名称	获取属性
显示名称	获取属性
基础设置	∧
输入参数	
请输入实例名	default　　fx
元素搜索方式	用XPath查找元素　∨
	获取xpath
元素搜索参数	//*[@id="root"]/div[1]/div[1]/div[2]/div[2]/div[6]/div[1]/canvas[1]　　fx
输出参数	
①属性名	data　　fx
②存储至变量	[VerificationCode]　　fx

图 7-31 【获取属性】的属性设置

（15）添加【设置文本】命令,输入验证码后。添加【元素点击】命令,单击查询按钮。

（16）添加【获取文本】命令,获取查询结果。

（17）添加【If 字符串判断】和【否则】命令,判断查询结果,如图 7-32 所示。【If 字符串判断】命令的属性设置如图 7-33 所示。发票查验平台(教学版)查询结果分为"查无此票""第 1 次"两类。查询结果是"第 1 次",表示"查验通过",否则查验结果表示"查无此票"。

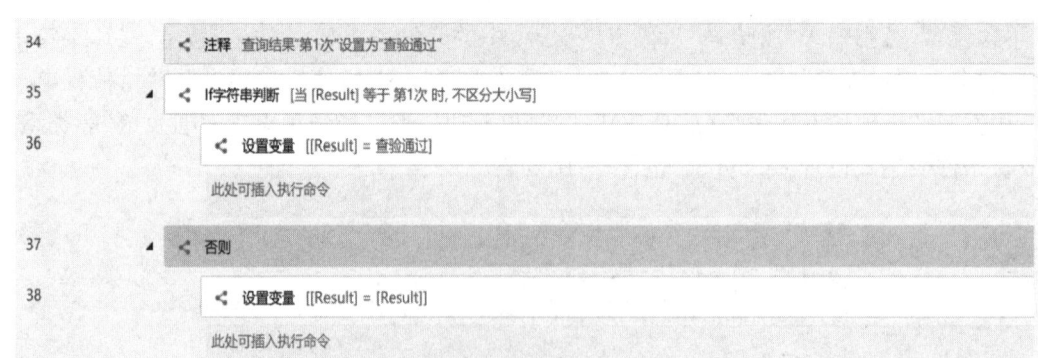

图 7-32 不同查询结果的开发界面

（18）添加【单元格赋值】命令,将查询结果写入"待查验发票数据.xlsx"工作簿。

（19）添加两个【元素点击】命令,模拟鼠标单击"关闭"按钮,关闭查询结果界面和模拟鼠标单击"重置"按钮,置空发票查验平台(教学版)。

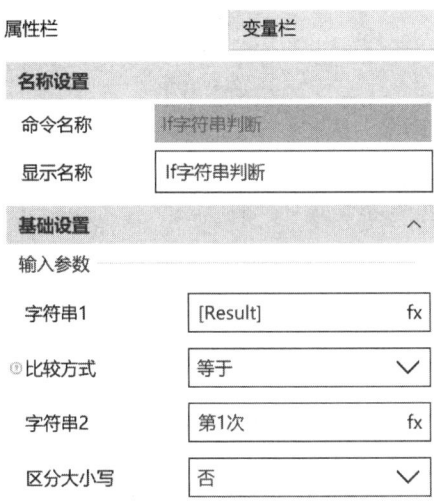

图 7-33 【If 字符串判断】命令的属性设置

(20) 添加【开始 Catch】命令，处理捕获的异常。【开始 Catch】命令不设置属性。

(21) 在【开始 Catch】命令内添加【设置变量】命令，将"发票代码错误"赋值给[Result]；添加【单元格赋值】命令，将结果写入"待查验发票数据.xlsx"工作簿；添加【元素点击】命令，模拟鼠标单击"重置"按钮。【开始 Catch】命令内相关 RPA 开发界面如图 7-34 所示。

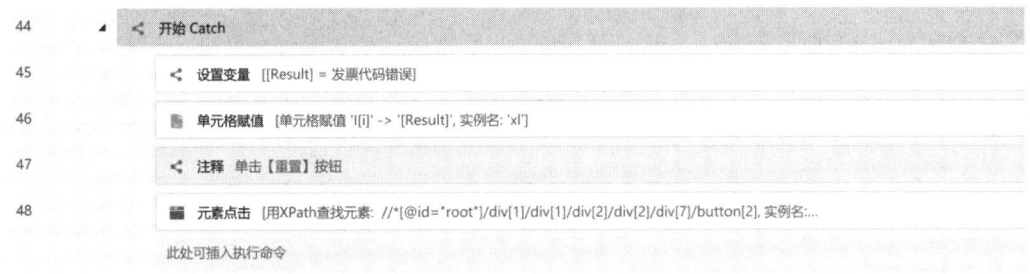

图 7-34 【开始 Catch】命令内相关 RPA 开发界面

(22) 添加【关闭浏览器】命令，关闭发票查验平台(教学版)。

(23) 添加【保存】命令，保存"待查验发票数据.xlsx"工作簿。

 RPA 知识链接 7-8

开始 Try

1. 功能介绍

命令路径：流程设计＞异常处理＞开始 Try。

命令描述：脚本命令里需要捕获异常信息时用到的命令，一般与开始 Catch、开始 Finally 同时使用。开始 Try 命令里存放主要流程，需要捕获异常的命令流程。

2. 属性说明

无。

7-15 开发文档：发票查验机器人

7-16 RPA 运行视频：发票查验机器人

7-17 发票查验机器人开发脚本及运行结果

RPA知识链接7-9

开始Catch

1. 功能介绍

命令路径:流程设计＞异常处理＞开始Catch。

命令描述:脚本命令里需要捕获异常信息时用到的命令,一般与开始Try、开始Finally同时使用。开始Catch命令主要处理开始Try流程命令中捕获到的异常。当Try流程块里抛出异常后,可以在Catch流程块中添加异常处理流程。

2. 属性说明

【开始Catch】命令的常规配置如表7-18所示。

表7-18　　　　　　　　　　【开始Catch】命令的常规配置

属性类型	属性名称	属性说明	是否必输
输入参数	是否截屏	捕获到异常之后,是否需要截图,如果选择是,将会对当前界面截图并保存	否
输出参数	将异常信息存储到变量	捕获到的异常信息将存放到该变量中	否
	将异常命令名称存储到变量	捕获到的引发异常命令的命令名称存放到该变量中	否
	命令行号存储到变量	捕获到的引发异常命令的命令行号存放到该变量中	否
	请选择存储截屏图片文件全路径的变量	异常截图路径存放到该变量中	否

 RPA知识链接7-10

模拟按键

1. 功能介绍

命令路径:系统＞输入＞模拟按键。

命令描述:向当前激活窗口或者指定窗口发送按键输入。

2. 属性说明

(1)常规配置:【模拟按键】命令的常规配置如表7-19所示。

表7-19　　　　　　　　　　【模拟按键】命令的常规配置

属性类型	属性名称	属性说明	是否必输
输入参数	请选择或键入窗口名称	可选择当前激活的窗口,或者设置输入窗口的名称	是
	请输入窗口类名(窗口类名与窗口名称至少输入一项)	设置输入窗口的类名	否
	请输入要发送的文本	向窗口发送的文本内容	是
	异步等待n秒后发送模拟按键,默认不等待	如果设置异步等待,则执行到当前命令时,不立刻执行"模拟按键",而是继续执行后面的命令,直到n秒后才向指定窗口发送输入	否

(2)高级配置:【模拟按键】命令的高级配置如表7-20所示。

表 7-20　　　　　　　　　　　　【模拟按键】命令的高级配置

属性类型	属性名称	属性说明	是否必输
输入参数	输入法切换至英文	默认"是"，支持输入中文和英文；否则只能输入中文	是

相关思考 7-2

Windows 模拟按键 ctrl、alt 等如何输入

"系统"—>"输入"—>"模拟按键"命令，将一个或多个按键消息发送到活动窗口，就如同在键盘上进行输入一样。输入普通文本加号（＋）、插入符（^）、百分比符号（％）、上划线（~）及圆括号（ ）都具有特殊意义，如需输入，要将它放在大括号（{ }）当中。例如，要指定正号，可用{＋}表示。智多星 RPA 中【模拟按键】命令文本输入说明如表 7-21 所示。

表 7-21　　　　　　　　　　　【模拟按键】命令文本输入说明

输入	界面显示	说明
1+1	1!	＋被当作 shift 键处理，＋1 输入！
1{+}1	1+1	

特殊按键在智多星 RPA 中对应的模拟按键如表 7-22 所示。

表 7-22　　　　　　　　　　　　特殊按键代码对照表

按键	模拟按键
SHIFT	+
CTRL	^
ALT	%
ENTER	{ENTER}
TAB	{TAB}
DELETE	{DELETE}
DOWN ARROW（下箭头）	{DOWN}
LEFT ARROW（左箭头）	{LEFT}
RIGHT ARROW（右箭头）	{RIGHT}
UP ARROW（上箭头）	{UP}
F1	{F1}
F2	{F2}
……	……
F12	{F12}
END	{END}
ESC	{ESC}
BACKSPACE	{BACKSPACE}
PAGE DOWN	{PGDN}
空格键	直接敲击空格键即可，录入一个空白字符即可

可以指定重复键，使用{key number}的形式。必须在 key 与 number 之间放置一个空格。例如，{LEFT 42}意指 42 次按下 LEFT ARROW 键；{h 10}则是指 10 次按下 H 键

快捷键在智多星 RPA 中对应的模拟按键如表 7-23 所示。

表 7-23 快捷键对应的模拟按键

快捷键	模拟按键
Ctrl A	^a
Ctrl C	^c
Ctrl V	^v
Ctrl S	^s

 延伸阅读 7-2

常见问题集锦

错误 1：运行"发票汇总机器人"时出现 The image size must not be less than 5px or greater than 8192px。

原因分析：【遍历文件】命令中的通配符设置错误，获取了非发票的路径。如将通配符设置为"发票*"，那么 RPA 运行时除了获得发票路径还会获得"第七章 发票汇总表.xlsx"工作簿等路径。

解决措施：将【遍历文件】命令中的通配符设置为"发票?.pdf"，注意此处的"?"为英文半角状态下的问号。

错误 2：不支持给定路径的格式，输出文件不是有效的 Excel 文件格式，未找到请求的值"xlsx"。

原因分析：【增值税发票识别_阿里】命令中"写入 Excel 文件"处的路径不正确。

解决措施：输入全路径，找到需要写入的 Excel 文件，右击"属性"，在"安全"对话框，复制全路径，如图 7-35 所示。

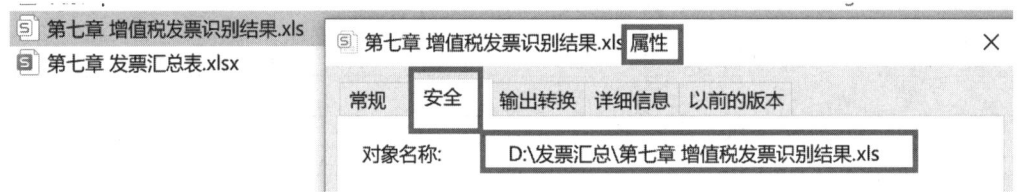

图 7-35 Excel 文件的全路径

本 章 小 结

本章主要学习了智能 OCR 识别相关命令。通过本章的学习，我们对 OCR 概念，智多星 RPA 中营业执照识别、出租车发票识别、表格识别、通用文字识别、增值税发票识别、火车票识别等命令等有了全面的了解，应当能够掌握发票查验机器人的开发。

本章重要概念

OCR　营业执照识别_APILINK　出租车发票识别_用友 AI 工作坊　表格识别_华为　通用文字识别_百度　增值税发票识别_阿里　正则匹配　火车票识别_百度　开始

Try　开始 Catch　模拟按键

本 章 练 习

一、单项选择题

1. 【增值税发票识别_阿里】命令,返回的结果是(　　)。
   A. 字典　　　　　　B. 字符型　　　　　　C. 列表　　　　　　D. 布尔型
2. 图 7-36 为次数循环的属性设置,那么循环到第 2 次时 i 的值为(　　)。

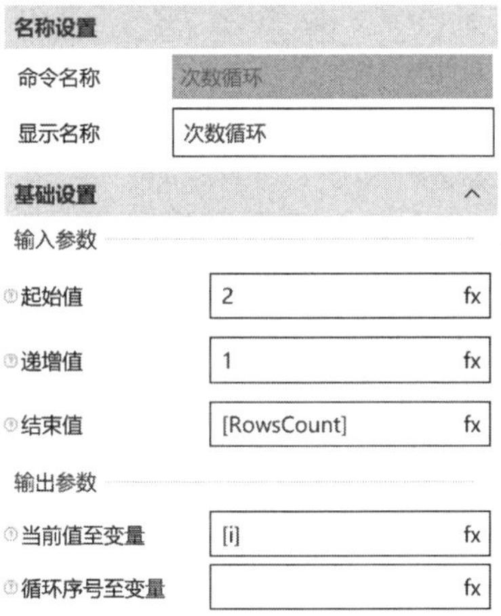

图 7-36 【次数循环】的属性设置

   A. 0　　　　　　　B. 2　　　　　　　　C. 3　　　　　　　　D. 空
3. 在异常处理语句中,当程序抛出异常时,应执行(　　)命令。
   A. 开始 Try　　　　　　　　　　　　　B. 开始 Catch
   C. 开始 Finally　　　　　　　　　　　D. 无需添加特殊命令
4. 在"发票汇总"文件夹中有以下文件,如图 7-37 所示,如何通过智多星 RPA 相关获取发票的路径(　　)。

图 7-37　第 4 题背景资料

A. 遍历文件夹,通配符为"发票*",并将文件全路径存至变量[path]
B. 遍历文件,通配符为"发票*",并将文件名存至变量[path]
C. 遍历文件,通配符为"发票?.pdf",并将文件全路径存至变量[path]
D. 遍历文件,通配符为"发票?",并将全路径存至变量[path]

5. temp={智多星,财务机器人},若用【正则匹配】命令获取"财务机器人",那么图7-38中的索引值为(　　)。

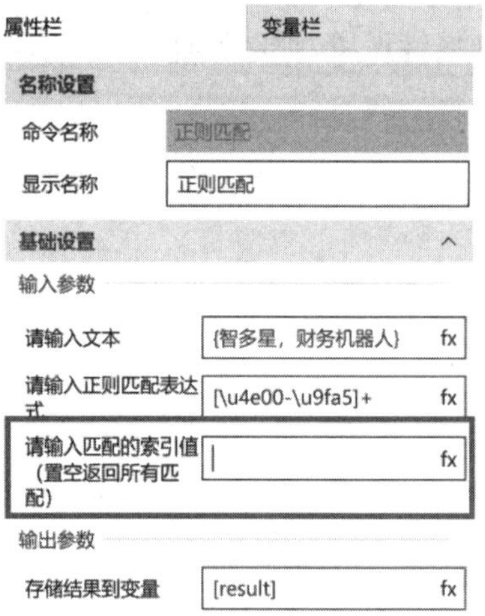

图7-38　第5题背景资料

A. 置空　　　　　　　　　　　　　　B. 0
C. 1　　　　　　　　　　　　　　　　D. 任意数

二、多项选择题

1. 智多星 RPA 提供多种增值税发票识别功能分别为(　　)。
   A. 用友 AI 工作坊　　　　　　　　　B. 阿里
   C. 百度　　　　　　　　　　　　　　D. 华为

2. 在智多星 RPA 中选择器支持的通配符是(　　)。
   A. &　　　　　　　　　　　　　　　B. *
   C. ♯　　　　　　　　　　　　　　　D. ?

3. 若是发票代码有错误,那么在开发发票查验机器人时需要添加(　　)命令。
   A. 开始 Try　　　　　　　　　　　　B. 开始 Catch
   C. 开始 Finally　　　　　　　　　　D. 无需添加特殊命令

4. Enter 键和 Ctrl 键对应的模拟按键为(　　)和(　　)。
   A. Enter　　　　　　　　　　　　　B. {ENTER}
   C. {Ctrl}　　　　　　　　　　　　　D. ^

5. 智多星 RPA 中智能 OCR 组件中可以识别的票据包括(　　)。
   A. 增值税专用发票　　　　　　　　　B. 出租车发票
   C. 火车票　　　　　　　　　　　　　D. 航空行程单

三、判断题

1. 【增值税发票识别_阿里】命令属性栏中的"写入 Excel 文件"属性为非必录项。（   ）

2. 【开始 Try】命令里放入的是编写好的流程,【开始 Catch】命令是发生异常时需要执行的活动。（   ）

3. OCR 是自然语言识别的英文缩写。（   ）

4. 【通用文字识别_百度】命令用于识别图片中的文字内容,无需提前购买百度的 APIKey 的调用次数。（   ）

5. 智多星 RPA 中的 OCR 识别功能不支持批量识别,可以将图片合成一张图片进行识。（   ）

四、思考题

1. 请简述 OCR 技术的应用。
2. 请绘制发票汇总机器人流程。
3. 基于智多星 RPA 中的【增值税发票识别_阿里】命令,实现根据邮件中的发票图片识别出每张发票的发票代码、发票号码、开票日期、开具金额(不含税)、校验码五项信息的流程图。

五、实训题

请设计一个机器人,实现验证图 7-39 中所示的发票的真伪,并将发票信息及查验结果填入"发票信息.xlsx"工作簿,如图 7-40 所示。

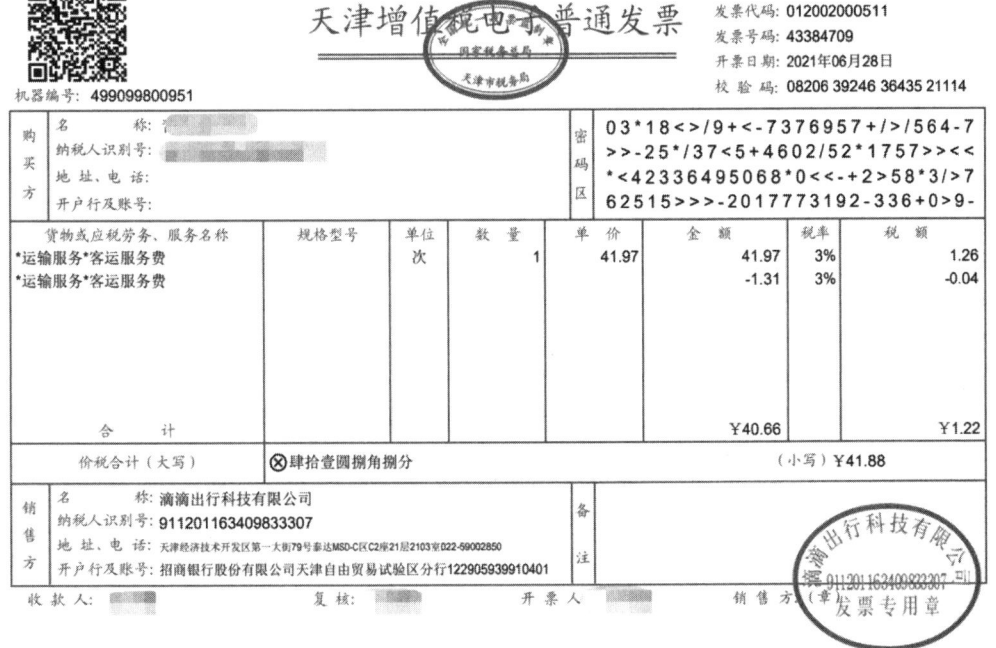

图 7-39　待查验发票

	A	B	C	D	E
1	发票代码	发票号码	开票日期	校验码	是否通过
2					
3					
4					

图 7-40　发票信息汇总表

要求：

1. 流程命名：本人姓名-OCR自动化。
2. 录制流程运行过程。视频中必须体现流程名字。录制流程图界面和每一个流程块界面，然后运行该流程。录制过程中可以加入适当的讲解。

7-18　操作数据

第八章 RPA 财务机器人综合实战

- ➢ 内容提要
- ➢ 重点难点
- ➢ 学习目标
- ➢ 知识框架
- ➢ 思政育人
- ➢ 第一节 银企对账机器人
- ➢ 第二节 发票开具机器人
- ➢ 本章小结
- ➢ 本章重要概念
- ➢ 本章练习

内容提要

本章主要介绍了两个智多星 RPA 的综合案例,包括银企对账机器人和发票开具机器人。综合案例中包含 Excel 自动化常用命令,如打开 Excel、获取总行数、获取单元格值和单元格赋值等;Web 应用自动化命令,如元素点击、设置文本等;循环命令,如次数循环、遍历字典元素等;数据命令,如截取字符串、自增、加法等。

重点难点

本章重点为 Excel 自动化、Web 应用自动化命令,循环和数据等命令的综合应用;难点为银企对账机器人与发票开具机器人的开发。

学习目标

通过本章的学习,学生应了解 Excel 技术,Web 应用自动化命令,循环和数据等基础命令;理解银企对账机器人和发票开具机器人的开发流程;掌握循环命令、条件命令、Excel 技术、OCR 技术、邮件命令等多个命令在机器人流程自动化综合开发中的应用。

知识框架

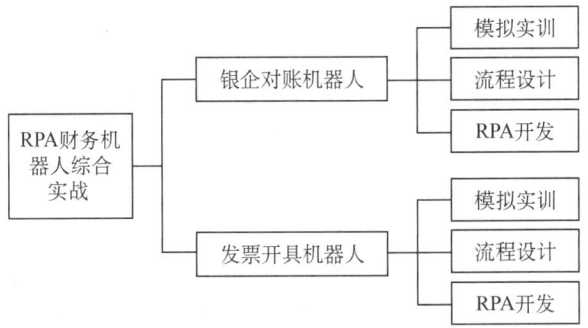

 **思政育人**　　人工智能行动峰会《关于发展包容、可持续的人工智能造福人类与地球的声明》

在当今时代,人工智能(AI)正以迅猛之势重塑全球经济格局,深刻影响社会发展的方方面面。从改善民生到推动产业升级,从应对全球性挑战到探索新的知识边界,人工智能展现出了巨大的潜力。然而,其发展也带来了诸多复杂的问题与风险,如技术滥用、隐私侵犯、就业结构调整等。

在此背景下,2025年2月10日至11日,人工智能行动峰会在法国巴黎举办。峰会汇聚了全球众多国家和国际组织的代表,各方经过深入探讨与交流,达成了广泛共识。代表们郑重发布声明,旨在为人工智能的发展与应用确立明确的方向,推动其以包容、可持续的方式造福全人类与地球。

峰会通过的《关于发展包容、可持续的人工智能造福人类与地球的声明》,确立了"科学导向、解决方案聚焦、国际规范遵循"三大原则,并就"缩小数字鸿沟、构建可信AI生态系统、驱动AI创新与产业复苏、塑造劳动力市场、保障可持续发展、深化全球治理合作"六大优先事项达成共识。该声明由包括法国、中国、印度、欧盟在内的多个国家和国际组织共同签署。

资料来源:中国科学技术法学会.巴黎人工智能行动峰会《关于发展包容、可持续的人工智能造福人类与地球的声明》[EB/OL].(2025-02-15)[2025-02-18].https://mp.weixin.qq.com/s?__biz=MzUxNTUzNDM3OA==&mid=2247486551&idx=1&sn=da6dd7fbf974f5b500c6e9dd7fb9295e&chksm=f8438b4addcbb09b310eb42dddb16393ee8923c8d311f874af75b6dddb6d6984a21937350c96&scene=27.

思政寄语

在人工智能飞速发展的时代,我们有幸见证科技的巨变,也肩负着时代的重任。《关于发展包容、可持续的人工智能造福人类与地球的声明》为我们指明了方向:人工智能不仅是技术的突破,而且是人类智慧和责任的体现。该声明跨越国界,连接世界,让我们深刻体会到人类命运共同体的内涵。

我们既要仰望星空,以全球视野看待技术对人类的深远影响,也要脚踏实地,用伦理道德规范技术的边界。人工智能的发展需要我们坚守人权,尊重多元文化,弥合数字鸿沟,推动社会公平。它不仅是少数人的专利,而是全人类共同的财富。

同学们,未来的舞台属于你们。希望你们在学习中培养创新精神,在实践中践行科技向善,在国际舞台上展现中国青年的担当。让我们携手,用智慧和勇气书写人工智能的中国篇章,为人类的可持续发展贡献自己的力量!

第一节　银企对账机器人

银企对账业务是指先将企业的银行日记账与银行对账单进行数据核对,然后编制银行存款余额调节表的过程。通过银行与企业定期或不定期对账,可使客户定期了解存贷款账户状况,加强企业财务管理,及时查清可能出现的错账、漏账,维护客户的资金安全,防范潜在的金融风险。

一、模拟实训

【案例8-1】　享跃体育集团是一家立足于中国上海的时尚体育用品品牌集团公司,其业务包括运动用品研发、设计、品牌、生产、物流及全渠道零售。财务部财务人员李华每个月需要完成银企对账工作。银企对账需要按银行、按账户逐个进行,一个单位存在多个银行账户,每个账户的对账都要重复各个操作步骤。人工对账流程步骤标准,涉及结构化数据，运用财务机器人进行自动化处理，可极大提高工作效率。银行对账单数据在"银行对账单.xlsx"工作簿中，如图8-1所示。银行日记账数据在"银行日记账.xlsx"工作簿中，如图8-2所示。银行余额调节表数据在"银行存款余额调节表.xlsx"工作簿中，如图8-3所示。使用智多星RPA工具和银行对账单、企业日记账等，开发和调试银企对账机器人程序，最终实现银企对账自动化。

A	B	C	D	E	F	G	H	I	J
日期	摘要	凭证种类	凭证号码	借方	贷方	余额	对账账号	对账户名	流水号
	期初余额					569,810.57			
2020-12-04	网上银行服务费			25		569,785.57			
2020-12-04	销售收入				3,500,000.00	4,069,785.57			
2020-12-10	销售收入				1,200,000.00	5,269,785.57			
2020-12-13	货款			126,425.44		5,143,360.13			
2020-12-14	跨行手续费-异地			16		5,143,344.13			
2020-12-14	工资			1,421,147.00		3,722,197.13			
2020-12-14	扣缴社会保险			56,845.88		3,665,351.25			
2020-12-14	扣缴公积金			170,537.64		3,494,813.61			
2020-12-14	扣缴工会经费			28,422.94		3,466,390.67			
2020-12-19	房租			40,000.00		3,426,390.67			
2020-12-19	水电费			7,832.00		3,418,558.67			
2020-12-19	话费			8,000.00		3,410,558.67			
2020-12-20	提现			80,000.00		3,330,558.67			
2020-12-21	宿舍费用			83,000.00		3,247,558.67			
2020-12-21	销售收入				92,000.00	3,339,558.67			
2020-12-22	生育津贴款				43,434.67	3,382,993.34			
2020-12-28	活期结算户结息				557.86	3,383,551.20			

图8-1 银行对账单

8-1 操作数据：银企对账

A	B	C	D	E	F	G	H	I
日期	凭证字号	摘要	对方科目	业务编号	借方金额	贷方金额	余额方向	余额
		期初余额					借	569,810.57
2020/12/04	记-017	网上银行服务费	财务费用-银行手续费		25		借	569,785.57
2020/12/04	记-018	销售收入	主营业务收入-国内收入			3,500,000.00	借	4,069,785.57
2020/12/05	记-020	销售收入	主营业务收入-国内收入			650,000.00	借	4,719,785.57
2020/12/13	记-035	支付货款	应付账款-苏州瑞云服饰有限公司		126,425.44		借	4,593,360.13
2020/12/14	记-039	支付跨行手续费-异地	财务费用-银行手续费		16		借	4,593,344.13
2020/12/14	记-040	支付工资	应付职工薪酬-职工薪酬-工资		1,421,147.00		借	3,172,197.13
2020/12/14	记-041	支付医疗保险	应付职工薪酬-职工薪酬-医疗保险		56,845.88		借	3,115,351.25
2020/12/14	记-042	支付住房公积金	应付职工薪酬-职工薪酬-住房公积金		170,537.64		借	2,944,813.61
2020/12/14	记-043	支付工会经费	应付职工薪酬-职工薪酬-工会经费		28,422.94		借	2,916,390.67
2020/12/14	记-048	支付会务费	管理费用-会务		50,000.00		借	2,866,390.67
2020/12/19	记-059	支付办公房租	管理费用-房租		40,000.00		借	2,826,390.67
2020/12/20	记-060	提现	库存现金		80,000.00		借	2,746,390.67
2020/12/21	记-063	支付宿舍款	管理费用-房租		83,000.00		借	2,663,390.67
2020/12/22	记-064	收到生育津贴款-待支付给员工	其他应付款-其他		43,434.67		借	2,706,825.34
2020/12/28	记-079	活期结算户结息	财务费用-利息收入			557.86	借	2,707,383.20

图8-2 银行日记账

A	B	C	D	E	F
		银行存款余额调节表			
	银行日记账			银行对账单	
调整前余额：	0.00		调整前余额：	0.00	
	加：银行已收，企业未收			加：企业已收，银行未收	
摘要	日期	金额	摘要	日期	金额
小计：		0.00	小计：		0.00
	减：银行已付，企业未付			减：企业已付，银行未付	
摘要	日期	金额	摘要	日期	金额
小计：		0.00	小计：		0.00
调整后余额：	0.00		调整后余额：	0.00	

图8-3 银行存款余额调节表

二、流程设计

银企对账机器人主流程图如图 8-4 所示。

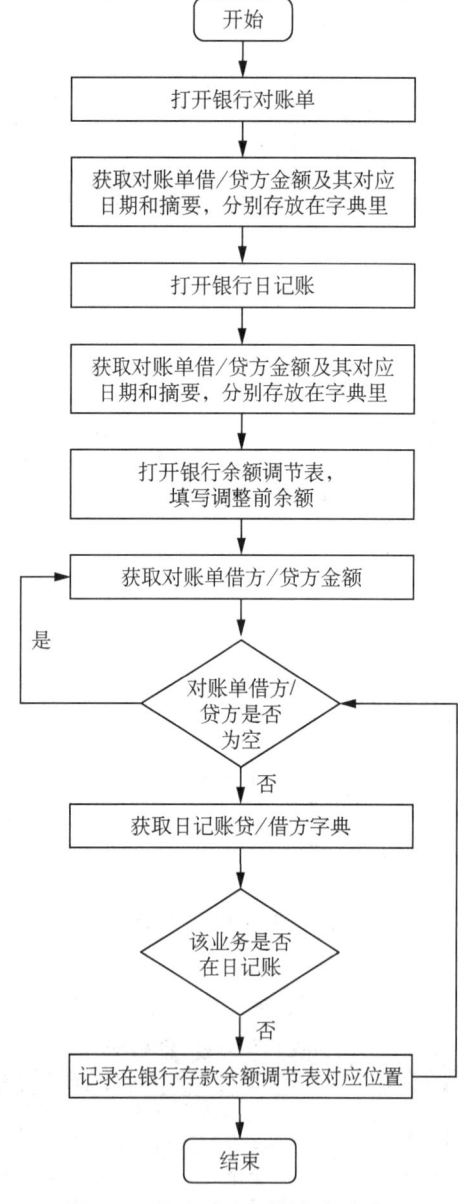

图 8-4　银企对账机器人主流程图

银企对账机器人案例流程设计如表 8-1 所示。

表 8-1　　　　　　　　　　　银企对账机器人流程设计

步骤				命令
打开银行对账单				打开 Excel 文件
获取"银行对账单.xlsx"工作簿的总行数				获取总行数
获取银行对账单余额值				获取单元格值
次数循环		获取银行对账单借方金额		获取单元格值
	If 字符串判断	获取银行对账单"日期"列		获取单元格值
		获取银行对账单"摘要"列		获取单元格值
		将日期&摘要和借方科目金额添加到字典中		添加字典条目
		获取银行对账单贷方金额		获取单元格值
	If 字符串判断	获取银行对账单"日期"列		获取单元格值
		获取银行对账单"摘要"列		获取单元格值
		将日期&摘要和贷方科目金额添加到字典中		添加字典条目
打开银行日记账				打开 Excel 文件
获取"银行日记账.xlsx"工作簿的总行数				获取总行数
获取银行日记账余额值				获取单元格值
次数循环		获取银行日记账借方金额		获取单元格值
	If 字符串判断	获取银行日记账"日期"列		获取单元格值
		获取银行日记账"摘要"列		获取单元格值
		将日期&摘要和借方科目金额添加到字典中		添加字典条目
		获取银行日记账贷方金额		获取单元格值
	If 字符串判断	获取银行日记账"日期"列		获取单元格值
		获取银行日记账"摘要"列		获取单元格值
		将日期&摘要和借方科目金额添加到字典中		添加字典条目
打开银行余额调节表				打开 Excel 文件
录入银行日记账调整前余额				单元格赋值
录入银行对账单调整前余额				单元格赋值
遍历列表元素		获取银行日记账借方金额		字典取值
		获取银行对账单贷方金额		字典取值
		获取贷方金额对应的日期		截取字符串
		获取贷方金额对应的摘要		截取字符串
	If 字符串判断	录入银行已收,企业未收的摘要		单元格赋值
		录入银行已收,企业未收的日期		单元格赋值
		录入银行已收,企业未收的金额		单元格赋值
		行数增加 1		自增
		插入新行		插入行
		计算银行已收,企业未收合计值		加法

（续表）

步骤				命令
遍历列表元素			获取银行对账单贷方金额	字典取值
	If 字符串判断		获取银行日记账借方金额	字典取值
			获取借方金额对应的日期	截取字符串
			获取借方金额对应的摘要	截取字符串
			录入企业已收,银行未收的摘要	单元格赋值
			录入企业已收,银行未收的日期	单元格赋值
			录入企业已收,银行未收的金额	单元格赋值
			行数增加 1	自增
		if 数值判断	插入新行	插入行
			计算企业已收,银行未收合计值	加法
if 数值判断			得到银行日记账期末余额位置	加法
			录入银行日记账"企业已收,银行未收"小计	单元格赋值
			录入银行对账单"企业已收,银行未收"小计	单元格赋值
			计算得到下一次录入的行数	加法
ElseIf 数值判断			得到银行日记账期末余额位置	加法
			录入银行日记账"企业已收,银行未收"小计	单元格赋值
			录入银行对账单"企业已收,银行未收"小计	单元格赋值
			计算得到下一次录入的行数	加法
			获取需要录入数据的行数	设置变量
遍历字典元素			获取银行日记账贷方金额	字典取值
	If 字符串判断		获取银行对账单借方金额	字典取值
			获取借方金额对应的日期	截取字符串
			获取借方金额对应的摘要	截取字符串
			录入"银行已付,企业未付"的摘要	单元格赋值
			录入"银行已付,企业未付"的日期	单元格赋值
			录入"银行已付,企业未付"的金额	单元格赋值
			行数增加 1	自增
			插入新行	插入行
			计算"银行已付,企业未付"合计值	加法
遍历字典元素	If 字符串判断		获取银行对账单借方金额	字典取值
			获取银行日记账贷方金额	字典取值
			获取贷方金额对应的日期	截取字符串
			获取贷方金额对应的摘要	截取字符串
			录入"企业已付,银行未付"的摘要	单元格赋值
			录入"企业已付,银行未付"的日期	单元格赋值
			录入"企业已付,银行未付"的金额	单元格赋值

(续表)

步骤			命令
遍历字典元素	If 字符串判断	行数增加 1	自增
		If 数值判断　　插入新行	插入行
		计算企业已付,银行未付合计值	加法
	if 数值判断	得到银行日记账期末余额位置	加法
		录入银行日记账"银行已付,企业未付"小计	单元格赋值
		录入银行对账单"企业已付,银行未付"小计	单元格赋值
		行数增加 1,得到调整后余额的行数	自增
		计算银行日记账调整后余额	设置变量
		录入银行日记账调整后余额	单元格赋值
		计算银行对账单调整后余额	设置变量
		录入银行对账单调整后余额	单元格赋值
	ElseIf 数值判断	得到银行日记账期末余额位置	加法
		录入银行日记账"银行已付,企业未付"小计	单元格赋值
		录入银行对账单"企业已付,银行未付"小计	单元格赋值
		行数增加 1,得到调整后余额的行数	自增
		计算银行日记账调整后余额	设置变量
		录入银行日记账调整后余额	单元格赋值
		计算银行对账单调整后余额	设置变量
		录入银行对账单调整后余额	单元格赋值
关闭银行对账单			关闭 Excel 程序
关闭银行日记账			关闭 Excel 程序
关闭银行余额调节表			关闭 Excel 程序
弹出"银企对账机器人运行完成!"			弹出消息框

三、RPA 开发

(1) 在智多星 RPA 新建"银企对账机器人"项目。

(2) 创建变量如表 8-2 所示。

表 8-2　　　　　　　　　　银企对账机器人的变量

变量名	变量类型	变量值	变量说明
SaCount	Numeric		"银行对账单.xlsx"的总行数
SaGetMoney	String		银行对账单【余额】
SaIndex	Numeric		循环遍历对账单每一个行数
SaDebitInfo	String		银行对账单【借方金额】
DZDdate	String		银行对账单【日期】

(续表)

变量名	变量类型	变量值	变量说明
DZDtext	String		银行对账单【摘要】
SaDebitDict	Dictionary		日期&摘要、借方金额保存到该字典
SaLoanInfo	String		银行对账单【贷方金额】
SaLoanDict	Dictionary		日期&摘要、贷方金额保存到该字典
DbCount	Numeric		"银行日记账.xlsx"的总行数
DbGetMoney	String		银行日记账【余额】
DbIndex	Numeric		循环遍历日记账每一个行数
DbDebitInfo	String		银行日记账【借方金额】
RJZdate	String		银行日记账【日期】
RJZtext	String		银行日记账【摘要】
DbDebitDict	Dictionary		日期&摘要、借方金额保存到该字典
DbLoanInfo	String		银行日记账【贷方金额】
DbLoanDict	Dictionary		日期&摘要、贷方金额保存到该字典
KeyInfo	Numeric		银行对账单贷方金额
ValueInfo	String		银行对账单日期&摘要
IsGetSuccess	String		存放字典DbDebitDict的值
DateInfo	String		截取IsGetSuccess的值,为日期
ZhaiYao	String		截取IsGetSuccess的值,为摘要
WriteRowInfo	Numeric	6	写入"银行已收,企业未收"的行数
SaLoanSum	Numeric		存放"银行已收,企业未收"累计值
NWriteRowInfo	Numeric	6	写入"企业已收,银行未收"的行数
DbDebitSum	Numeric		存放"企业已收,银行未收"累计值
EndWriteRowInfo	Numeric		写入"银行已付,企业未付"的行数
SaDebitSum	Numeric		存放"银行已付,企业未付"累计值
NEndWriteRowInfo	Numeric		写入"企业已付,银行未付"的行数
DbLoanSum	Numeric		存放"企业已付,银行未付"累计值
RJZSum	Numeric		存放银行日记账调整后余额
DZDSum	Numeric		存放银行对账单调整后余额

(3) 添加【打开Excel文件】命令,在"请输入Excel文件路径"处输入"D:\银企对账机器人业务数据\银行对账单.xlsx"。

(4) 添加【获取总行数】命令,获取"银行对账单.xlsx"工作簿的总行数,并将结果赋值给变量[SaCount]。

(5) 添加【获取单元格值】命令，获取银行对账单期末余额值，并将结果赋值给变量[SaGetMoney]。

(6) 添加【次数循环】命令，属性设置如图 8-5 所示。从第 2 行开始循环，每次递增 1，结束值为[SaCount]，在输出参数中将当前值赋值给变量[SaIndex]。

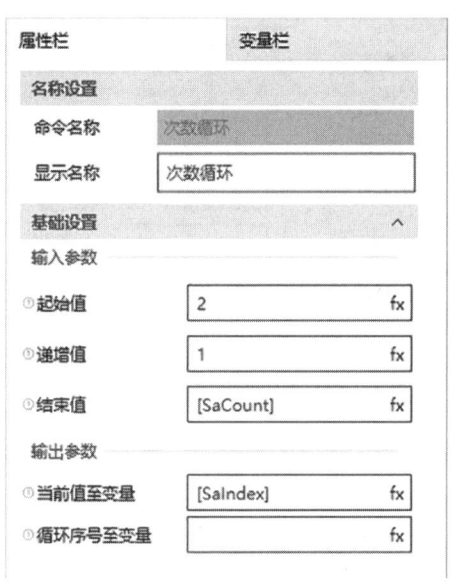

图 8-5 【次数循环】命令的属性设置

(7) 在次数循环内添加【获取单元格值】命令，获取银行对账单每一个借方金额值，并将结果赋值给变量[SaDebitInfo]，如图 8-6 所示。再添加【If 字符串判断】命令，判断借方金额值是否为空。当借方金额不为空时，在 If 字符串判断内添加 2 个【获取单元格值】，分别获取每个借方金额对应的日期和摘要，并将结果分别赋值给变量[DZDdate]、[DZDtext]。然后在 If 字符串判断内添加【添加字典条目】，将"日期 & 摘要"作为字典的值，借方金额作为字典的键，添加到字典[SaDebitDict]，添加字典条目如图 8-7 所示。

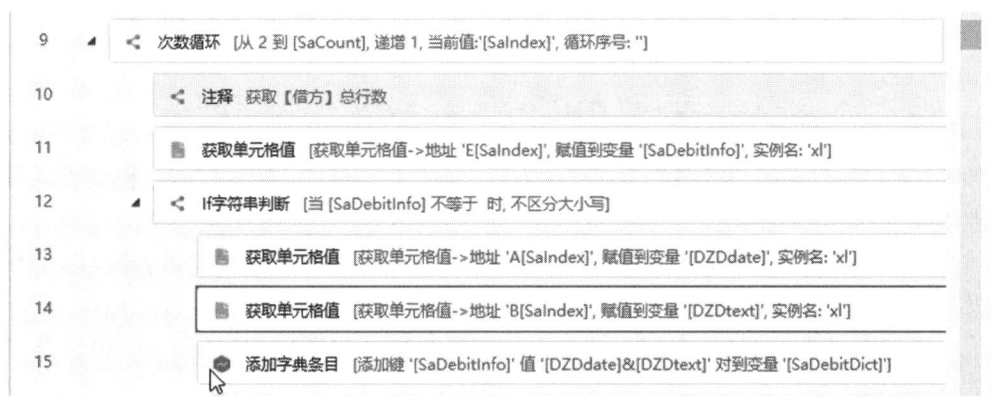

图 8-6 获取银行对账单借方数据

图 8-7 【添加字典条目】命令的属性设置

(8) 在次数循环内添加【获取单元格值】命令,获取银行对账单的每一个贷方金额值,并将结果赋值给变量[SaLoanInfo],再添加【If 字符串判断】命令,判断贷方金额值是否为空。当贷方金额不为空时,在 If 字符串判断内添加 2 个【获取单元格值】,分别获取每个贷方金额对应的日期和摘要,并将结果分别赋值给变量[DZDdate]、[DZDtext]。然后在 If 字符串判断内添加【添加字典条目】,将"日期&摘要"作为字典的值,贷方金额作为字典的键,添加到字典[SaLoanDict],如图 8-8 所示。

图 8-8 获取银行对账单贷方数据

(9) 添加【打开 Excel 文件】命令,在"请输入 Excel 文件路径"处输入"D:\银企对账机器人业务数据\银行日记账.xlsx"。

(10) 添加【获取总行数】命令,获取"银行日记账.xlsx"工作簿的总行数,并将结果赋值给变量[DbCount]。

(11) 添加【获取单元格值】命令,获取银行对账单期末余额值,并将结果赋值给变量[DbGetMoney]。

(12) 添加【次数循环】命令,属性设置如图 8-9 所示。从第 2 行开始循环,每次递增 1,结束值为[DbCount],在输出参数中将当前值赋值给变量[DbIndex]。

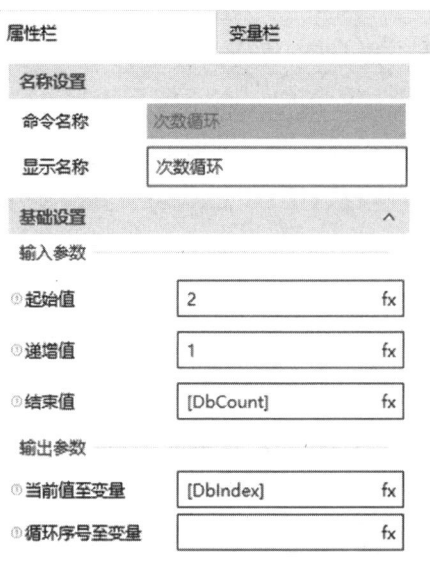

图 8-9 【次数循环】命令的属性设置

（13）在次数循环内添加【获取单元格值】命令，获取银行日记账每一个借方金额值，并将结果赋值给变量[DbDebitInfo]，再添加【If 字符串判断】命令，判断借方金额值是否为空。当借方金额不为空时，在 If 字符串判断内添加 2 个【获取单元格值】，分别获取每个借方金额对应的日期和摘要，并将结果分别赋值给变量[RJZdate]、[RJZtext]。然后在 If 字符串判断内添加【添加字典条目】，将"日期 & 摘要"作为字典的值，借方金额作为字典的键，添加到字典[DbDebitDict]，如图 8-10 所示。

图 8-10 获取银行日记账借方数据

（14）在次数循环内添加【获取单元格值】命令，获取银行对账单每一个贷方金额值，并将结果赋值给变量[DbLoanInfo]，再添加【If 字符串判断】命令，判断贷方金额值是否为空。当贷方金额不为空时，在 If 字符串判断内添加 2 个【获取单元格值】，分别获取每个贷方金额对应的日期和摘要，并将结果分别赋值给变量[RJZdate]、[RJZtext]。然后在 If 字符串判断内添加【添加字典条目】，将"日期 & 摘要"作为字典的值，贷方金额作为字典的键，添加到字典[DbLoanDict]，如图 8-11 所示。

财务机器人

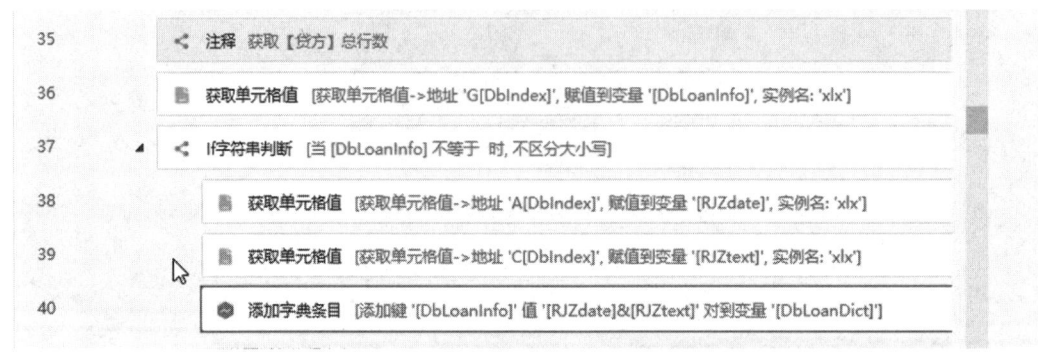

图 8-11 获取银行日记账贷方数据

(15) 添加【打开 Excel 文件】命令，在"请输入 Excel 文件路径"处输入"D:\银企对账机器人业务数据\银行余额调节表.xlsx"。

(16) 添加 2 个【单元格赋值】命令，将获取到的银行日记账和银行对账单的期末余额写入"银行余额调节表.xlsx"工作簿调整前余额，如图 8-12 所示。

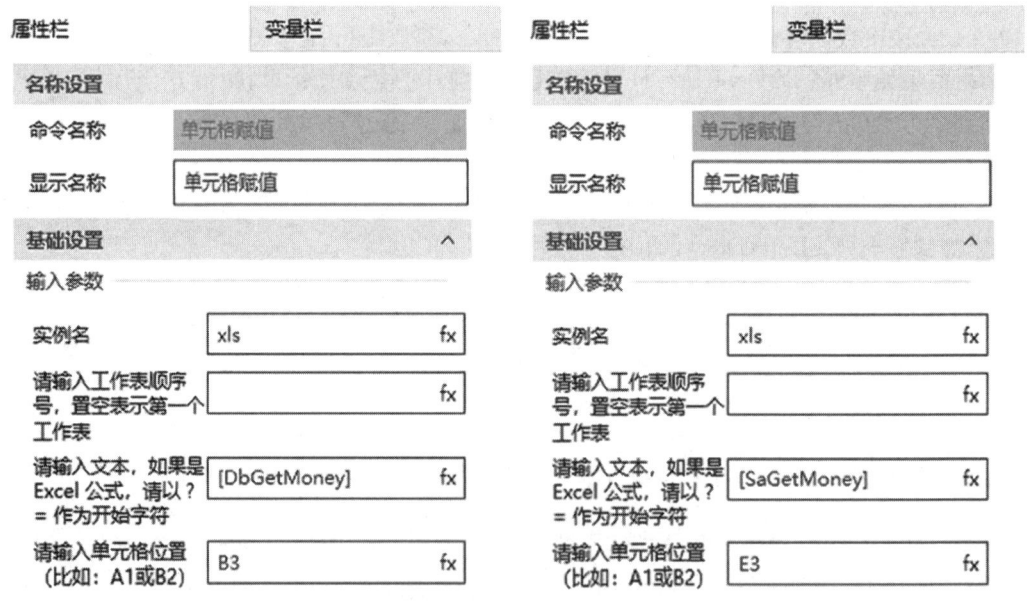

图 8-12 【单元格赋值】命令的属性设置

(17) 添加【遍历字典元素】命令，遍历银行对账单贷方数据字典[SaLoanDict]，将该字典的键保存到[KeyInfo]，将字典的值保存到[ValueInfo]，如图 8-13 所示。

(18) 在遍历字典元素内添加【字典取值】命令，从银行日记账借方数据字典[DbDebitDict]中取值，将获取的结果保存到变量[IsGetSuccess]中，【字典取值】命令设置如图 8-14 所示。

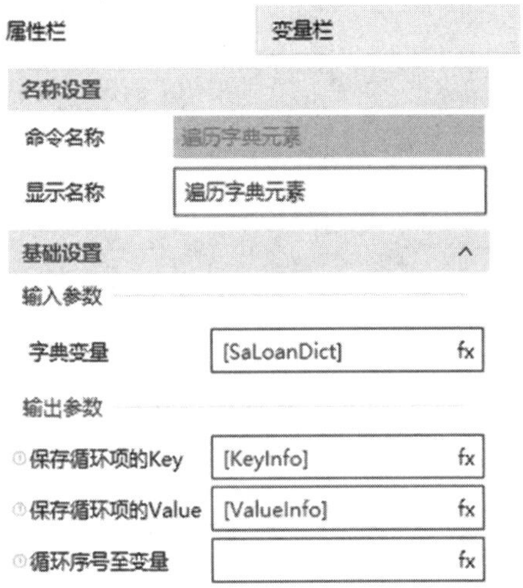

图 8-13 【遍历字典元素】命令的属性设置 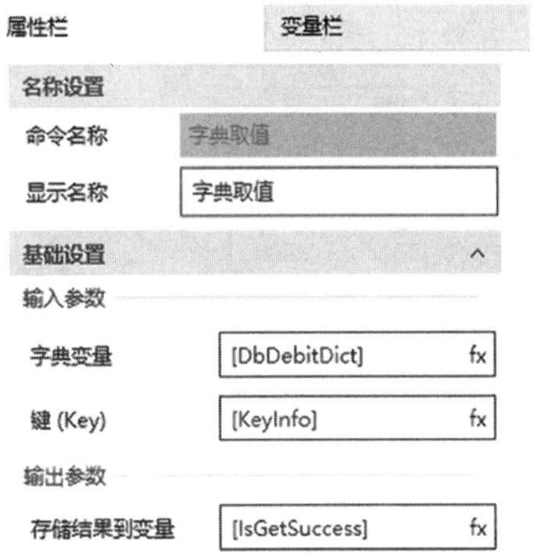　　　图 8-14 【字典取值】命令的属性设置

(19) 在遍历字典元素内添加【If 字符串判断】命令,当从字典[DbDebitDict]取出的值为空时,在 If 字符串判断内添加【字典取值】命令,从银行对账单贷方数据字典[SaLoanDict]中取值,将获取的值保存在变量[IsGetSuccess]中。添加 2 个【截取字符串】命令,将[IsGetSuccess]变量值通过[截取字符串]得到日期和摘要,并将结果分别保存至[DateInfo]和[ZhaiYao]两个变量中,如图 8-15 所示。

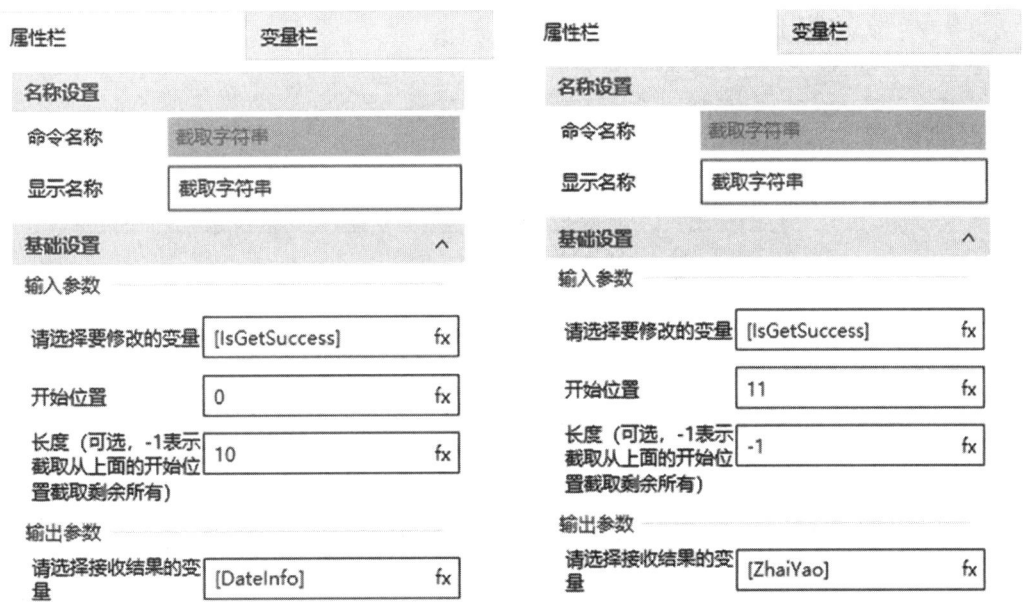

图 8-15 【截取字符串】命令的属性设置

(20) 在 If 字符串判断内添加 3 个【单元格赋值】命令,将日期、摘要和金额值分别写入"银行余额调节表.xlsx"工作簿"银行已收,企业未收"对应位置,如图 8-16 所示。

203

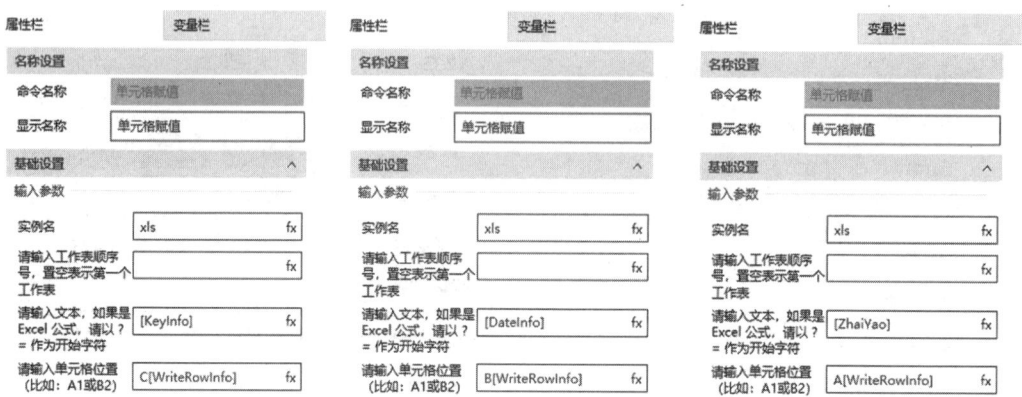

图 8-16 【单元格赋值】命令的属性设置

(21) 在 If 字符串判断内添加【自增】命令,行数自动增加 1,得到写入下一行的行数。

(22) 在 If 字符串判断内添加【插入行】命令,插入新行,便于下一个科目金额的填入。

(23) 在 If 字符串判断内添加【加法】命令,计算"银行已收,企业未收"小计值,写入[加:银行已收,企业未收]流程如图 8-17 所示。

图 8-17 写入[加:银行已收,企业未收]流程

(24) 添加【遍历字典元素】命令,遍历银行日记账借方数据字典[DbDebitDict],将该字典的键保存到[KeyInfo],将字典的值保存到[ValueInfo]。

(25) 在遍历字典元素内添加【字典取值】命令,从银行对账单贷方数据字典[SaLoanDict]中取值,将获取的结果保存到变量[IsGetSuccess]中。

(26) 在遍历字典元素内添加【If 字符串判断】命令,当从字典[SaLoanDict]取出的值为空时,在 If 字符串判断内添加【字典取值】命令,从银行日记账借方数据字典[DbDebitDict]中取值,将获取的值保存在变量[IsGetSuccess]中。

(27) 在 If 字符串判断内添加 2 个【截取字符串】命令,将[IsGetSuccess]变量值通过[截取字符串]得到日期和摘要,并将结果分别保存至[DateInfo]和[ZhaiYao]两个变量中。

(28) 在 If 字符串判断内添加 3 个【单元格赋值】命令,将日期、摘要和金额值分别写入"银行余额调节表.xlsx"工作簿"企业已收,银行未收"对应位置,(24)~(28)的步骤如图 8-18 所示。

图 8-18 写入[加:企业已收,银行未收]部分流程

(29) 在 If 字符串判断内添加【自增】命令,行数自动增加 1,得到写入下一行的行数。

(30) 在 If 字符串判断内添加【If 数值判断】命令,判断"银行余额调节表.xlsx"工作簿中银行对账单已写入行数与银行日记账已写入行数的大小,如果银行对账单已写入行数大于银行日记账已写入行数,在 If 数值判断内添加【插入行】命令,插入新行,写入数据,如图 8-19 所示。

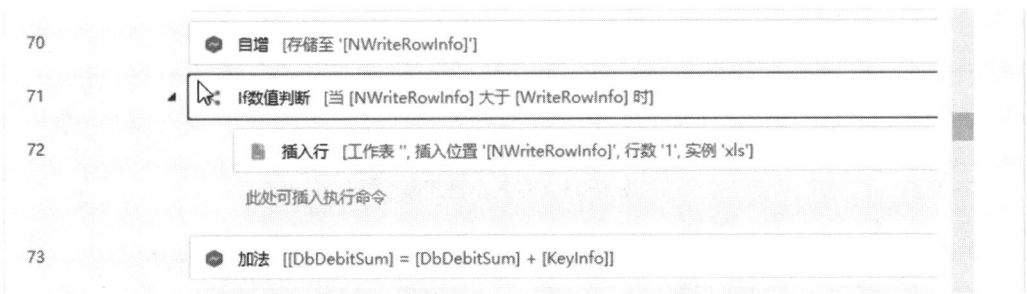

图 8-19 写入[加:企业已收,银行未收]部分流程

（31）在 If 字符串判断内添加【加法】命令，计算"企业已收，银行未收"小计值。

（32）添加【If 数值判断】命令，判断此时"银行余额调节表.xlsx"工作簿中银行对账单已写入行数与银行日记账已写入行数的大小，如果银行对账单已写入行数大于银行日记账已写入行数，在 If 数值判断内添加【加法】命令，得到"银行已收，企业未收"小计所在行数。

（33）在 If 数值判断内添加 2 个【单元格赋值】命令，分别写入"银行已收，企业未收"和"企业已收，银行未收"小计值。

（34）在 If 数值判断内添加【加法】命令，计算[EndWriteRowInfo]值，得到下一个摘要和金额填入的行数，如图 8-20 所示。

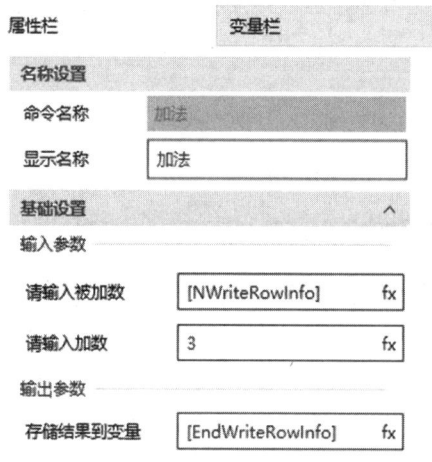

图 8-20　【加法】命令的属性设置

（35）添加【ElseIf 数值判断】命令，如果银行对账单已写入行数银行小于或等于日记账已写入行数，在 If 数值判断内添加【加法】命令，得到"银行已收，企业未收"小计所在行数。

（36）在 If 数值判断内添加 2 个【单元格赋值】命令，分别写入"银行已收，企业未收"和"企业已收，银行未收"小计值。

（37）在 If 数值判断内添加【加法】命令，计算[EndWriteRowInfo]值，得到下一个摘要和金额填入的行数，如图 8-21 所示。

图 8-21　写入小计流程

（38）添加【设置变量】命令，令[NEndWriteRowInfo]=[EndWriteRowInfo]。

（39）添加【遍历字典元素】命令，遍历银行对账单借方数据字典[SaDebitDict]，将该字典的键保存到[KeyInfo],将字典的值保存到[ValueInfo]。

(40)在遍历字典元素内添加【字典取值】命令,从银行日记账贷方数据字典[DbLoanDict]中取值,将获取的结果保存到变量[IsGetSuccess]中。

(41)在遍历字典元素内添加【If 字符串判断】命令,当从字典[DbLoanDict]取出的值为空时,在 If 字符串判断内添加【字典取值】命令,从银行对账单借方数据字典[SaDebitDict]中取值,将获取的值保存在变量[IsGetSuccess]中。

(42)在 If 字符串判断内添加 2 个【截取字符串】命令,将[IsGetSuccess]变量值通过截取字符串得到日期和摘要,并将结果分别保存至[DateInfo]和[ZhaiYao]两个变量中,(38)~(42)的步骤如图 8-22 所示。

图 8-22　写入[减:银行已付,企业未付]流程 1

(43)在 If 字符串判断内添加 3 个【单元格赋值】命令,将日期、摘要和金额值分别写入"银行余额调节表.xlsx"工作簿"银行已付,企业未付"对应位置。

(44)在 If 字符串判断内添加【自增】命令,行数自动增加 1,得到写入下一行的行数。

(45)在 If 字符串判断内添加【插入行】命令,插入新行,便于下一个科目金额的填入。

(46)在 If 字符串判断内添加【加法】命令,计算"银行已付,企业未付"小计值,(43)~(46)的步骤如图 8-23 所示。

图 8-23　写入[减:银行已付,企业未付]流程 2

(47) 添加【遍历字典元素】命令,遍历银行日记账贷方数据字典[DbLoanDict],将该字典的键保存到[KeyInfo],将字典的值保存到[ValueInfo]。

(48) 在遍历字典元素内添加【字典取值】命令,从银行对账单借方数据字典[SaDebitDict]中取值,将获取的结果保存到变量[IsGetSuccess]中。

(49) 在遍历字典元素内添加【If 字符串判断】命令,当从字典[DbLoanDict]取出的值为空时,在 If 字符串判断内添加【字典取值】命令,从银行日记账贷方数据字典[DbLoanDict]中取值,将获取的值保存在变量[IsGetSuccess]中。

(50) 在 If 字符串判断内添加 2 个【截取字符串】命令,将[IsGetSuccess]变量值通过截取字符串得到日期和摘要,并将结果分别保存至[DateInfo]和[ZhaiYao]两个变量中。

(51) 在 If 字符串判断内添加 3 个【单元格赋值】命令,将日期、摘要和金额值分别写入"银行余额调节表.xlsx"工作簿"企业已付,银行未付"对应位置,(47)~(51)的步骤如图 8-24 所示。

图 8-24 写入[减:企业已付,银行未付]流程 1

(52) 在 If 字符串判断内添加【自增】命令,行数自动增加 1,得到写入下一行的行数。

(53) 在 If 字符串判断内添加【If 数值判断】命令,判断"银行余额调节表.xlsx"工作簿中银行对账单已写入行数与银行日记账已写入行数的大小。如果银行对账单已写入行数大于银行日记账已写入行数,在 If 数值判断内添加【插入行】命令,插入新行,写入数据,如图 8-25 所示。

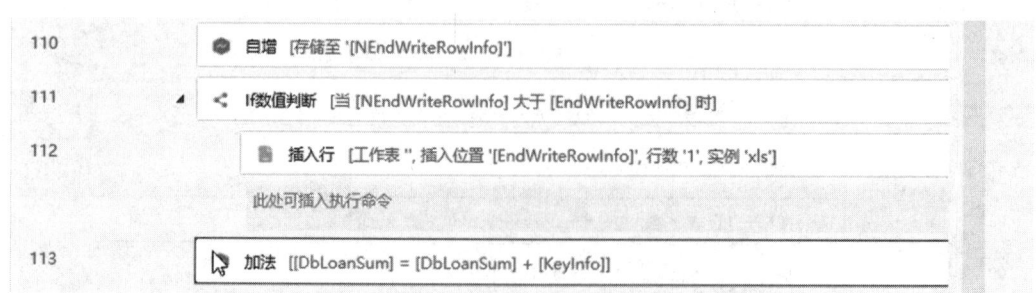

图 8-25 写入[减:企业已付,银行未付]流程 2

(54) 在 If 字符串判断内添加【加法】命令,计算"企业已付,银行未付"小计值。

(55) 添加【If 数值判断】命令,判断"银行余额调节表.xlsx"工作簿中银行对账单已写入行数与银行日记账已写入行数的大小。如果银行对账单已写入行数大于银行日记账已写入行数,在 If 数值判断内添加【加法】命令,银行对账单已写入行数增加 2,得到"银行已付,企业未付"和"企业已付,银行未付"小计所在行数,在 If 数值判断内添加 2 个【单元格赋值】命令,写入"银行已付,企业未付"和"企业已付,银行未付"小计值。

(56) 在 If 数值判断内添加【自增】命令,得到调整后余额所在行数。

(57) 在 If 数值判断内添加 2 组【设置变量】和【单元格赋值】命令,分别写入"银行已付,企业未付"和"企业已付,银行未付"的调整后余额值,(55)~(57)的步骤如图 8-26 所示。

图 8-26 写入小计和调整后余额值流程

(58) 添加 3 个【关闭 Excel 程序】命令,关闭"银行对账单.xlsx""银行日记账.xlsx"和"银行余额调节表.xlsx"。

(59) 添加【弹出消息框】命令,弹出"银企对账机器人运行完成"。

第二节 发票开具机器人

发票是企业与客户之间交易的重要凭证,它记录了交易的具体内容、金额、时间等关键信息。企业开具发票往往基于实际的交易需求和业务需求,随着信息技术的不断发展和应用,数字化和智能化已经成为企业开具发票的重要趋势,许多企业已经开始采用电子发票、发票管理系统等数字化工具来提高发票开具的效率和准确性。开具发票的数字化方式有多种,本节主要阐述如何运用智多星 RPA 在用友税务服务云仿真系统中自动化开具发票。

一、模拟实训

【案例 8-2】 某公司销售商品并收取相应款项时,根据税法规定和财务管理要求,公司需要向客户开具发票,公司的商品档案信息汇总在"商品档案.xlsx"工作簿中,如图 8-27 所

8-2 银企对账机器人开发文档

8-3 RPA 运行视频:银企对账机器人

8-4 银企对账机器人的 RPA 脚本

示。客户档案信息汇总在"客户信息导入.xlsx"工作簿中,如图8-28所示。需要开具发票的客户和商品信息汇总在"开票信息名单.xlsx"工作簿中,如图8-29所示。现需要财务人员登录用友税务服务云仿真系统(图8-30),录入档案信息和客户信息,根据"开票信息名单.xlsx"工作簿中的信息开具发票。请设计一个RPA机器人,实现电子发票的自动开具。

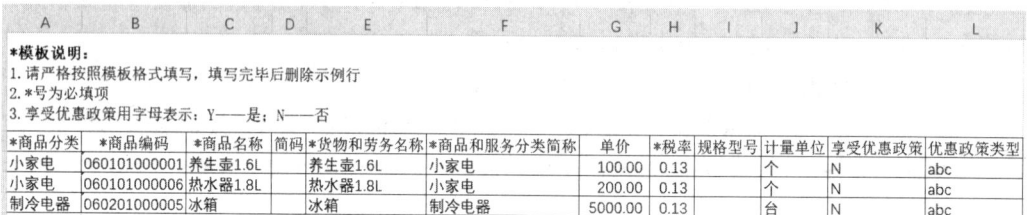

图 8-27 商品档案

8-5 操作数据:发票开具

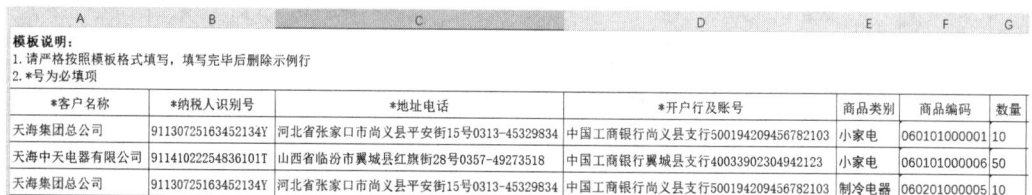

图 8-28 客户信息导入

图 8-29 开票信息名单

图 8-30 用友税务服务云仿真系统

二、流程设计

发票开具机器人主流程图如图 8-31 所示。

商品档案录入、客户档案录入和发票开具执行单元代码如图 8-32、图 8-33、图 8-34 所示。

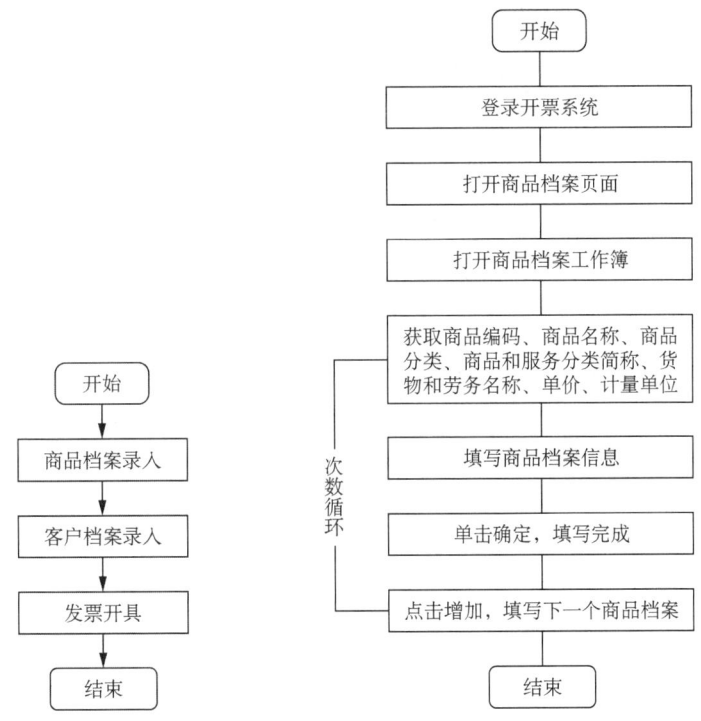

图 8-31 发票开具机器人主流程图　　图 8-32 "商品档案录入"执行单元

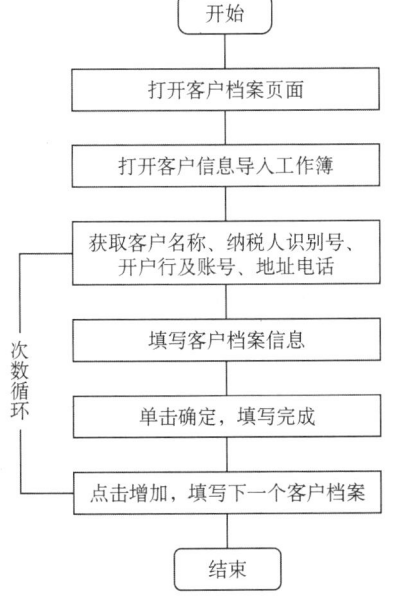

图 8-33 "客户档案录入"执行单元

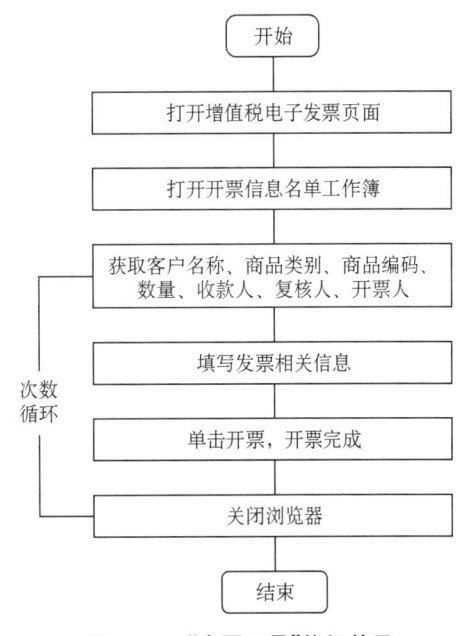

图 8-34 "发票开具"执行单元

本案例流程设计如表 8-3 所示。

表 8-3　　　　　　　　　　发票开具机器人流程设计

执行单元		步骤	命令
商品档案录入		打开用友税务服务云仿真系统	创建浏览器 导航至 URL
		打开"商品档案.xlsx"工作簿	打开 Excel 文件
		获取"商品档案.xlsx"工作簿的总行数	获取总行数
		单击获取新账号,获取账号密码	元素点击
		关闭"获取新账号密码"弹窗	元素点击
		单击【登录】	元素点击
		单击【应用设置】	元素点击
		单击【商品档案】	元素点击
	次数循环	获取商品编码、商品名称、商品分类、商品和服务分类简称、货物和劳务名称、单价、计量单位等信息	获取单元格值
		单击按钮【增加】,弹出"新增商品档案"弹窗	元素点击
		弹窗中填写商品编码、商品名称、商品分类、商品和服务分类简称、货物和劳务名称、单价	设置文本
		单击【税率】下拉框	元素点击
		选择税率"0.13"	元素点击
		填写计量单位	设置文本
		单击【确定】	元素点击
客户档案录入		打开"客户信息导入.xlsx"工作簿	打开 Excel 文件
		获取"客户信息导入.xlsx"工作簿的总行数	获取总行数
		单击【应用设置】	元素点击
		单击【客户档案】	元素点击
	次数循环	获取客户名称、纳税人识别号、开户行及账号、地址电话	获取单元格值
		单击按钮【增加】,弹出"新增客户档案"弹窗	元素点击
		弹窗中填写客户名称、纳税人识别号、开户行及账号、地址电话	设置文本
		单击【确定】	元素点击
发票开具		单击【企业开票】	元素点击
		单击【开具蓝票】	元素点击
		单击【增值税电子普通发票】	元素点击
		打开"开票信息名单.xlsx"工作簿	打开 Excel 文件
		获取"开票信息名单.xlsx"工作簿的总行数	获取总行数
	次数循环	获取客户名称、商品类别、商品编码、数量、收款人、复核人、开票人	获取单元格值
		单击发票购买方【名称】填写框	元素点击
		单击选择客户名称	元素点击

（续表）

执行单元	步骤		命令
发票开具	次数循环	单击按钮【添加至发票】	元素点击
		单击【项目名称】填写框	元素点击
		单击选择商品分类	元素点击
		单击选择商品编码	元素点击
		单击按钮【添加至发票】	元素点击
		发票中填写数量、收款人、复核人、开票人	设置文本
		单击按钮【开票】	元素点击

三、RPA 开发

（1）在智多星 RPA 新建"发票开具机器人"项目。

（2）创建变量如表 8-4 所示。

表 8-4　　　　　　　　发票开具机器人各执行单元的变量

执行单元	变量名	变量类型	变量值	变量说明
商品档案录入	总行数	Numeric		"商品档案.xlsx"的总行数
	i	Numeric		遍历商品档案每一个行数
	商品编码	String		商品编码
	商品名称	String		商品名称
	商品分类	String		商品分类
	商品和服务分类简称	String		商品和服务分类简称
	货物和劳务名称	String		货物和劳务名称
	单价	Numeric		单价
	计量单位	String		计量单位
客户档案录入	客户_总行数	Numeric		"客户信息导入.xlsx"的总行数
	j	Numeric		遍历客户信息导入每一个行数
	客户名称	String		客户名称
	纳税人识别号	String		纳税人识别号
	开户行及账号	String		开户行及账号
	地址电话	String		地址电话
开具发票	开具信息_总行数	Numeric		"开票信息名单.xlsx"的总行数
	k	Numeric		遍历开票信息名单每一个行数
	发票_客户名称	String		客户名称
	发票_商品类别	String		商品类别
	发票_商品编码	String		商品编码
	发票_数量	Numeric		数量
	收款人	String		收款人
	复核人	String		复核人
	开票人	String		开票人

(3) 添加【创建浏览器】命令和【导航至 URL】命令,【创建浏览器】命令的属性按照默认设置,【导航至 URL】命令在"请输入 URL"输入框中输入用友税务服务云仿真系统的网址。

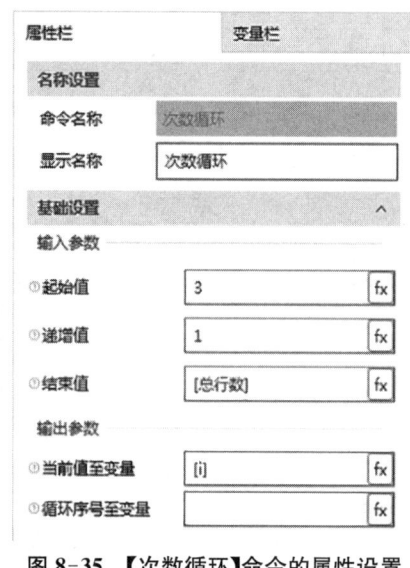

8-6 文档材料:用友税务服务云仿真系统的网址及其登录方式

图 8-35 【次数循环】命令的属性设置

(4) 添加【打开 Excel 文件】命令,在"请输入 Excel 文件路径"处输入"D:\商品档案.xlsx"。

(5) 添加【获取总行数】命令,获取"商品档案.xlsx"工作簿的总行数,并将结果赋值给变量[总行数]。

(6) 添加 5 个【元素点击】命令,依次单击获取新账号、获取新账号密码弹窗关闭、登录、应用设置、商品档案 5 个按钮,打开增加商品档案数据的页面。

(7) 添加【次数循环】命令,属性设置如图 8-35 所示。从第 3 行开始循环,每次递增 1,结束值为[总行数],在输出参数中将当前值赋值给变量[i]。

(8) 在次数循环内添加 7 个【获取单元格值】命令,分别获取商品编码、商品名称、商品分类、商品和服务分类简称、货物和劳务名称、单价、计量单位,具体见图 8-36。

图 8-36 获取商品档案录入相关信息命令

(9) 在次数循环内添加【元素点击】命令,单击商品档案录入页面的增加按钮,弹出新增商品档案弹窗。

(10) 在次数循环内添加 6 个【设置文本】命令,将获取的商品编码、商品名称、商品分类、商品和服务分类简称、货物和劳务名称、单价分别输入新增商品档案弹窗,如图 8-37 所示。

图 8-37 新增商品档案弹窗信息填写的命令

(11) 在次数循环内添加 2 个【元素点击】命令，在税率下拉框中选择 0.13，如图 8-38 所示。

图 8-38　选择下拉框税率的相关命令

(12) 在次数循环内添加【设置文本】命令，将计量单位输入新增商品档案弹窗。

(13) 在次数循环内添加【元素点击】命令，单击确定按钮，完成该商品档案的录入。

(14) 添加【打开 Excel 文件】命令，在"请输入 Excel 文件路径"处输入"D:\客户信息导入.xlsx"。

(15) 添加【获取总行数】命令，获取"客户信息导入.xlsx"工作簿的总行数，并将结果赋值给变量［客户_总行数］。

(16) 添加 2 个【元素点击】命令，依次单击应用设置、客户档案按钮，打开客户档案录入页面。

(17) 添加【次数循环】命令，属性设置为从第 3 行开始循环，每次递增 1，结束值为［客户_总行数］，在输出参数中将当前值赋值给变量［j］。

(18) 在次数循环内添加 4 个【获取单元格值】命令，分别获取客户名称、纳税人识别号、开户行及账号、地址电话，具体见图 8-39。

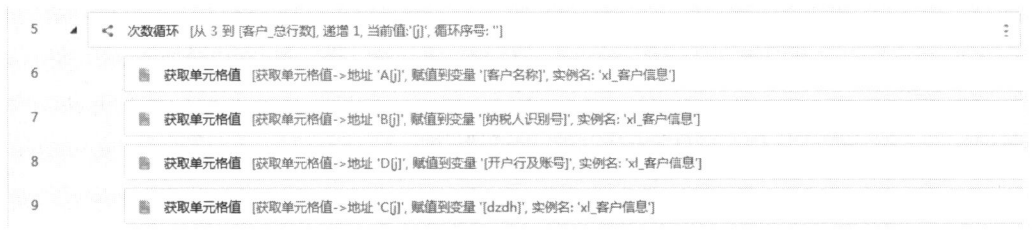

图 8-39　获取客户档案录入信息相关的命令

(19) 在次数循环内添加【元素点击】命令，单击客户档案录入页面的增加按钮，弹出新增客户档案弹窗。

(20) 在次数循环内添加 4 个【设置文本】命令，将获取的客户名称、纳税人识别号、开户行及账号、地址电话分别输入新增客户档案弹窗，如图 8-40 所示。

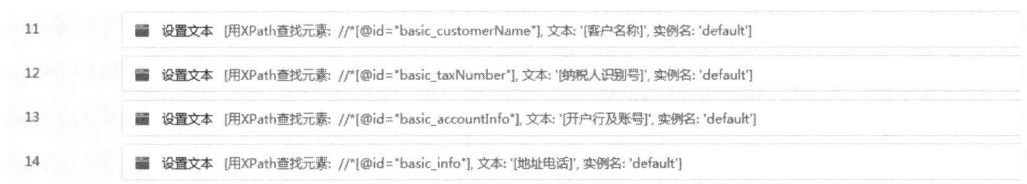

图 8-40　新增客户档案弹窗信息填写的命令

(21) 在次数循环内添加【元素点击】命令，单击确定按钮，完成该客户档案的录入。

(22) 添加 3 个【元素点击】命令，依次单击企业开票、开具蓝票、增值税电子普通发票，打开增值税电子普通发票开具页面。

（23）添加【打开 Excel 文件】命令，在"请输入 Excel 文件路径"处输入"D:\开票信息名单.xlsx"。

（24）添加【获取总行数】命令，获取"开票信息名单.xlsx"工作簿的总行数，并将结果赋值给变量[开具发票_总行数]。

（25）添加【次数循环】命令，属性设置为从第3行开始循环，每次递增1，结束值为[开具信息_总行数]，在输出参数中将当前值赋值给变量[k]。

（26）在次数循环内添加7个【获取单元格值】命令，分别获取开票信息名单中的客户名称、商品类别、商品编码、数量、收款人、复核人、开票人，具体见图8-41。

图 8-41　获取开票相关信息的命令

（27）在次数循环内添加3个【元素点击】命令，单击购买方名称填写框、选择客户信息、添加至发票，选择客户信息时由于是复选框，第二个【元素点击】命令需要手动编写 XPath，如图 8-42 第二个元素点击中的元素搜索参数。

图 8-42　购买方相关信息填写的命令

（28）在次数循环内添加4个【元素点击】命令，单击项目名称填写框、选择商品类别、选择具体商品、添加至发票，选择商品类别和具体商品时由于都是复选框，第2、3个【元素点击】命令需要手动编写 XPath，如图 8-43 第2、3个元素点击中的元素搜索参数。

图 8-43　商品相关信息填写的命令

8-7 开具发票机器人开发文档

8-8 RPA 运行视频：开具发票机器人

8-9 开具发票机器人的 RPA 脚本

(29) 在次数循环内添加 4 个【设置文本】命令,将获取的数量、收款人、复核人、开票人分别输入发票。

(30) 在次数循环内添加【元素点击】命令,单击开票按钮,完成本张发票的开具。

(31) 添加【关闭浏览器】命令,关闭用友税务服务云仿真系统平台。

相关思考 8-1

多个元素点击命令是否还有其他方法完成?

当在网站中点击次数较多时,可以通过一条条【元素点击】完成,也可以通过智多星 RPA 中的屏幕录制功能完成。屏幕录制避免了一个个拖拽【元素点击】命令并输入每个位置的 XPath,可更快速完成机器人的流程设计。

本 章 小 结

本章主要学习了智多星 RPA 综合案例。通过本章的学习,我们对 Excel 命令、循环命令、数值和字符串命令有了更深的了解。通过在多个综合案例中综合学习应用,我们应当能够掌握银企对账机器人、发票开具机器人的流程思路和开发。

8-10 屏幕录制在 RPA 的应用

本 章 重 要 概 念

银企对账　发票开具　Excel 自动化　Web 应用自动化命令　元素点击　次数循环
遍历字典元素　截取字符串　元素搜索参数 XPath

本 章 练 习

一、单项选择题

1. 下列关于编制银行余额调节表的描述中,错误的是(　　)。
   A. 银行日记账调整前余额来源于银行日记账期末余额
   B. 银行对账单调整前余额来源于银行对账单的期末余额
   C. 银行日记账的减法为:银行已付,企业未付
   D. 银行对账单调整后余额＝企业已收－企业已付－银行未付
2. 设置变量 X＝2,然后设置加法 X＝X+1,那么 X＝(　　)。
   A. 2　　　　　　　B. 3　　　　　　　C. 4　　　　　　　D. 5
3. 能实现 X 自增的命令是(　　)。
   A. X＝X+1　　　　　　　　　　　　　B. X＝X－1
   C. X＝2X　　　　　　　　　　　　　　D. X＝X 的平方
4. input id＝"username"行语句,应编写的 Xpath 为(　　)。
   A. //input[@id＝"username"]　　　　　B. //input@[@id＝"username"]
   C. //input[id＝"username"]　　　　　　D. //input@id＝"username"

5. 公积金的 xpath 语句可以编写为//div[text( )="公积金"]，如果设置 TransferPurpose 变量来存储"公积金"，那么 xpath 语句可以编写为(   )。

    A. //div[text( )=TransferPurpose]

    B. //div[text( )="TransferPurpose"]

    C. //div[text( )="[TransferPurpose]"]

    D. //div[text(公积金)="TransferPurpose"]

二、判断题

1. 银行余额调节表【加：银行已收，企业未收】取银行对账单的贷方。（   ）

2. 银行余额调节表中，银行日记账调整前余额取银行日记账期末余额。（   ）

3. 开具发票机器人中如果选择客户信息时有复选框，无需手写客户信息的 XPath，可以直接获取。（   ）

4. 填写完银行余额调节表后，银行日记账和银行对账单调整后余额应一致。（   ）

三、思考题

1. 请简述银企对账机器人的流程。

2. 请简述发票开具机器人的流程。

3. 基于 Excel 自动化、OCR 技术、Email 技术和 Web 应用自动化，还可以设计哪些财务机器人综合案例？